Psychologie für Schiedsrichter

Allgemeine Hinweise

Aus Gründen der besseren Lesbarkeit haben wir uns entschlossen, durchgängig die männliche (neutrale) Anredeform zu nutzen, die selbstverständlich die weibliche mit einschließt.

Das vorliegende Buch wurde sorgfältig erarbeitet. Dennoch erfolgen alle Angaben ohne Gewähr. Weder der Autor noch der Verlag können für eventuelle Nachteile oder Schäden, die aus den im Buch vorgestellten Informationen resultieren, Haftung übernehmen.

Sollte diese Publikation Links auf Webseiten Dritter enthalten, so übernehmen wir für deren Inhalte keine Haftung, da wir uns diese nicht zu eigen machen, sondern lediglich auf deren Stand zum Zeitpunkt der Erstveröffentlichung verweisen.

HILKO PAULSEN

Psychologie für Schiedsrichter

Souverän urteilen und entscheiden

- Stressmanagement • Persönlichkeitsentwicklung • Interaktion auf dem Platz

Meyer & Meyer Verlag

Psychologie für Schiedsrichter
Bibliografische Information der Deutschen Nationalbibliothek
Die Deutsche Nationalbibliothek verzeichnet diese Publikation in der
Deutschen Nationalbibliografie; detaillierte bibliografische Daten sind im Internet
über http://dnb.d-nb.de abrufbar.

Auckland, Beirut, Dubai, Hägendorf, Hongkong, Indianapolis, Kairo, Kapstadt,
Manila, Maidenhead, Neu-Delhi, Singapur, Sydney, Teheran, Wien
Member of the World Sport Publishers' Association (WSPA)
Gesamtherstellung: Print Consult GmbH München

MIX
Paper from responsible sources
FSC® C084279
FSC www.fsc.org

ISBN 978-3-8403-7736-5
E-Mail: verlag@m-m-sports.com
www.dersportverlag.de

Inhalt

Vorwort

Der Schiedsrichter soll dem Regelwerk Geltung verschaffen. Um dies zu tun, trifft der Schiedsrichter Entscheidungen und kommuniziert diese. Zum Teil werden diese Entscheidungen unter hohem Druck getroffen. Ein Schiedsrichter muss daher mit Stress umgehen können. Für viele Schiedsrichter ist die Tätigkeit auch Teil der eigenen Persönlichkeit. Die Erfahrungen als Spielleiter prägen die Persönlichkeitsentwicklung.

Dies war auch bei mir so. Schiedsrichter bin ich seit 2002. Allerdings pfiff ich bereits in der Grundschule Spiele auf dem Pausenhof, weil ich zufällig einmal eine Trillerpfeife mithatte und mir die Aufgabe gefiel. Um an einem Anwärterlehrgang teilzunehmen, war ich allerdings noch zu jung. Nach einem Ausflug in die Leichtathletik holte ich dies acht Jahre später nach.

Am Schiedsrichterwesen hat mich von Beginn an fasziniert, dass der Schiedsrichter nicht nur körperlich, sondern vor allem auch mental gefordert ist. So begann ich dann – auch beeinflusst durch das Pfeifen –, Psychologie zu studieren. Noch im ersten Semester begann ich das Wissen auf die Schiedsrichterei zu übertragen, indem ich einen Vortrag im Perspektivteam des Fußballverbands Mittelrhein hielt, dem ich damals als aktiver Schiedsrichter angehörte.

Ein besonderer Dank gilt an dieser Stelle dem damaligen Leiter Markus Müller, der mir die Möglichkeit gab, einen Vortrag zu halten und damit, ohne es zu wissen, auch den Weg zu diesem Buch ebnete. Das Buch ist das Ergebnis der Auseinandersetzung mit Schiedsrichterforschung und der praktischen Tätigkeit in der Nachwuchsförderung.

Bedanken möchte ich mich auch bei Alex Feuerherdt, Frederick Assmuth, Ronald Schober und Jens Goldmann für die Beiträge in Form von Interviews, die in Exkursen wiederzufinden sind. Ein besonderer Dank gilt den Schiedsrichterkollegen Christoph Hamer, Hannes Göldenitz, Niklas Bahr, Florian Hiller, Maik Chamier-Gliszczynski, Joel Hannemann, Jonathan Sterner, Rene Rose und Johannes Schmidt für das Feedback während des Schreibprozesses. Heide Gliss danke ich für die Korrekturen. Alexa Deutz danke ich für die Betreuung beim Meyer & Meyer Verlag.

1 Einführung

1.1 Anforderungen auf dem Platz

Schiedsrichter sind körperlich und mental gefordert. Sie treffen eine Reihe von Entscheidungen auf dem Platz. Doch wie viel Prozent einer Spielleitung sind Kopfsache? Schätze doch einmal und schreibe einen Wert von 0 bis 100 % auf den Zettel! Am besten bevor du weiterliest.

Zu was für einem Ergebnis bist du gekommen? Vielleicht ist der Wert bereits hoch und liegt bei 50 % oder sogar weit darüber. Dann wird dich Folgendes vielleicht wenig überraschen und in deiner Einschätzung, dass Pfeifen auch Kopfsache ist, bestätigen. Vielleicht ist der Wert aber auch niedriger und liegt unter 50 %. Dann bin ich gespannt, was du nach dem Lesen der folgenden Abschnitte denkst. Diese sollen einen kleinen Eindruck von den Anforderungen geben, die mit der Schiedsrichtertätigkeit verbunden sind.

Als Schiedsrichter triffst du viele Entscheidungen während einer Spielleitung. Eine Analyse der Europameisterschaften 2004 zählte 137 beobachtbare und 60 nicht beobachtbare Entscheidungen eines Schiedsrichterteams (Helsen & Bultynck, 2004). Setzt man dies zur Nettospielzeit in Relation, trifft der Schiedsrichter alle 15-20 Sekunden eine Entscheidung. Für die Entscheidung selbst bleiben auch nur wenige Sekunden (vgl. Raab, Avugos, Bar-Eli & MacMahon, 2020). Du nimmst eine Situation wahr, beurteilst sie im Kopf und fügst in Sekundenschnelle alle Informationen zusammen, um eine Entscheidung zu treffen und diese dann auch zu kommunizieren. Das Zeitfenster für die Entscheidung ist eng. Die Situationen oft nicht eindeutig.

Stelle dir einmal folgendes Szenario vor: Du leitest als Schiedsrichter ein Spiel. Es steht unentschieden und es läuft bereits die Nachspielzeit. Du schaust auf die Uhr. In nicht einmal einer Minute ist Schluss. Bleibt es bei einem Unentschieden, dann steigen beide Mannschaften ab. Gewinnt eine Mannschaft, hält sie die Klasse.

Ein Angriff der Gäste wird nun abgefangen. Es kommt zum Konter: zwei gegen zwei. Du sprintest. Ein Angreifer – der Gastgeber – dringt in den Strafraum ein. Es kommt zum Zweikampf mit dem Torhüter. Der Angreifer geht zu Boden. Foul oder kein Foul? Du musst nun eine Entscheidung treffen – es spielt keine Rolle, wie gut du die Situation beobachtet hast. Als Schiedsrichter kannst du keiner Anforderung so einfach entfliehen. Das macht es auch schwer, auf dem Platz die richtigen Entscheidungen zu treffen.

Von außen betrachtet, erscheint der Job des Schiedsrichters oft spielend leicht. „Das muss der doch sehen. Warum pfeift der nicht?", ist dann am Spielfeldrand zu hören. Leichter gesagt, als getan. Auf dem Platz ist die Perspektive eine andere. Der Schiedsrichter trägt die Verantwortung und muss binnen kurzer Zeit eine Entscheidung treffen, die korrekt ist und nach Möglichkeit auch die Akzeptanz bei Spielern, Offiziellen und Zuschauern findet. Als Schiedsrichter reicht es nicht aus, sehr gut zu sein, man muss immer dann sehr gut sein, wenn es darauf ankommt – eine typische mentale Anforderung von Leistungssportlern (vgl. Eberspächer, 2011).

Im Beispiel oben hängt von deiner Entscheidung als Schiedsrichter der Klassenerhalt einer Mannschaft ab. Deine Entscheidung hat Konsequenzen für andere. Im Regelwerk spielen die Konsequenzen keine Rolle: Ein Foul ist ein Foul. Doch Konsequenzen beeinflussen bewusst oder unbewusst den Schiedsrichter und seine mentale Verfassung auf dem Platz. Es ist etwas anderes, ein Vorbereitungsspiel zu pfeifen als ein Pokalfinale. Ein Spiel um die „Goldene Ananas" ist (zumeist) leichter als der Abstiegskampf am letzten Spieltag.

So manch ein talentierter Nachwuchsschiedsrichter erweckte bei einer bedeutsamen Spielleitung den Eindruck, als habe er neben sich gestanden. Dieses Phänomen ist aus anderen Sportarten bekannt: Dort gibt es Trainingsweltmeister, denen im Training alles gelingt. Im Wettkampf unter Druck können sie jedoch die Leistungen nicht abrufen (Baumeister, 1984).

Konsequenzen führen dazu, dass Entscheidungen unter Druck getroffen werden müssen. Als Schiedsrichter musst du auch unter Druck *souverän urteilen und entscheiden*. Dies erfordert auch ein Stressmanagement.

Zeitdruck kann nicht nur auf dem Fußballplatz Stress auslösen. Auf dem Platz gibt es weitere Stressoren: Konflikte zwischen Spielern, Kommentare von Spielern, Trainern und Zuschauern sowie eigene Ansprüche an sich selbst, möglichst keinen Fehler zu machen, können den mentalen Druck weiter erhöhen und einen Schiedsrichter in eine Stresssituation bringen.

Greifen wir das Beispiel von oben wieder auf. Gleiches Szenario: Die letzte Minute der Nachspielzeit läuft. Es steht 1 : 1. Bleibt es dabei, steigen beide ab. Wer gewinnt, der hält die Klasse. Nun ist es aber ein Gästestürmer, der im Duell mit dem Torwart der Heimmannschaft zu Fall kommt. Du hast eine leichte Berührung gesehen. Der Torwart streift mit seiner Hand das Standbein. Der Stürmer kann weiterlaufen, gerät aber ins Straucheln, kann kaum das Gleichgewicht halten und fällt dann demonstrativ zu Boden.

Dir schießt vermutlich eine Frage durch den Kopf: War der Kontakt ausschlaggebend, damit der Spieler zu Fall kommt? Idealerweise beantwortest du für dich diese Frage schnell. Dir bleibt nicht viel Zeit, um nachzudenken.

Oft haben Schiedsrichter daher ein intuitives Gefühl. Im Gespann kannst du je nach Ort des Vergehens auch noch den Kontakt mit deinem Assistenten suchen. Je nach technischem Equipment kann es Funksignale, verdeckte Zeichen oder klare verbale Hinweise geben, die dich bestätigen oder nicht. Vielleicht schießt dir aber noch eine andere Frage durch den Kopf. Was ist, wenn ich jetzt den Strafstoß gebe? Was passiert dann? Eine derartige Frage führt schnell zu Zweifeln, die verunsichern. Die Folge kann sein, dass die Entscheidung – wie immer sie auch ausfällt – nicht so selbstbewusst wie nötig kommuniziert wird.

Zu viel über die Konsequenzen nachzudenken, schadet. Im schlimmsten Fall kann es zu Abwärtsspiralen kommen. Das ist meist der Fall, wenn im Spielverlauf Zweifel an vorangegangenen Entscheidungen aufgekommen sind. Nehmen wir einmal an, die strittige Strafstoßentscheidung ist nicht in der Nachspielzeit zu treffen, sondern bereits in den ersten zehn Minuten der Begegnung.

Dann kann es sein, dass das weitere Spiel den Schiedsrichter mental besonders fordert. Die Gedanken schweifen dann möglicherweise immer wieder ab. Sie sind dann nicht in der Zukunft bei den Konsequenzen, sondern in der Vergangenheit. Dann beginnt das Grübeln. War das richtig, vorhin weiterlaufen zu lassen?

Die Aufmerksamkeit wandert nach innen auf die eigenen Gedanken. Die Gefahr, dass dir dann auf dem Platz als Schiedsrichter etwas entgeht, steigt. Konzentrationsschwierigkeiten und Fehler können weitere Folgen sein. Verschärft wird dies dann, wenn du unter Beobachtung stehst. Dann kreisen die Gedanken zwischen Vergangenheit und Zukunft: „Habe ich einen Fehler gemacht? Wird der Fehler mich meine Klasse kosten?"

Als Schiedsrichter bedarf es hier einer Stressresistenz. Du musst auch in potenziellen Stresssituationen souverän urteilen und entscheiden. Besser noch, du kommst gar nicht in Stress, beugst Stress vor oder bewältigst aufkommenden Stress schnell und regulierst dich herunter. Die Reflexion von Stresssituationen, das Lernen aus Fehlern kann dazu führen, dass du künftige Stresssituationen besser meisterst. Das Gefühl, in Drucksituationen souverän geurteilt und entschieden zu haben, fördert die Stressbewältigungskompetenzen. Ein gelungenes *Stressmanagement* trägt auch zur Persönlichkeitsentwicklung bei (Kuhl, 2001).

Viele Schiedsrichter berichten, dass die Schiedsrichterei zur Persönlichkeitsentwicklung beigetragen hat. An die Rolle eines Schiedsrichters sind widersprüchliche Erwartungen gerichtet. Der Schiedsrichter kann es selten allen recht machen und muss dennoch unbeirrt handeln. Entscheidungen zu treffen, auch unter Druck, dies lernen Schiedsrichter mit der Zeit. Schiedsrichter werden so oft kompetenter und erleben, dass sie in ihrer Persönlichkeit reifen. Die Persönlichkeit wird vor allem aber auch durch kommunikative Anforderungen gefordert und idealerweise auch gefördert.

Als Schiedsrichter im Fußball bist du mittendrin, statt dabei. Du interagierst mit 22 Spielern und den Offiziellen. Gleichzeitig wirst du von Außenstehenden beobachtet. Die Schiedsrichtertätigkeit bietet so viele Lerngelegenheiten, den Umgang mit Menschen zu verbessern und sich Methoden anzueignen, um Konflikten zu begegnen. Die Persönlichkeit zeigt sich immer auch in der Interaktion mit Menschen – insbesondere in Stresssituationen.

Hier bietet die Psychologie Ansatzpunkte. Sie ersetzt nicht die eigene Erfahrung. Doch sie bietet dir Werkzeuge, mit denen du Erfahrungen reflektieren kannst. Doch was ist eigentlich Gegenstand der Psychologie?

1.2 Psychologie – die Wissenschaft vom Erleben und Verhalten

Die Psychologie ist die Wissenschaft vom menschlichen Erleben und Verhalten (Dorsch, Häcker & Becker-Carus, 2004). Das Erleben bezieht sich auf das, was in uns Menschen vorgeht. Dies sind vor allem Gedanken und Gefühle, die wir Menschen haben. Es geht dabei nicht nur um Abweichungen und Störungen, sondern um alltägliche Dinge. Entsprechend umfangreich sind die Berufsfelder von Psychologen, die sich von Psychotherapeuten und Psychiatern abgrenzen lassen (siehe Exkurs 1.1).

Menschliches Erleben und Verhalten ist auch auf dem Fußballplatz allgegenwärtig. Das Erleben fängt mit der Wahrnehmung und Beurteilung von Zweikämpfen an. Der Schiedsrichter erlebt ferner den Spielcharakter und schätzt diesen ein. Er erlebt sich vielleicht als konzentriert oder unkonzentriert. Spieler erleben eine Entscheidung möglicherweise als unfair und erleben Emotionen – oft Ärger oder Wut.

In Tab. 1.1 sind einige Beispiele für Erleben und Verhalten von Schiedsrichtern und Spielern dargestellt. Die Auswahl zeigt bereits, dass ein Fußballspiel viel mit Psychologie zu tun hat.

Tab. 1.1: Erleben und Verhalten auf dem Fußballplatz (Beispiele)

	Erleben	**Verhalten**
Schiedsrichter	• Zweikampfbeurteilung (Foul/kein Foul) • Intensität der Foulspiele • Spielcharakter fair/unfair • (Un-)konzentriert sein („bei der Sache" vs. „Abschweifen") • Selbstsicherheit vs. Zweifel • Motivation (Lust vs. Unlust) • Emotionen (z. B. Ärger/ Freude nach Beobachtung)	• Entscheidungen • Nonverbales Verhalten (Gestik, Mimik) • Ansprachen durch Worte • Lauf- und Stellungsspiel • Blickkontakt im Gespann • Training in der Woche • Spielvorbereitung
Spieler	• Emotionen (z. B. Frust, Ärger) • Fairness von Entscheidungen • Erleben des Schiedsrichters als Person (z. B. kompetent, zuverlässig) • Erleben von Gegenspielern als fair oder unfair	• Zweikampfverhalten • (Nicht) zum Mitspieler abspielen • Shakehands mit Gegner • Den Gegner verbal angehen • Unmutsäußerungen gegenüber Schiedsrichter • Nonverbales Verhalten nach Entscheidungen, verlorenen Zweikämpfen

Das Erleben umfasst neben der Wahrnehmung von Spielsituationen auch, wie Menschen sich selbst und andere Menschen wahrnehmen – also erleben. Beim Schiedsrichter kann das das Gefühl von Sicherheit sein oder aber Zweifel, die aufkommen. Bei Spielern das Erleben des Schiedsrichters und der Gegenspieler. Menschen erleben sich und andere.

Bei Spielen unter Beobachtung ist gerade dieser Abgleich sehr spannend.

- Wie hat der Schiedsrichter eine Situation wahrgenommen?
- Wie hat der Beobachter den Schiedsrichter erlebt?
- Welches Selbstbild hat der Schiedsrichter von seiner Leistung?
- Deckt sich dies mit dem Bild, das der Beobachter und die Assistenten von seiner Leistung haben, mit dem Fremdbild?

Der Abgleich setzt voraus, dass in einer Nachbesprechung darüber gesprochen wird. Denn grundsätzlich bleibt das Erleben anderen verborgen.

Manche Menschen denken, dass Psychologen in sie hineinschauen können und Gedanken lesen könnten. Dies trifft nicht zu. Psychologen können jedoch Vermutungen anstellen, die oft zutreffen, weil viele Menschen in vergleichbaren Situationen Ähnliches erleben. Auch können sie oft besser aus dem, was andere sagen, herausfiltern, was andere erleben. Doch das Erleben wird hier nur erschlossen, in die Köpfe gucken kann niemand. Für Außenstehende ist daher das Verhalten, das andere an den Tag legen, entscheidend.

Das Verhalten können wir beobachten. Hier geht es darum, was eine Person tut oder mehrere Personen tun. Auf dem Platz sind das unter anderem konkrete Entscheidungen. Der Schiedsrichter pfeift. Er entscheidet auf Strafstoß. Auf dem Platz passiert aber noch viel mehr.

Der Schiedsrichter spricht Spieler an. Er ermahnt sie. Dies macht er auf eine bestimmte Art und Weise: mal besonnen, mal energisch. Die Spieler foulen, regen sich auf, beruhigen sich usw. Abseits des Platzes gibt es auch ein breites Verhaltensrepertoire, das Schiedsrichter zeigen können. Schiedsrichter reflektieren sich mehr oder weniger. Schiedsrichter holen sich Feedback ein oder nicht. Schiedsrichter trainieren viel oder wenig.

Erleben und Verhalten sind natürlich nicht isoliert voneinander zu betrachten. Gedanken und Gefühle beeinflussen – mal mehr, mal weniger – das Verhalten.

Einstellungen führen zu Handlungsabsichten, die sich dann auch im Verhalten widerspiegeln (Ajzen, 1985). Wenn der Schiedsrichter denkt, dass eine Ermahnung nicht notwendig ist und er das Spiel ebenso mit einer Ansprache beruhigen kann, verzichtet er wahrscheinlich auf eine Verwarnung.

Nicht immer ist der Mensch jedoch so überlegt. Auch Gefühle spielen eine Rolle und können der Auslöser für ein Verhalten sein. Auf Schiedsrichter bezogen wären Entscheidungen dann beispielsweise impulsiver und weniger reflektiert (vgl. Raab et al., 2020).

Wie könnte sich das konkret auf dem Platz auswirken? Wenn ein Schiedsrichter bereits von einem Spieler genervt ist, dann kann es sein, dass dieser schneller zu einer Karte greift, wenn dieser erneut eine Entscheidung kritisiert. Unser Verhalten gibt uns zudem Rückschlüsse über unsere eigene Person und beeinflusst so unser Erleben.

Ein Schiedsrichter, der nach Spielen feststellt, dass er immer wieder in Spielen ein Späßchen mit Spielern macht, wird sich vermutlich eher als „Kumpeltyp" erleben (Bem, 1972). Auch andere Menschen ziehen aus dem Verhalten Rückschlüsse auf innere Zustände. Wenn der Schiedsrichter kurz zögert, erleben ihn andere als unsicher.

Exkurs 1.1: Psychologe, Psychotherapeut, Psychiater

Psychologen werden oft mit einer Couch in Verbindung gebracht. Die Annahme ist, dass sie sich als „Seelenklempner" um psychisch kranke Menschen kümmern.

Zu unterscheiden ist zwischen verschiedenen Berufsgruppen: den Psychologen, den Psychotherapeuten und den Psychiatern.

Psychologen haben ein Studium der Psychologie absolviert. Sie arbeiten in vielen Feldern, z. B. in der Wirtschaft, in Schulen oder im Sport. Sie beschäftigten sich vorrangig mit gesunden Menschen. Oft zielt ihr Handeln darauf ab, das Wohlbefinden, die Leistungsfähigkeit und -bereitschaft von Menschen zu fördern. Psychologen sind keine Ärzte. Sie therapieren auch nicht.

Ebenfalls keine Ärzte, jedoch therapeutisch tätig sind Psychotherapeuten. Psychologische Psychotherapeuten haben in der Regel Psychologie studiert. Sie haben zudem eine mehrjährige Zusatzausbildung, die es ihnen erlaubt, Menschen mit psychischen Beeinträchtigungen zu therapieren. Sie unterstützen beispielsweise Menschen mit Depressionen, Suchterkrankungen oder traumatischen Erlebnissen, wie Gewalterfahrungen.

Psychiater haben Medizin studiert und haben eine mehrjährige Facharztausbildung. Sie betrachten vor allem körperliche Ursachen psychischer Störungsbilder und behandeln vorrangig mit Medikamenten.

Erleben und Verhalten von Menschen spielt immer eine Rolle, wenn Menschen irgendwo tätig sind. Auf dem Fußballplatz gibt es viele Menschen, die zusammenkommen. Entsprechend komplex wird das Erleben und Verhalten von Menschen. Die Psychologie als Wissenschaft nähert sich dem Ganzen systematisch. Auch praktisch tätige Psychologen gehen ähnlich strukturiert an Aufgaben heran.

1.2.1 Beschreiben, Erklären, Vorhersagen und Beeinflussen – Aufgaben der Psychologie

Die Psychologie als Wissenschaft vom Erleben und Verhalten hat vier Aufgaben. Sie beschreibt das Erleben und Verhalten, erklärt dieses, trifft Vorhersagen und entwickelt Ansätze, um das Erleben und Verhalten zu beeinflussen. Dies erfolgt dabei immer auf bestimmte Themen bezogen. Es gibt also nicht eine Psychologie, die den Menschen, sein Erleben und sein Verhalten in der Gesamtheit umfasst, sondern eine Vielzahl an Theorien und Modellen und dazugehörigen Befunden.

Es ist ein wenig so, dass es für unterschiedliche Aspekte des menschlichen Erlebens und Verhaltens unterschiedliche Brillen gibt. Eine Brille kann mehr oder wenig geeignet sein, einen Sachverhalt besonders gut zu erfassen. Manchmal hilft es aber, einen Sachverhalt durch verschiedene Brillen zu betrachten, um ein umfassenderes Bild zu gewinnen.

So beschäftigt sich beispielsweise die Psychologie damit, Aggressionen in unterschiedlichen Formen zu beschreiben, zu erklären, wieso Menschen Aggressionen erleben und Aggressionen zeigen, sie sagt vorher, unter welchen Bedingungen Aggressionen auftreten und zeigt Maßnahmen auf, um das Auftreten von Aggressionen zu reduzieren (Anderson & Bushman, 2002).

Exkurs 1.2: Aufgaben der Psychologie

Die wissenschaftliche Psychologie umfasst ein strukturiertes Vorgehen bei der Auseinandersetzung mit einem Gegenstand (Ulich & Bösel, 2005):

- **Beschreiben:** Hier geht es darum, Erleben und Verhaltensweisen zu benennen und zu kategorisieren. Von Interesse sind auch Auftretenshäufigkeit und Verbreitung von Erleben und Verhalten, z. B. aggressivem Verhalten und das Erleben von Aggression.
- **Erklären:** Es geht darum, Antworten auf Fragen nach dem Warum? zu geben. Es werden Ursachen ermittelt, die bestimmtes Erleben und Verhalten begünstigen. Zudem begünstigen Ursachen nur das Auftreten von Erleben und Verhalten. Es ist also nicht in jedem Einzelfall, bei dem Ursachen vorliegen, so, dass dann das zu erklärende Erleben oder Verhalten auftritt. Bei einer Vielzahl von Fällen ist es jedoch häufig der Fall. Menschliches Erleben und Verhalten lässt sich dabei nicht auf eine einzige Ursache zurückführen. Zumeist kommt eine Vielzahl an Ursachen zusammen.
- **Vorhersagen:** Rückblickend lassen sich zumeist Erklärungen finden. Diese Erklärungen erlauben Vorhersagen. In der Wissenschaft werden dazu sorgfältig geplante Studien durchgeführt, die es erlauben, die gemachten Vorhersagen zu überprüfen.

- **Beeinflussen:** Um gewünschtes Erleben und Verhalten zu fördern und unerwünschtes Erleben und Verhalten zu minimieren, zielt die Psychologie darauf, Interventionen zu entwickeln. Dies sind zum Beispiel Trainingskonzepte. Darüber ergeben sich aus Forschungsbefunden Hinweise, was man anders machen kann, um gewünschte Ergebnisse zu erzielen.

Konkret bezogen auf Fußballschiedsrichter hat sich die Psychologie beispielsweise mit dem Treffen von Entscheidungen beschäftigt, diese beschrieben und erklärt. Aufbauend auf diesen Erklärungen, wurden dann Vorhersagen getroffen, die in Studien überprüft wurden. Auch wurden Maßnahmen, z. B. Videotrainingseinheiten, entwickelt, um das Entscheidungsverhalten zu optimieren.

Es gibt viele weitere Theorien, Modelle und Befunde, die für Fußballschiedsrichter interessant sind. Zum einen sind es direkte Forschungsarbeiten, die sich mit (Fußball-)Schiedsrichtern beschäftigt haben, zum anderen sind dies allgemeinere Theorien.

Für dieses Buch habe ich wichtige und interessante Arbeiten zusammengestellt. Die Idee ist, dass du mit verschiedenen Brillen auf Geschehnisse auf dem Fußballplatz gucken kannst und dir so ein möglichst scharfes Bild von diesen machen kannst, sodass du in deiner Rolle als Psychologe auf dem Platz noch besser vorbereitet bist.

1.2.2 Der Schiedsrichter – Psychologe auf dem Platz

Bereits früh in meinem Studium hat mir ein Gedanke des amerikanischen Psychologen George Kelly imponiert. Er hat die These aufgestellt, dass Menschen wie Psychologen menschliches Erleben und Verhalten beschreiben, erklären, vorhersagen und beeinflussen (Kelly, 1955).

Bereits damals habe ich die Idee aufgegriffen und in einem Vortrag unter Schiedsrichterkollegen dargelegt: „Der Schiedsrichter – Psychologe auf dem Platz". Was ist damit gemeint? Auch als Schiedsrichter bist du gefordert, das

Erleben und Verhalten von dir und vor allem von den Spielern einzuordnen. Du erklärst dir, was Ursachen sind, wirst Vorhersagen über den weiteren Spielverlauf treffen und überlegst dir, mit welchen Maßnahmen du Spielfluss förderst und die Spielkontrolle behältst – sprich, das Verhalten der Spieler beeinflusst.

Stelle dir folgende Situation vor. Nachdem die Gäste früh mit 2:0 geführt haben, konnte die Heimmannschaft fünf Minuten vor der Halbzeitpause den Anschlusstreffer erzielen. Es folgten noch härtere Zweikämpfe, drei Gelbe Karten und eine Gelb-Rote-Karte vor dem Pausenpfiff. Du leitest die Partie im Gespann. In der Pause wirst du dich mit deinen Assistenten vermutlich über den Spielverlauf austauschen. Ihr werdet das Erleben und Verhalten der Spieler, voraussichtlich auch der Trainer und weiterer Offizieller beschreiben. Ihr erklärt Situationen. Vor allem werdet ihr aber auch darüber sprechen, was wohl in der zweiten Halbzeit passieren wird. Ihr werdet Vorhersagen treffen, ob die Spieler aggressiv auftreten werden – und ihr werdet euch abstimmen, wie darauf zu reagieren ist.

Als Schiedsrichter wirst du nicht wie ein Wissenschaftler systematisch vorgehen. Dafür fehlt schlichtweg auch die Zeit. Als Schiedsrichter bist du gefordert, bei Zeitdruck auch unter Unsicherheit zu handeln und dich für eine Option zu entscheiden. Dies führt zwangsläufig dazu, dass du dich manchmal irrst und rückblickend vermutlich anders gehandelt hättest. Gelingt es dir allerdings in einem Spiel, das Erleben und Verhalten von Menschen vorherzusagen und zu beeinflussen, wird dies die Spielleitung vermutlich deutlich erleichtern.

In diesem Buch bekommst du Impulse und Anregungen, die du dazu nutzen kannst, bereits gemachte Erfahrungen zu reflektieren und künftige Erfahrungen einzuordnen.

Bevor du nun weiterliest: Erinnerst du dich noch an die Eingangsfrage? Auf einer Skala von 0 bis 100 % solltest du angeben, wie viel Kopfsache eine Spielleitung für dich sei.

- Was würdest du nun sagen?
- Hat sich nach dem Lesen des Einführungskapitels schon etwas geändert?
- Welche eigenen Erfahrungen hast du bereits mit mentalen Anforderungen auf dem Platz gemacht?
- Welche Fragen hast du dir immer wieder gestellt?

Im folgenden Kapitel werden verschiedene inhaltliche Schwerpunkte in einzelnen Kapiteln behandelt, vom Urteilen und Entscheiden bis hin zur Psychologie der Schiedsrichterbeobachtung. Du wirst vermutlich während des Lesens die Erfahrung machen, dass dir einiges bekannt vorkommt. Wahrscheinlich nutzt du unbewusst bereits die eine oder andere Theorie in deinen Spielleitungen, um das Erleben und Verhalten von Spielern zu beschreiben, zu erklären und vorherzusagen.

In der Zukunft kannst du davon profitieren, bewusster mit diesen Brillen auf Ereignisse zu schauen. Ebenso wirst du neue Brillen kennenlernen, die dir helfen, eine neue Perspektive einzunehmen. So erweiterst du deinen Horizont.

Infobox 1.1: Lesetipps für das Buch

Du kannst dieses Buch selbstverständlich von vorne bis hinten lesen. Wahrscheinlich interessieren dich aber einige Dinge mehr als andere. Von daher kannst du in dem Buch auch einzelne Kapitel lesen und die Reihenfolge selbst festlegen.

In den meisten Kapiteln findest du verschiedene Übungen, die dir helfen, dich und deine Erfahrungen zu reflektieren und so Impulse für die Praxis zu geben. Weniger ist dabei manchmal mehr. Bearbeite lieber eine Übung intensiv, als alle oberflächlich. Du kannst das Buch auch als Saisonbegleiter sehen und immer wieder in Kapitel reinstöbern. Denn, wenn du neue Erfahrungen auf dem Platz sammelst, findest du oft auch noch Anknüpfungspunkte an die Inhalte des Buchs.

2 Entscheiden – Ablauf mehrerer mentaler Prozesse

Einer Schiedsrichterentscheidung liegen mehrere mentale Prozesse zugrunde. Die Grundlagen dazu wurden in einem frühen Modell von Plessner and Raab (1999) beschrieben. Ausgangspunkt ist ein Ereignis wie ein Zweikampf oder ein potenzielles Handspiel. Endpunkt die tatsächliche Entscheidung und deren Kommunikation. Die mentalen Prozesse umfassen

- die Wahrnehmung wie die Aufmerksamkeitsprozesse, Blickbewegungen und Einflüsse durch die Position und Blickwinkel;
- eine Kategorisierung und Einordung und Rückgriff auf Regelwissen, Erfahrungen und Kontextinformationen;
- eine Integration verschiedener Informationen ebenfalls unter Rückgriff auf Regelwissen, Erfahrungen und Kontextinformationen.

Am Anfang steht ein Wahrnehmungsprozess. Wichtig ist vor allem, dass der Schiedsrichter einen Zweikampf sieht. Neben dem Sehen ist jedoch auch das Hören für die späteren Prozesse von Bedeutung (dazu später mehr). Der Wahrnehmung folgt dann eine Kategorisierung des gesehenen Zweikampfs und eine erste, vorläufige Einordnung.

- War es überhaupt ein Foulspiel?
- Wenn ja, wie hart war das Vergehen?
- Ist eine persönliche Strafe erforderlich?
- Wenn ja, welche?

Dazu erfolgt ein Abgleich von Informationen aus dem Gedächtnis. Beim Gedächtnis denken viele Menschen erst einmal an einen großen Wissensspeicher. Das Gedächtnis eines Schiedsrichters umfasst beispielsweise das Regelwissen. Aber auch persönliche Erfahrungen aus der Vergangenheit sind im Gedächtnis hinterlegt. Erfahrungen sind anschaulich, diese können beispielsweise konkrete Spielszenen sein, die du als Schiedsrichter in vergangenen Spielen erlebt hast oder Szenen, die auf einem Lehrabend gezeigt wurden.

Auch eigene Erfahrungen als aktiver Spieler, sogenannte *motorische Erfahrungen*, spielen hier eine Rolle (Pizzera & Raab, 2012): Wer erlebt hat, wie es sich anfühlt, einen Tritt zwischen die Beine zu bekommen, dem fällt es leichter, die Härte eines Vergehens, das er sieht, einzuordnen. Die wahrgenommenen Informationen werden dann zusammen mit den Erfahrungen zu einem Urteil zusammengefasst. Fehlentscheidungen können auf fehlender Wahrnehmung oder einer fehlerhaften Einordnung basieren.

Eine modifizierte Variante des Modells ist in Abb. 2.1 dargestellt.

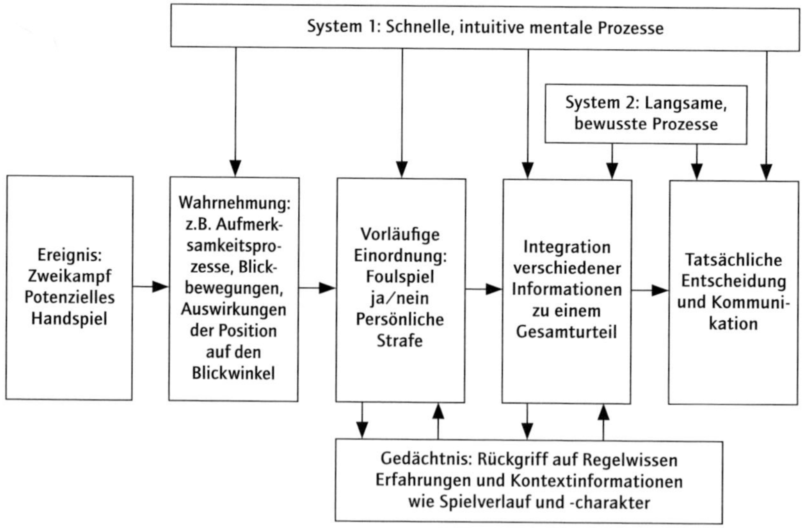

Abb. 2.1: Prozessmodell einer Schiedsrichterentscheidung (modifziert nach Plessner & Raab, 1999)

Zu beachten ist, dass Entscheidungen auf dem Platz in der Regel sehr schnell getroffen werden. Mentale Prozesse basieren im Wesentlichen auf zwei, sich gegenseitig ergänzenden Systemen (Deutsch & Strack, 2006; Furley, Schweizer & Bertrams, 2015). Ein bewusstes System, das System 2, das langsam und anstrengend ist und vergleichsweise viel Aufmerksamkeit erfordert und ein unbewusstes System, das System 1, das auf schnelle Automatismen zurückgreift. Es ist anzunehmen, dass überwiegend System 1 bei den mentalen Prozessen am Werk ist und System 2 erst spät eingreift.

Nach einem Pfiff bleibt meistens etwas Zeit, um abzuwägen, ob eine Karte gegeben wird. Mit der Zeit und der Spielpraxis bilden sich zunehmend Automatismen aus. Diese führen zu mehr Handlungsschnelligkeit. Wahrscheinlich wirst du bereits die Erfahrung gemacht haben, dass du bei einem taktischen Halten nach dem Pfiff gleich zur Verwarnung gegriffen hast. In solchen Fällen war der Autopilot am Werk (System 1).

Der Autopilot mit seinen Automatismen erleichtert uns das Leben im Alltag. Lesen, kleinere Rechenaufgaben, sich im Straßenverkehr bewegen oder die Bedienung der Gangschaltung im Auto: Vieles geschieht unbewusst ohne große mentale Anstrengung.

Doch Automatismen sind zugleich rigide. Dann greift die Macht der Gewohnheit. Auf dem Platz hebt der Assistent bereits die Fahne, obgleich der im Abseits stehende Spieler stehen bleibt und ein Mitspieler von hinten angelaufen kommt. Ein klares Foulspiel ist bereits gepfiffen, da erkennt der Schiedsrichter die sich ergebende Vorteilssituation. Automatismen betreffen eine Vielzahl von psychischen Prozessen und somit auch die Wahrnehmung und weitere Denkprozesse.

2.1 Wahrnehmungsprozesse

2.1.1 Wahrnehmung ist selektiv und subjektiv

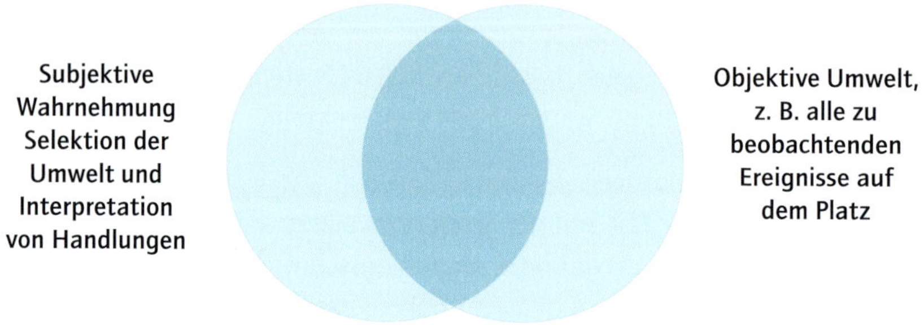

Abb. 2.2: Subjektive Wahrnehmung und Umwelt

Menschliche Wahrnehmung ist kein vollständiges Abbild der Umwelt. Wir nehmen immer nur einen Teil, also Ausschnitte, wahr und gleichzeitig sehen wir auch mehr, als objektiv gegeben ist (siehe Abb. 2.2). Denn unsere eigene Verfassung beeinflusst unsere Wahrnehmung. Wer Hunger hat, dem wird vermutlich der Geruch der Bratwurst auffallen. Wahrnehmung ist immer selektiv – und damit auch subjektiv. Wir schenken bewusst oder unbewusst immer nur gewissen Dingen unsere Aufmerksamkeit.

Als Schiedsrichter wirst du bereits die Erfahrung gemacht haben, wie entscheidend die Perspektive auf ein Geschehen für die Wahrnehmung ist. Eine Situation kann sich aus unterschiedlichen Blickwinkeln ganz anders darstellen. Auch der Profifußball zeigt, dass das eine oder andere Foulspiel erst durch eine bestimmte Kameraperspektive aufgedeckt werden kann.

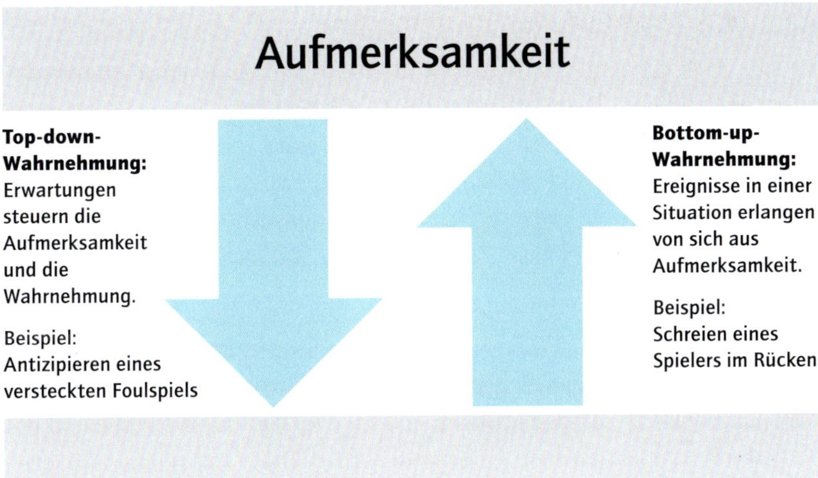

Abb. 2.3: Top-down- und Bottom-up-Wahrnehmung

Unsere Wahrnehmung wird gesteuert durch Aufmerksamkeitsprozesse. Dabei gibt es zwei unterschiedliche Arten der Aufmerksamkeitssteuerung (Abb. 2.3). Zum einen erfolgt eine Aufmerksamkeit Bottom-up (vgl. Kebeck, 1997). Das heißt, dass irgendetwas um uns herum und in unmittelbarer Nähe passiert, das Aufmerksamkeit erzeugt. Schreit beispielsweise ein Spieler hinter unserem Rücken, werden wir uns schnell umdrehen. Besonders akustische Signale erzeugen Aufmerksamkeit. Deshalb nutzt der Schiedsrichter auch eine Pfeife und kein Lichtsignal.

Ferner wird unsere Aufmerksamkeit durch uns gesteuert: Top-down. Wir haben vorab in der Regel eine ungefähre Vorstellung davon, was passieren könnte und richten unsere Aufmerksamkeit darauf. Unsere Erfahrungen und gegenwärtige Verfassung nehmen Einfluss darauf, was wir wahrnehmen. Wir achten auf Dinge und fokussieren uns beispielsweise auf den Armeinsatz bei hohen Bällen. Wahrnehmen heißt also immer auch Vorwegnehmen: Als Schiedsrichter antizipierst du Handlungen und nimmst diese schneller wahr.

Unbewusst richten Schiedsrichter die Aufmerksamkeit auf bestimmte Bereiche aus. Hier ist dann der Autopilot am Werk und Automatismen steuern, wohin wir schauen. Die ist das bereits angesprochene System 1. Dieses ist bei höherklassigen Schiedsrichtern offenbar besser trainiert: Höherklassige Schiedsrichter richten ihre Aufmerksamkeit unbewusst besser aus als unterklassige Schiedsrichter, wie eine Studie mit Schiedsrichtern unterschiedlicher Leistungsgruppen zeigt (Spitz, Put, Wagemans, Williams & Helsen, 2016).

Die Autoren der Studie haben das Blickverhalten von Elite-Schiedsrichtern mit unterklassigen Schiedsrichtern verglichen. Elite-Schiedsrichter fokussierten im Vergleich zu unterklassigen Schiedsrichtern bei Videoszenen länger solche Bereiche, in denen es später zum Kontakt kam und die für die Beurteilung des Zweikampfs informativ waren (Spitz et al., 2016). Diese Antizipationsfähigkeit wird sich im Laufe der Jahre bei den Elite-Schiedsrichtern entwickelt haben. Elite-Schiedsrichter zeichnen sich insgesamt durch bessere visuelle Fertigkeiten als unterklassige Schiedsrichter aus (Ghasemi, Momeni, Rezaee & Gholami, 2009).

Eine weitere Studie zeigte, dass polnische FIFA- und UEFA-Schiedsrichter bessere Leistungen in einem standardisierten Aufmerksamkeitstest erzielen, als Schiedsrichter, die lediglich in der ersten polnischen Liga ihres Landes pfeifen (Pietraszewski et al., 2014). Interessanterweise waren in derselben Studie Schiedsrichterassistenten auch Schiedsrichtern überlegen.

Eine weitere Studie mit Assistenten der ersten und zweiten belgischen Liga zeigt, dass die Breite des Aufmerksamkeitsfensters, die sich mit psychologischen Testverfahren messen lässt, die Akkuratheit von Abseitsentscheidungen in einem Videotest vorhersagt (Hüttermann, Helsen, Put & Memmert, 2018). Dies deutet darauf hin, dass Schiedsrichterentscheidungen und diejenigen von Assistenten durch personelle Faktoren wie die Aufmerksamkeitsfähigkeit beeinflusst werden.

2.1.2 Warum Aufmerksamkeit blind macht

Aufmerksamkeitssteuerung hat jedoch einen Nachteil. Vieles von dem, was wir nicht erwarten und worauf wir nicht achten, geht an uns vorbei. Dieses Phänomen wird auch als Inattentional Blindness bezeichnet, zu Deutsch etwa unaufmerksame Blindheit (Memmert, 2019; Simons & Chabris, 1999).

Zum Phänomen der „Inattentional Blindness" gibt es interessante Videos und Tests im Internet, die zwar nichts mit Fußball zu tun haben, aber das Phänomen veranschaulichen. Einfach nach „Inattentional Blindness" bei YouTube® suchen. Zu viel sei hier nicht verraten – einfach ausprobieren.

Gerade Schiedsrichtern wird auf dem Platz des Öfteren vorgeworfen, „blind" zu sein. Kurioserweise mag es Situationen geben, in denen sich für außenstehende Zuschauer ein derartiger Eindruck tatsächlich aufdrängt. Wenn beispielsweise direkt vor den Augen des Schiedsrichters ein Spieler nachtritt, der Schiedsrichter sich aber wieder auf den abgespielten Ball fokussiert hat, kann es gut sein, dass dem Schiedsrichter diese Tätlichkeit entgeht (siehe Fallbeispiel 2.1).

Fallbeispiel 2.1: Das Nachtreten nicht wahrgenommen

Das Spiel nähert sich der Halbzeitpause. Während das Spiel anfangs ruhig geblieben war, kam zwischendurch etwas Hektik auf. Doch die Akteure haben sich wieder beruhigt. Nun ereignet sich unmittelbar vor den Augen des Schiedsrichters ein Zweikampf. Der Spielführer der Heimmannschaft geht zu Boden. Für den Schiedsrichter lag kein Vergehen vor. Er entscheidet auf Weiterspielen. Der Ball wird gespielt.

Der Schiedsrichter schaut noch auf die Szene, hat aber den Ball im Fokus. Plötzlich gibt es ein Geschrei. Die Gäste beschweren sich darüber, dass der Spielerführer der Heimmannschaft nachgetreten habe. Der Schiedsrichter hatte nichts gesehen, obgleich er unmittelbar davorstand. Dies kritisierte auch der Beobachter nach dem Spiel und bestrafte die Schlüsselszene im Spiel auch mit einem ordentlichen Punktabzug. Am Ende der Saison stieg der Schiedsrichter ab, weil er den Abzug nicht mehr kompensieren konnte.

2.1.3 Das Gehirn ergänzt fehlende Puzzleteile

Unsere Wahrnehmung kann uns aber auch einen Streich spielen. Denn, wenn wir etwas nicht sehen, ergänzt unser Gehirn fehlende Puzzleteile in unserer Vorstellung. Bis zu Zeiten des Videoschiedsrichterassistenten kam es zwar selten, doch immer wieder vor, dass ein falscher Spieler eine Karte erhielt oder gar vom Platz gestellt wurde. Für Zuschauer auf den Rängen meist ein Skandal. Psychologisch jedoch zu erklären: Meistens standen die Spieler in Moment der Entscheidung näher am Tatort als der Täter, der sich bereits geschickt aus der Affäre gezogen hat.

In vielen dieser Fälle werden die jeweiligen Schiedsrichter keinen Zweifel daran gehabt haben, den richtigen Spieler erwischt zu haben. Umso wichtiger ist es,

1. auf solche Tücken menschlicher Wahrnehmung vorzubereitet zu sein und
2. Spieler sofort nach einem Pfiff zu fixieren oder sich besser noch im Vorfeld bereits die Nummern einzuprägen.

Bei einer Spielleitung im Team ist es eine Aufgabe des Teams, Schutzmechanismen gegenüber solchen Wahrnehmungsfallen aufzubauen. Doch dies gelingt nicht immer. Denn auch kann die Erwartung, z. B. einer „Notbremse", dazu führen, dass wir ein Vergehen ahnden, obgleich der Ball gespielt wurde. Die Erwartungshaltung beeinflusst dann unsere Wahrnehmung.

Gelegentlich nutzen Spieler dies aus, indem sie sich beispielsweise nach einem gegenseitigen Kopf an Kopf theatralisch fallen lassen, in der Hoffnung, dass beim Schiedsrichtergespann der Eindruck entsteht, es habe eine schlimme Tätlichkeit gegeben (siehe Exkurs 2.1).

Exkurs 2.1: Täuschen und Tricksen

Der Schiedsrichter und Wissenschaftler Wilhelm Lai aus Hongkong beschreibt in seinem Buch „Fußball: 80 schmutzige Tricks auf dem Platz: Zeitspiel, Dirty Tricks, Karten provozieren" Verhaltensweisen, die sich die Tücken menschlicher Wahrnehmung zunutze machen (Lai, 2020).

Ein besonders dreister Täuschungsversuch ging vor ein paar Jahren auf YouTube® viral: Ein Spieler greift nach dem Ellbogen des Gegners und „haut" sich diesen selbst ins Gesicht. Aus der Ferne betrachtet, sieht es wie eine Tätlichkeit aus. Ebenfalls in die Kategorie fällt ein vorgetäuschter Kopfstoß. Ein Spieler sinkt nach einem Kopf an Kopf theatralisch zu Boden. Schnell spielt uns unsere Wahrnehmung einen Streich, indem wir das, was wir sehen, zu einem für uns plausiblen Bild zusammenfügen.

Für dich als Schiedsrichter ist es wichtig, im Kopf zu behalten, dass Wahrnehmen kein passiver Prozess ist. Wahrnehmen ist etwas, dass du aktiv tust und umfasst, wie geschrieben, auch das Erahnen.

Aufmerksamkeit ist zudem limitiert. Wir können nicht unendlich viele Dinge gleichzeitig tun. Wenn dir eine Entscheidung noch nachhängt und du über diese grübelst, geht Aufmerksamkeit für das Hier und Jetzt verloren. Schnell bist du dann nicht mehr bei der Sache. Dann kann es sogar im schlimmsten Fall zu Abwärtsspiralen von Unachtsamkeit, daraus resultierenden Fehlern und Aufmerksamkeitsverlust kommen.

Aufgrund der begrenzten Aufmerksamkeitskapazität sind Automatismen wichtig. Viele Dinge in einer Spielleitung solltest du als Routinen an den Autopiloten delegieren, damit der Kopf frei ist für die wesentlichen Dinge. So solltest du Routinen dafür haben, was bei einer Mauerstellung in Strafraumnähe, bei einer Auswechslung oder nach einem Platzverweis wichtig ist und worauf du die Aufmerksamkeit richten sollst. Im Spiel fehlt dir die Zeit, jedes Mal zu überlegen, wohin du deinen Blick richtest. Eine kleine Reflexionsübung kann dir helfen.

Übung 2.1: Aufmerksamkeit in Standardsituationen

Ein Fußballspiel ist einerseits dynamisch, andererseits kommt es immer wieder zu Standardsituationen.

- Worauf richtest du deine Aufmerksamkeit in der jeweiligen Situation?
- Gibt es vielleicht sogar mehrere Aspekte, die du im Blick haben musst?
- Wenn du im Gespann unterwegs bist, welche Assistenten sollten was im Blick haben?

Tab. 2.1: Übung Aufmerksamkeit in Standardsituationen

Standardsituation	Worauf richtest du die Aufmerksamkeit?	Worauf sollten deine Assistenten die Aufmerksamkeit richten?
Anstoß		
Eckstoß		
Abstoß		
Freistoß vor dem Strafraum mit Mauer		
Auswechslung		
Strafstoß		
Verletzungs-unterbrechung		

2.1.4 Lauf- und Stellungsspiel im Dienst der Wahrnehmung

Das Lauf- und Stellungsspiel ist ein Mittel zum Zweck. Es gilt der Spruch: „Kondition ist nicht alles, aber ohne Kondition ist alles nichts!" Ziel ist es, dir eine gute Position zu verschaffen, aus denen du Zweikämpfe beurteilen kannst. Das Lauf- und Stellungsspiel steht im Dienst der Wahrnehmung. Du solltest also dein Lauf- und Stellungsspiel so ausrichten, dass du in der Situation relevante Bereiche im Blick hast (Slack, Maynard, Butt & Olusoga, 2013).

Die flexible Diagonale ermöglicht dir einen leicht versetzten Seiteneinblick, der für die Bewertung von Fußvergehen oft vorteilhaft ist. Bei Standardsituationen wie Freistößen stellt sich die Frage nach der Spielvariante. Erfolgt voraussichtlich ein direkter Torschuss, ist es sinnvoller, die Mauer im Blick zu haben, anstatt die komplette Seiteneinsicht. Letztere ist bei einer Flanke wichtiger.

Oft wird die Nähe zum Spielgeschehen positiv erwähnt und mit der Entscheidungsqualität in einen Zusammenhang gebracht.

Doch machen Schiedsrichter tatsächlich mehr Fehler, wenn sie weiter entfernt sind? Eine aktuelle Studie aus Norwegen mit dortigen Elite-Schiedsrichtern (Riiser, Andersen, Sæterbakken, Ylvisaker & Moe, 2019) zeigt, dass die Entfernung keine Rolle spielt. Allerdings machten die Schiedsrichter in den Spielen insgesamt auch nur wenige Fehler. Möglich ist auch, dass Elite-Schiedsrichter fit genug sind, um immer nah genug am Geschehen zu sein.

In unteren Klassen ist es denkbar, dass ein Schiedsrichter konditionsbedingt deutlich hinterherläuft. Nicht untersucht wurde zudem, ob Entscheidungen eher akzeptiert werden, wenn der Schiedsrichter in unmittelbarer Spielnähe war. Neben der Entfernung wird häufig auch das Lauftempo als Einflussfaktor erwähnt.

Gibt es denn Zusammenhänge zwischen Tempo und Fehlern? Im Vollsprint fehlt möglicherweise die Aufmerksamkeit für Details. Eine frühe Studie deutete darauf hin, dass Schiedsrichterassistenten mehr Fehler machen, wenn sie schneller laufen (Oudejans et al., 2005). Gilt das auch für Schiedsrichter? Sollten Schiedsrichter etwa nur locker joggen?

Eine aktuelle systematische Analyse verschiedener Einzelstudien zeigt, dass es keine einheitlichen Befunde zum Einfluss des Lauftempos auf die Entscheidungsqualität gibt (Bloß, Schorer, Loffing & Büsch, 2020). Wissenschaftlich betrachtet, gibt es also derzeit keine Belege dafür, dass Schiedsrichter nur noch joggen sollten.

Exkurs 2.2: Wahrnehmungsfehler und -fallen bei Abseitsentscheidungen

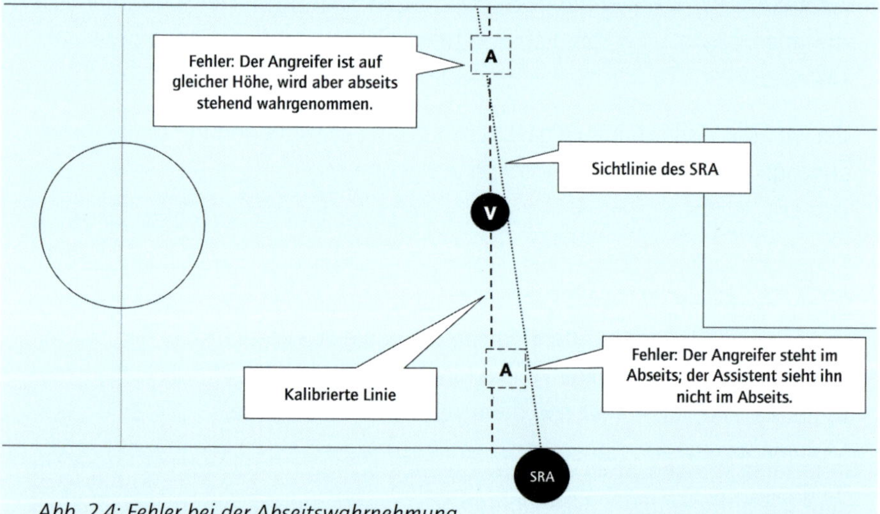

Abb. 2.4: Fehler bei der Abseitswahrnehmung

Mit dem Videoschiedsrichterassistenten und der Einführung der kalibrierten Abseitslinie wird auf ein Phänomen bei der Beurteilung von Abseitsstellungen aufmerksam gemacht. Wenn die Linie nicht richtig ausgerichtet ist, kann es in diesem Bereich zu Fehlern kommen. Dann wird eine Abseitsposition nicht erkannt oder ein Abseits angezeigt, obgleich der Angreifer nicht im Abseits stand. Auf diesen optischen Fehler wurde früh aufmerksam gemacht.

Assistenten, die ihren Blickwinkel nicht parallel zur Torlinie ausrichten, machen eher Fehler (Oudejans et al., 2000). Eine schematische Darstellung findet sich in Abb. 2.4. Salopp formuliert: Die Assistenten haben einen Knick in der Optik.

Eine sehr ausgefeilte Studie, die die Blickbewegungen von Schiedsrichtern analysierte, zeigte, dass bei korrekten Entscheidungen eine längere Fixation des Blicks auf die Abseitslinie anstatt auf den Angreifer oder den abspielenden Mitspieler vorlag (Schnyder, Koedijker, Kredel & Hossner, 2017).

Dieser Effekt wird durch eine weitere Studie bestätigt, bei der Assistenten mit Spielern verglichen wurden: Hier zeigte sich, dass auch Assistenten aus Amateurligen eine längere Fixation des vorletzten Verteidigers und damit der Abseitslinie vornahmen, als Spieler (Luis del Campo, Canelo Fariñas, Domínguez Márquez & Morenas Martín, 2018).

Ein weiterer Erklärungsansatz für Fehler liegt in einer Wahrnehmungstäuschung, die bei sich bewegenden Objekten auftritt. Beim sogenannten *Flash-Lag-Effekt* wird die Entfernung eines sich bewegenden Objekts – wie ein schneller, durchstartender Angreifer – überschätzt. In der Folge wirkt es so, als stünde der Spieler abseits.

In der Praxis tritt dieser Effekt besonders bei gegenläufigen Laufrichtungen auf. Der Verteidiger läuft raus, bleibt stehen, der Stürmer läuft zum Tor. Hier täuscht die menschliche Wahrnehmung. Es entsteht der Eindruck, dass im Moment der Ballabgabe die Entfernung größer war und der Angreifer nicht mehr auf Höhe des vorletzten Verteidigers stand. Zeitlupenbilder belehren uns dann eines Besseren.

Wenig überraschend zeigt sich, dass höherklassige Assistenten deutlich weniger anfällig für derartige Wahrnehmungstäuschungen sind (Catteeuw, Gilis, Wagemans & Helsen, 2010). Zudem lässt sich die Wahrnehmungstäuschung abtrainieren. Entsprechende Trainingsprogramme auf dem Platz (Catteeuw et al., 2010) als auch videobasierte Trainingsprogramme zielen darauf ab, Wahrnehmungsprozesse zu schulen und Fehler zu reduzieren, um bessere Abseitsentscheidungen zu erzielen (Put, Wagemans, Jaspers & Helsen, 2013; Put, Wagemans, Spitz, Williams & Helsen, 2016).

Dabei scheinen zwei Faktoren entscheidend zu sein: Zum einen gelingt es den Trainingsteilnehmenden besser, den Moment der Ballabgabe mental einzufrieren, also quasi ein inneres Standbild zu erzeugen. Zum anderen scheinen sie – mehr oder weniger bewusst – den Fehler zu korrigieren, indem sie die Fahne im Zweifel unten lassen.

Eine weitere Studie findet hier auch Unterschiede zwischen Schiedsrichterassistenten und Fußballspielern. Anders als die Assistenten korrigieren Spieler nicht den Flash-Lag-Effekt und entscheiden zu häufig auf Abseits (Luis del Campo et al., 2018).

Eine weitere Studie zeigt auf, dass es mehr Fehler in unmittelbarer Nähe des Assistenten gibt. Die Autoren erklären dies damit, dass das Blickfeld des Assistenten breiter sein muss (Hüttermann, Noël & Memmert, 2017). Für den Assistenten wird es daher schwieriger, die Situationen zu erfassen, die direkt vor seinen Füßen ablaufen. Aus der Entfernung sind hingegen Spieler besser im Blick. Das erklärt auch – so die Autoren –, weshalb Zuschauer manchmal den besseren Blick auf die Geschehnisse haben.

2.2 Urteilsprozesse

Ein Vergehen wahrgenommen zu haben, ist eine Voraussetzung dafür, dass eine Entscheidung getroffen wird. In der Regel ist es jedoch so, dass die Geschehnisse auf dem Platz schnell ablaufen. Manchmal ist ein Foul wie ein Trikotziehen sehr deutlich und nicht zu übersehen. Häufiger sind Foulspiele jedoch nicht so eindeutig.

Da du dich als Schiedsrichter auf dem Feld bewegst, wirst du vielleicht eine günstige, aber in der Regel selten eine ideale Einsicht haben. Fernsehbilder zeigen, dass manchmal zwei, drei Zeitlupen nötig sind, um zweifelsfrei aufzuklären, ob ein Kontakt vorlag. Auf dem Platz steht dir keine Zeitlupe zur Verfügung.

Weiterhin ist die Einordung der Intensität ebenfalls nicht immer leicht. Schiedsrichter berichten, dass oft das erste Gefühl das richtige ist. Woran liegt das? Schiedsrichterentscheidungen sind vor allem auch intuitive Entscheidungen (Plessner, Schweizer, Brand & O'Hare, 2009; Schweizer, Plessner, Kahlert & Brand, 2011). Umgangssprachlich würde man sagen, sie sind mehr Bauch- als Kopfentscheidungen. Dies liegt in der Natur der Sache.

Hoher Zeitdruck, gepaart mit einer zumeist nicht idealen Sicht, erfordert eine schnelle Informationsverarbeitung und rasches Entscheiden. Dies gelingt durch gute Intuition, die einen in die Lage versetzt, viele Informationen gleichzeitig zu berücksichtigen. Intuition basiert dabei auf einer Vielzahl von Automatismen, schnellen, unbewussten Denkprozessen im Autopiloten, deren Gründe nicht unmittelbar bekannt sind.

2.2.1 Das Linsenmodell – Entscheidungen durch die Linse

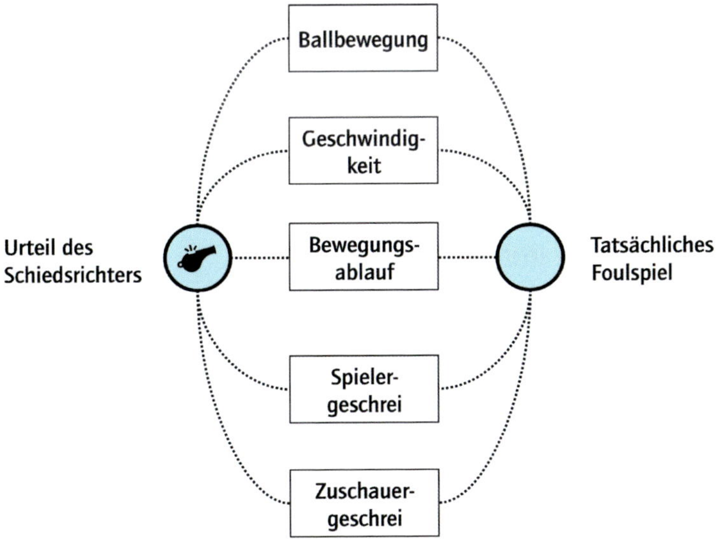

Abb. 2.5: Das Linsenmodell (in Anlehnung an Brunswik, 1952)

Intuitive Entscheidungen von Schiedsrichtern lassen sich mit dem sogenannten Linsenmodell erklären (Brand, Plessner & Schweizer, 2009; Brunswik, 1952; Schweizer et al., 2011). Das Linsenmodell ist in Abb. 2.5 an einem Beispiel dargestellt.

Demnach betrachtet ein Schiedsrichter einen Zweikampf durch eine Art Linse. Er sieht dabei nicht immer direkt, ob ein Foulspiel vorlag und wie intensiv dieses geführt wurde, sondern erhält verschiedene andere Informationen, die mehr oder weniger auf ein Foulspiel schließen lassen.

Dies sind beispielsweise die Bewegungsabläufe vor und nach dem Zweikampf, die Bewegungsgeschwindigkeit, die Ballbewegung, aber auch Zuschauerschreie oder das Verhalten der Spieler nach dem Zweikampf. Diese Informationen stellen sogenannte Cues (englisch Hinweise) dar. Diese Hinweise sind mehr oder weniger aufschlussreich für die Beurteilung eines Foulspiels.

Aufgrund der Ablaufgeschwindigkeit von Zweikämpfen und wegen seiner eingeschränkten Perspektive nimmt der Schiedsrichter mal mehr und mal weniger Hinweise wahr. Die vorhandenen Hinweise werden genutzt und in Sekundenschnelle im Kopf zu einem Urteil zusammengefügt: Foulspiel ja oder nein? Keine Karte, Verwarnung oder Platzverweis? Das Linsenmodell erklärt dabei vor allem auch, weshalb es zu Fehlern kommen kann. Eine Reihe von Studien zeigt nämlich, dass nicht nur relevante Hinweisreize verarbeitet werden.

2.2.2 Zuschauer und Spielergeschrei – Fehlschlüsse beim Urteilen

Interessanterweise lässt sich der Schiedsrichter von Hinweisreizen manchmal auch in die Irre führen. Viele Studien zeigen, dass Schiedsrichter sich z. B. von Zuschauern unbewusst beeinflussen lassen und demnach dazu tendieren, z. B. eine Gelbe Karte zu zeigen, wenn die Zuschauer aufgebracht sind und ihren Unmut durch Schreien ausdrücken (Nevill, Balmer & Mark Williams, 2002; Unkelbach & Memmert, 2010). Dieses Phänomen wird als *Crowd-Noise-Effekt* bezeichnet.

Eine Studie, bei der Schiedsrichter Videoszenen mal mit und mal ohne Originalton beurteilen mussten, zeigte, dass die Schiedsrichter nur bei einer Geräuschkulisse weniger Foulspiele gegen die Heimmannschaft pfiffen (Nevill et al., 2002). Eine weitere Studie untersucht den Unterschied bei Gelben Karten und erklärt die Befunde mithilfe des Linsenmodells.

Die Studie zeigt, dass Schiedsrichter bei mehrdeutigen Szenen die Geräuschkulisse als Hinweisreiz nutzen und in der Folge bei einem höheren Lärmpegel mehr Verwarnungen aussprechen. Im Stadion schreit das Publikum mehr bei einem Vergehen des Gegners und die Schiedsrichter ordnen diese in der Folge unbewusst als härter ein (Unkelbach & Memmert, 2010).

Die Geisterspiele zum Ende der Saison 2019/20 während der COVID-19-Pandemie boten eine weitere Möglichkeit, um diese Effekte zu beobachten. Denn bei Geisterspielen sollte der Crowd-Noise-Effekt nicht auftreten. Tatsächlich zeigt sich bei einer Analyse von Daten aus 15 europäischen Profiligen, dass die Unterschiede in der durchschnittlichen Anzahl an Verwarnungen und Platzverweisen zugunsten der Heimmannschaft verschwanden (McCarrick, Bilalic, Neave & Wolfson, 2020).

Ein ähnlicher Effekt ist auch zu beobachten, wenn ein gefoulter Spieler schreit (Lex, Pizzera, Kurtes & Schack, 2015). Wie ist das zu erklären? Wenn härtere Foulspiele vorliegen, ist ja tatsächlich das Gebrüll größer. Die Psychologik im Kopf vertauscht allerdings Ursache und Wirkung. Ist eine Situation etwas unübersichtlich und der Schiedsrichter hat keinen klaren Blick darauf, dann ist für ihn das Schreien ein Hinweis, dass das Foul härter gewesen sein muss.

Zuschauer, Spieler und Trainer wissen natürlich darum und versuchen, durch theatralisches Auftreten und entsprechende Aktionen die Schiedsrichter in die Irre zu führen. Spieler wälzen sich schreiend auf dem Boden. Zuschauer grölen und toben. Trainer randalieren am Spielfeldrand. Dies soll nicht darüber hinwegtäuschen, dass man Foulspiele tatsächlich auch hören kann (siehe Exkurs 2.3).

(...) *Exkurs 2.3: Foulspiele kann man hören*

Bei der Beurteilung von Fußballspielen spielt neben dem visuellen Wahrnehmungssystem auch das akustische Wahrnehmungssystem eine zentrale Rolle. Demnach kann ein Schiedsrichter, sofern es die Geräuschkulisse zulässt, ein Foulspiel auch hören.

Der FIFA-Schiedsrichter Daniel Siebert berichtete im „Talk aus Berlin" im RBB-Fernsehen im Mai 2020 über Erfahrungen aus den Geisterspielen ohne Zuschauer in der Rückrunde 2019/20 in den Fußballbundesligen: „Jedes Geräusch auf dem Fußballplatz hat sozusagen eine bestimmte Akustik, einen bestimmten Klang. [...] Wenn der Ball zum Beispiel auf die Hand fällt oder auf den Kopf fällt, dann kann man das als Schiedsrichter unterscheiden. Man entwickelt da so ein gewisses Gespür dafür und so ist es auch möglich, Foulspiele zu hören. Denn manchmal reicht ein simpler Kontakt aus, den man sonst nicht wahrnimmt, akustisch. Jetzt ist keine Geräuschkulisse drum herum da und entsprechend kann man diese Kontakte auch mal hören." [...] „Je intensiver ein Foul, desto lauter und dumpfer ist das Geräusch."

Zu beachten ist, dass auch Spieler, Offizielle und Zuschauer Szenen durch die Linse (und nicht zuletzt auch die Vereinsbrille) bewerten. Für andere Beteiligte wirkt das Foulspiel durch die Hektik von außen ebenfalls härter. Typische Szenen sind Foulspiele vor der Trainerbank, bei der die Bank aufspringt. Hier ist das Gejohle oft größer als auf der gegenüberliegenden Seite. Der Schiedsrichter sollte daher das Verhalten von Zuschauern, Bänken und Spielern mit einkalkulieren – ohne auf plumpe Beeinflussungsversuche reinzufallen.

2.2.3 Entscheidungen optimieren

Die beschriebenen Befunde zu Urteilsverzerrungen aufgrund irrelevanter Hinweisreize führten zu Trainingsprogrammen zur Entscheidungsoptimierung (Plessner et al., 2009; Schweizer et al., 2011). Das Trainingsprinzip besteht darin, Erfahrung und unmittelbares Feedback zu sammeln, um besser zwischen relevanten und irrelevanten Hinweisen zu unterscheiden.

Ein interessanter Ansatz, um intuitive Entscheidungen zu trainieren, wurde von mehreren Sportpsychologen entwickelt (Plessner et al., 2009; Schweizer et al., 2011).

Beim Schiedsrichter-Entscheidungs-Training, kurz SET, wurden Schiedsrichtern Videosequenzen vorgespielt, die es zu bewerten galt. Dabei zeigt sich, dass sich die Trainingseffektivität insbesondere dann steigern lässt, wenn die Schiedsrichter unmittelbar nach dem Training ein Feedback erhalten haben. Erhielten die Schiedsrichter ein Feedback, dann verbesserten sie sich in einem weiteren Videotest. Dabei erhielten die Schiedsrichter nur eine Rückmeldung, ob die Entscheidung korrekt war oder nicht. Eine ausführliche Begründung erfolgte nicht.

Beim Schiedsrichter-Entscheidungs-Training sind Erklärungen, also welche Gründe zu einer Entscheidung geführt haben, nicht notwendig (Schweizer et al., 2011). Wieso ist das so? Da Entscheidungen intuitiv sind, bedarf es keiner ausführlichen Erklärungen mit Worten. Manchmal fehlen einem sogar die Worte, um zu beschreiben, was man fühlt.

Es geht beim Training darum, den Autopiloten anzusprechen, der für Reaktionsschnelligkeit und Handlungssicherheit unter Zeitdruck wichtig ist. Dieser ist aber wenig empfänglich für lange Erklärungen. Der Autopilot braucht eher viele Durchgänge mit einer unmittelbaren Rückmeldung. Übung macht hier den Meister.

Dieser Befund widerspricht oft der Praxis der Lehrarbeit. Auf vielen Lehrabenden in Schiedsrichtergemeinschaften werden manchmal Videoszenen von Zweikämpfen bis ins letzte Detail analysiert. Dies fördert sicherlich das formale Regelverständnis. Dieses Regelwissen reicht jedoch bei Weitem nicht für die praktische Umsetzung.

Ein Paradebeispiel dafür ist die Bewertung von Handspielszenen. Im Video und mit Standbild sind aufgrund verschiedener Regelanpassungen der vergangenen Jahre strafbares und nicht strafbares Handspiel nun besser abzugrenzen. In der Praxis – ohne Video - stehen Schiedsrichter vor der Herausforderung, die Armhaltung und -bewegung genau zu beobachten. Neben dem Regelverständnis ist es daher notwendig, viele Szenen in kurzer Zeit unter Zeitdruck zu beurteilen und eine Rückmeldung zu erhalten.

Damit lassen sich die Automatismen, die im Spiel gefragt sind, am besten trainieren. Dank digitaler Möglichkeiten ist es inzwischen auch leichter, eine Vielzahl an Videomaterial zu erhalten und derartige moderne Trainingsformen umzusetzen. Dabei kannst du auch selbst dein Entscheidungsverhalten optimieren, indem du dir eine mentale Mediathek aufbaust.

2.2.4 Mentale Mediathek aufbauen

So ist es förderlich, sich Spiele und Zweikämpfe anzuschauen (Pizzera & Raab, 2012). Konkret besteht eine Möglichkeit darin, sich eine Art mentale Mediathek anzueignen. Diese umfasst dann mehrere Referenzszenen zu typischen Situationen auf dem Platz: z. B. taktische Foulspiele, Notbremsen oder Rückpass zum Torwart.

Aus allgemeineren Forschungsarbeiten zum menschlichen Denken weiß man, dass Menschen sich bei vielen Urteilen auf Daumenregeln (sogenannte Heuristiken) verlassen (Raab, 2012). Daumenregeln können zu Denkfehlern führen. Doch die Daumenregeln dienen dazu, schnell eine Lösung zu finden. Hier ist wieder der Autopilot aktiv. Genau darauf kommt es auf dem Fußballplatz an. Entscheidungsfreudig und entschlossen soll der Schiedsrichter sein. Das ist er, wenn er schnell ist.

Eine Daumenregel ist die sogenannte Verfügbarkeitsregel (Schwarz, Bless, Strack, Klumpp & al., 1991). Das heißt, das, was gerade in unserem Kopf präsent ist und demnach schnell verfügbar ist, beeinflusst nachfolgende Entscheidungen. Eine weitere ist die Ähnlichkeitsregel, auch Repräsentativitätsheuristik genannt (Kahneman & Tversky, 1972).

Wir machen Abgleiche mit ähnlichen Erfahrungen und ziehen diese für Urteile heran. Demzufolge sollte eine Vielzahl verfügbarer unterschiedlicher Szenen einen schnellen Abgleich auf dem Platz erlauben. In der Praxis der

Lehrarbeit sind dies die jedem bekannten Bilderbuchszenen, die so gut wie keine Diskussionen nach sich ziehen und z. B. eine „ideale Notbremse" repräsentieren. Neben diesen Idealszenen sind auch Abgrenzungsszenen notwendig. Schließlich liegt hier zumeist die Schwierigkeit.

Übung 2.2: Mentale Mediathek füllen

Als Schiedsrichter wirst du bereits eine mentale Mediathek in deinem Kopf haben. Je länger du pfeifst, desto mehr Clips wirst du aus deinen Spielleitungen in Erinnerung haben. Überlege einmal, welche Szenen kommen dir in den Kopf für folgende Beispiele:

- Verhinderung einer eindeutigen Torchance (Notbremse)
- Grobes Foulspiel
- Taktisches Foulspiel
- Handelfmeter
- Erlaubtes, nicht strafbares Handspiel von einem Verteidiger
- Nachtreten
- Rücksichtloser, verwarnungswürdiger Ellbogeneinsatz
- Schwalbe

Tipp: Spiele dir regelmäßig vor deinem inneren Auge derartige Szenen ab. Aktualisiere deine mentale Mediathek, indem du regelmäßig neue Szenen aufnimmst. Tausche dich darüber mit gleichgesinnten Schiedsrichtern aus. Doch Vorsicht: Bei Regeländerungen, wie z. B. zum Handspiel, musst du einige Szenen neu zusortieren oder gar ganz aus der Mediathek streichen.

Die mentale Mediathek hilft dir, Musterszenen zu entdecken. Sie sind die Eckpfeiler einer Spielleitung. Gleichzeitig gibt es allerdings in jedem Spiel auch einen immer wieder neu auszulotenden Ermessensspielraum und es kommt dementsprechend darauf an, eine gute Linie zu finden. Auch hier können Referenzszenen hilfreich sein.

Der Bundesligaschiedsrichter Patrick Ittrich formuliert es in seinem kürzlich erschienenen Buch (Ittrich & Nickelsen, 2020, S. 72f.) wie folgt: „In jedem Spiel speichere ich mir im Kopf Referenzszenen ab. Lasse ich einen harten Zweikampf auf der einen Seite laufen, muss ich eine vergleichbare Situation auf der anderen Seite genauso bewerten."

Die klare Linie und der damit in Verbindung stehende Ermessensspielraum zeigt auch, dass nicht in jedem Spiel ein Foul ein Foul ist – und es demnach auch Unterschiede bei der Anwendung von persönlichen Strafen geben kann. Die Kalibrierung dieser Linie ist auch eine Aufgabe von Schiedsrichtern.

2.2.5 Kalibrierung der persönlichen Linie im Spiel

Gelbe Karten sind über die Spielzeit nicht gleich verteilt. Zu Beginn eines Spiels gibt es seltener Gelbe Karten als im weiteren Spielverlauf (Unkelbach & Memmert, 2010). Dies mag daran liegen, dass die Kräfte nachlassen und sich Spieler gegen Ende der Spielzeit öfter nur noch durch Foulspiele zu helfen wissen. Die ungleiche Kartenverteilung lässt sich jedoch auch durch grundlegende Entscheidungsprozesse erklären.

Es liegt vor allem daran, dass der Schiedsrichter seine Linie an das Spiel anpasst. Foulspiele unterscheiden sich in ihrer Intensität. Es gibt Foulspiele, bei denen hat der Schiedsrichter keinen Spielraum und ist gezwungen, eine Karte zu zeigen. Doch bei vielen Foulspielen bleibt ein erheblicher Ermessensspielraum.

In Spielen ist es öfter der Fall, dass sich Foulspiele im Spielverlauf mehren. Es kommt im Verlauf in kurzer Zeit zu härteren Foulspielen. Die Schiedsrichter reagieren dann zumeist und wollen durch eine Gelbe Karte ein Zeichen setzen. Verbunden ist damit die Hoffnung, dass fortan härtere Foulspiele unterbleiben.

Für den weiteren Spielverlauf und die Linie bei den persönlichen Strafen ist es wichtig, dass Schiedsrichter einen guten Einstieg bei der Kartenvergabe finden. Der Schiedsrichter signalisiert dadurch, welche Spielweise er heute nicht toleriert. Gerade für Beobachter ist dies ein wichtiges Kriterium im Bereich des Managements der persönlichen Strafen. Der Schiedsrichter sollte weder zu früh noch zu spät einsteigen. Dass dies nicht immer so leicht ist, liegt daran, dass der Gradmesser für eine Verwarnung von Spiel zu Spiel abweichen kann.

Die Intensität von Foulspielen ist relativ. Zu Beginn eines Spiels ist die Gefahr groß, dass noch intensivere Foulspiele folgen. In den ersten Minuten sind Schiedsrichter daher in ihren Entscheidungen zumeist eher zurückhaltend mit Karten. Sonst besteht die Gefahr, dass sie unter Zugzwang geraten. Das Spiel ist noch lang und die Wahrscheinlichkeit groß, dass weitere und auch deutlich härtere Foulspiele konsequenterweise das gleiche Strafmaß oder gar ein stärkeres Strafmaß erfordern.

Dies gilt vor allem für Zweikämpfe in der Grauzone der persönlichen Strafen. Also Vergehen, für die man Gelb oder Rot geben könnte. Hier ist jeder Schiedsrichter gut beraten, zuerst abzuwarten und sich dann einen für das konkrete Spiel geeigneten Maßstab zu bilden.

Fallbeispiel 2.1

Bei den Weltmeisterschaften 2006 kam es im Achtelfinale zwischen Portugal und den Niederlanden zu einer Kartenflut. Am Ende waren es 12 Gelbe Karten und vier Platzverweise mit der Ampelkarte.

Bereits nach zwei Minuten zeigte der russische Schiedsrichter Valentin Ivanov Mark van Bommel die Gelbe Karte. Fünf Minuten später folgte die zweite Gelbe Karte. Zur Pause waren es vier Verwarnungen und eine Gelb-Rote-Karte. Es folgten acht weitere Verwarnungen und drei Hinausstellungen mit Gelb-Rot in der zweiten Hälfte. Früh geriet Ivanov so unter Zugzwang.

Eine Kalibrierung der persönlichen Strafen im Spielverlauf erhöht die Flexibilität. Allerdings geht mit dem Mechanismus der Kalibrierung auch ein Problem einher. Über Spiele hinweg kann der Eindruck eines unterschiedlichen Strafmaßes entstehen. Spieler, Trainer und Zuschauer beschweren sich des Öfteren mit Worten wie: „Dafür hat unser Spieler letzte Woche Gelb bekommen."

Auch die Rückmeldung des Beobachters kann im Vergleich mit einer vorherigen Beobachtung irritieren. Gedanken wie: „Letzte Woche hatte ich eine ähnliche Situation und da wollte der Beobachter keine Verwarnung sehen", drängen sich dann möglicherweise beim Schiedsrichter auf. Die Rückmeldungen verschiedener Beobachter wirken widersprüchlich.

Allerdings agieren Schiedsrichter nicht komplett ohne Kompass auf dem Platz. Sie haben als Bezugsrahmen mehr als ein Spiel und greifen auf vorangegangene Erfahrungen bei der Einordnung persönlicher Strafen zurück. Je mehr Erfahrung ein Schiedsrichter in einer Spielklasse hat, desto größer ist das mentale Archiv an Foulspielen. Dies hilft dann in wenigen Sekunden, besser einzuordnen, ob eine Schwelle zur Karte bereits überschritten ist.

Klare Regelverstöße wie die Verhinderung von eindeutigen Torchancen oder offensichtliche taktische Foulspiele sind hiervon natürlich ausgenommen. Derartige Szenen sind gerne Bestandteil von sogenannten Konformitätstests.

Konformitätstests zielen auf eine konforme, d. h. einheitliche Regelanwendung in einer Spielklasse ab. Neben 100%ig klaren Fällen gibt es natürlich auch Szenen, die nicht von allen, aber von einer Mehrheit aller Schiedsrichter, einheitlich bewertet werden.

Wenn beispielsweise mehr als 80 % aller Schiedsrichter dieselbe Entscheidung treffen, braucht derjenige, der davon abweicht, gute Gründe dafür. Umgekehrt gibt es ebenso Szenen, die kaum Bestandteil eines Konformitätstests sind, weil es sich um 50:50-Entscheidungen handelt. In solchen Szenen gewinnt der Spielcharakter an Bedeutung.

2.3 Game Management – mehr als eine Entscheidung

Das Regelwerk schreibt vor, wo der Schiedsrichter einzugreifen hat. Kommt es zu einer Tätlichkeit, hat der Schiedsrichter keinen Spielraum. Es gibt Szenen, die werden unabhängig vom Spielverlauf von nahezu 100 % aller Schiedsrichter gleich beurteilt.

Doch es gibt auch viele Szenen, bei denen ist die Entscheidung weniger klar. Der Schiedsrichter muss dem Regelwerk Geltung verschaffen, sollte Spieler vor Verletzungen schützen und gleichzeitig den Spielfluss fördern. Es gibt Spiele, da kann man den Vorteil laufen lassen – es gibt Spiele, da ist wenig angebracht. Auch das, was von Spielern als Foul erlebt wird, unterscheidet sich.

Meistens, und so auch auf dem Fußballplatz, ist die Welt nicht schwarz und weiß, sondern bietet viele Grautöne dazwischen. Je nach Spielcharakter wird mal eine engere Regelauslegung notwendig sein oder der Schiedsrichter kann das Spiel laufen lassen. Wer gewöhnlich höherklassig pfeift und dann in den niederen Amateurligen unterwegs ist, wird Unterschiede feststellen.

Die Intensität von Zweikämpfen ist eher eine graduelle Abstufung. Die Entscheidung, ob Foul oder nicht, erfordert jedoch eine klare Abgrenzung. Ebenso ist dies bei der Einordnung von persönlichen Strafen der Fall. Je nach Spielcharakter verschieben sich diese Linien.

Das, was in einem Spiel noch erlaubt ist, wird in einem anderen Spiel von den Beteiligten als Regelverletzung erlebt. Um Akzeptanz zu schaffen, muss der Schiedsrichter hierauf reagieren. Gleichzeitig legt er durch seine Entscheidungen auch den Rahmen fest, in dem sich die Spieler bewegen können.

Früh wurde darauf aufmerksam gemacht, dass der Schiedsrichter nicht nur Regelverwalter ist, sondern viel mehr ein Spielleiter (Mascarenhas, Collins & Mortimer, 2002). Schiedsrichter betreiben demnach aktives Game Management. Sie legen das Regelwerk aus, sodass Sicherheit gewährleistet ist, Pflichtvergehen geahndet werden, aber möglichst viel Spielfluss entsteht.

Entscheidungen haben immer zwei Perspektiven: erstens einen Rückblick auf das gerade Geschehene und zweitens einen Ausblick auf künftige Regelauslegungen (Brand & Neß, 2004).

Der Rückblick bezieht sich auf die vorangegangene Aktion („Das Vergehen war regelwidrig"). Beim Rückblick betrachtet der Schiedsrichter nicht unmittelbar die vergangene Situation, sondern auch das bisherige Spielgeschehen und ordnet die Aktion ein.

Der Ausblick bezieht sich auf die Ausrichtung des Regelwerks („Derartige Vergehen bitte in Zukunft unterlassen"). Durch den Ausblick kommuniziert der Schiedsrichter seine Entscheidungen (siehe Kap. 3.1.1) mit allen Beteiligten.

Diese kommunikative Funktion von Entscheidungen wird besonders dann deutlich, wenn der Schiedsrichter beispielsweise nach der Anfangsphase plötzlich kleinlicher pfeift, um auf aufkommende Unruhe zu reagieren und Grenzen aufzuzeigen und von seiner bisherigen Linie bewusst abweicht. Auch die erste Gelbe Karte im Spiel stellt einen Ausblick dar: bis hierhin und nicht weiter.

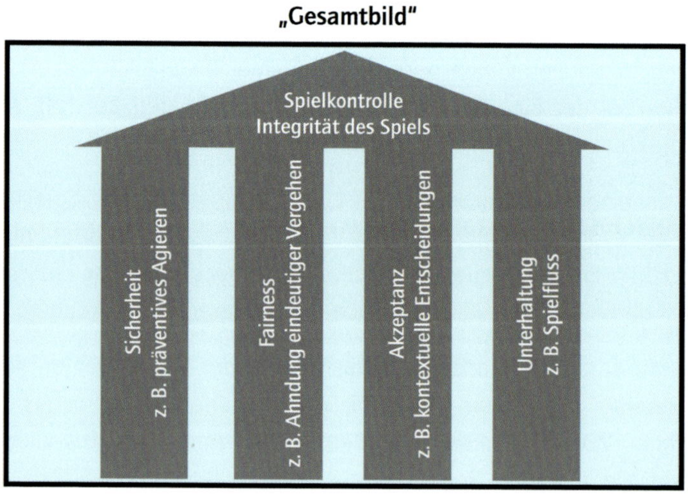

Abb. 2.6: Game-Management-Modell

Eine aktuelle Interviewstudie zeigt, dass Schiedsrichter zwei höherrangige Ziele verfolgen: Zum einen wollen sie die Spielkontrolle aufrechterhalten und zum anderen die „Integrität des Spiels" bewahren. Dies gelingt durch die Beachtung von vier Säulen: Sicherheit, Fairness, Akzeptanz und Unterhaltung (Russell, Renshaw & Davids, 2019).

Das Prinzip des Game Managements zeigt, dass es nicht nur regeltechnisch korrekte Entscheidungen gibt, sondern Entscheidungen auch zum Kontext passen müssen. Diese Entscheidungen können darauf ausgelegt sein, den Spielfluss und somit den Unterhaltungswert der Begegnung zu erhöhen. Als konkretes Instrument eignet sich dann beispielsweise der verzögerte Pfiff. Umgekehrt ist möglicherweise auch taktisches Pfeifen sinnvoll.

Die Beachtung von Warnsignalen, wie die Entfernung zu einem Tackling (Grätsche, die sich über mehrere Meter zieht) oder zum Tatort (z. B. vor der Trainerbank), sind hier hilfreiche Indikatoren, die ein präventives Eingreifen erforderlich machen. Sinnvoll kann es auch sein, bei Vergehen vor der Trainerbank das Spiel zu unterbrechen.

Das Game Management steht im Dienst der Spielkontrolle. Wichtig: Dabei geht es nicht nur darum, ob die Entscheidung regeltechnisch korrekt ist, sondern vielmehr darum, was für das weitere Spiel förderlich ist. Zusammenfassend finden sich Aspekte des Game Managements in Abb. 2.6.

2.3.1 Ein Unterschied: Akkurate und adäquate Entscheidungen

Ein Fundament, auf dem das Game Management aufbaut, ist die Unterscheidung zwischen akkuraten und adäquaten Entscheidungen (Plessner et al., 2009). Entscheidungen können in der Sache richtig sein. Dies sind akkurate Entscheidungen. Sind sie nicht durch das Regelwerk gedeckt, sind sie inakkurat. Neben akkuraten Entscheidungen gibt es auch adäquate Entscheidungen. Dies sind Entscheidungen, die in einer bestimmten Situation als angemessen gelten.

Stelle dir folgende Situation vor. Im Strafraum kommt es nach einer Ecke zu einem kleinen, jedoch nicht folgenreichen Stoß des Verteidigers abseits des Geschehens. Der Gegner läuft unbeirrt weiter. Pfeift der Schiedsrichter in einer solchen Situation einen Strafstoß, wären alle Beteiligten überrascht. Regeltechnisch handelt es sich um eine akkurate Entscheidung, jedoch wäre die Entscheidung wahrscheinlich nicht adäquat.

Umgekehrt wäre es, wenn der Angreifer stößt, also ein Stürmerfoul begeht. Diese Entscheidung würde vermutlich eher akzeptiert und wäre daher adäquat. Auf dem Platz gibt es eine Vielzahl von Entscheidungen, die zwar akkurat, aber nicht adäquat sind.

Manchmal ist es genau das, was gerade Spieler und Offizielle als Fingerspitzengefühl bezeichnen (auch wenn die Forderung nach Fingerspitzengefühl oft auch aus Regelunkenntnis resultiert). Die Entscheidung muss zum Kontext passen. Dies kann eine konkrete Situation sein, aber auch der Spielcharakter sowie die Vorgeschichte prägt das, was als adäquat gesehen wird.

Eine Fehlentscheidung, wie bspw. ein nicht gegebener Feldverweis bei einer Notbremse, ist inakkurat und inadäquat. Akkurate, aber inadäquate Entscheidungen sind beispielsweise zu kleinliche Regelauslegungen. Aber auch eine zu großzügige Regelauslegung kann inadäquat werden. Beispielsweise, wenn der Schiedsrichter bei einem nassen Boden harte Tacklings zulässt, die bei den Spielern zu Unruhe führen.

Eine akkurate und adäquate Entscheidung basiert auf einer situationsgerechten Regelauslegung. Der Schiedsrichter nutzt seinen Ermessensspielraum, um sich die nötige Akzeptanz zu verschaffen, bspw. im Umgang mit Verhaltensweisen am Rande der Unsportlichkeit, wie das Sperren des Balls oder das Wegspitzeln des Balls.

Auch wenn in der Regel adäquate Entscheidungen akkurate Entscheidungen benötigen (Plessner et al., 2009), gibt es diverse Ausnahmen. Eine Entscheidung kann paradoxerweise adäquat sein und auf Akzeptanz stoßen, dennoch aber inakkurat sein. Dabei handelt es sich um bewusste Regelbeugungen.

Eine Studie zeigt beispielsweise, dass die Sechs-Sekunden-Regel oder Regelverstöße bei Strafstößen in der Regel ungeahndet bleiben (Kolbinger & Stöckl, 2019). Diese Praktik ist nicht vom Regelwerk gedeckt und widerspricht diesem sogar.

Es scheint also ungeschriebene Gesetze zu geben, die das formale Regelwerk und dessen Auslegung ergänzen. Auch darüber hinaus gibt es immer wieder auf dem Platz Situationen, in denen der Schiedsrichter gut wegkommt, wenn er die Karten stecken lässt, die laut Regelwerk eigentlich nötig wären. Der Schiedsrichter drückt dann beide Augen zu.

Doch Vorsicht: Derartige Entscheidungen sind oft ein Spiel mit dem Feuer, das schnell zum Flächenbrand führen kann.

Tab. 2.2: Entscheidungsarten

	Inadäquat	**Adäquat**
Akkurat	Sehr kleinliche (oder sehr großzügige) Regelauslegung	Nutzung des Ermessensspielraums
Inakkurat	Klassische Fehlentscheidung	Kalkulierte Regelbeugung; ungeschriebene Gesetze

(…)

Exkurs 2.4: Akkurate vs. adäquate Entscheidung – eine Analyse von Collinas Erben

Alex Feuerherdt ist Publizist sowie Betreiber von *Collinas Erben*, einem Schiedsrichterpodcast. Er ist seit 1985 selbst Schiedsrichter, hat Spiele bis zur Oberliga geleitet und beobachtet u. a. in der Juniorenbundesliga.

„Alex, du hattest bei Collinas Erben *über eine Szene aus dem Zweitligaspiel Darmstadt 98 – FC St. Pauli im Oktober 2020 geschrieben, die für viel Aufregung und Kritik sorgte, obwohl in ihr regeltechnisch korrekt entschieden wurde. Was genau ist geschehen?"*

Alex Feuerherdt: *„Es lief die Nachspielzeit, Darmstadt führte mit 2:1, St. Pauli war im Angriff. Lukas Daschner kam im Darmstädter Strafraum in Ballbesitz, verlor die Kugel im Zweikampf jedoch gleich wieder. Nach einer Körperdrehung versuchte er mit einem Ausfallschritt, wieder an den Ball zu kommen, den der Darmstädter Adrian Stanilewicz gerade aus dem Strafraum schlagen wollte. Stanilewicz hatte bereits zum Schuss ausgeholt, als Daschner sein Bein zwischen den Ball und den Fuß des Gegners brachte.*

Stanilewicz konnte die Schussbewegung nicht mehr abbrechen und zog folgerichtig durch. Dabei traf er nicht den Ball, sondern den Fuß von Daschner, bevor schließlich ein Mitspieler klären konnte. Der Schiedsrichter ließ erst weiterspielen, doch der Videoassistent (VAR) griff ein – und nach dem Review gab es einen Elfmeter, den St. Pauli zum 2:2-Endstand verwandelte."

„Wie haben die Spieler beider Mannschaften reagiert?"

Alex Feuerherdt: *„Bei St. Pauli haben einige reklamiert, als Daschner getroffen wurde. Nach dem Review und der Elfmeterentscheidung haben dann die Darmstädter protestiert, die es nicht fassen konnten. Stanilewicz dürfte argumentiert haben, dass er ja gar nicht mehr zurückziehen konnte, voll auf den Ball fokussiert war und das Bein von Daschner gar nicht gesehen hat."*

„Was macht die Entscheidung zwar akkurat, aber nicht unbedingt auch adäquat?"

Alex Feuerherdt: *„Regeltechnisch blieb dem Schiedsrichter nach dem Betrachten der Bilder kaum etwas anderes übrig, als auf Strafstoß zu entscheiden. Stanilewicz konnte man zwar eigentlich keinen Vorwurf machen – als er zum Schuss ausholte, war da ja noch kein gegnerisches Bein. Aber beim Foulspiel ist nicht die Absicht ein Kriterium, sondern beispielsweise Fahrlässigkeit, die etwa aus Unachtsamkeit resultiert. So kam es zu diesem Tritt. Und Daschner hatte weder gefährlich gespielt noch Stanilewicz gefoult. Er hatte lediglich beim – erfolglosen – Versuch, den Ball zu erreichen, den Fuß in die Schussbewegung gebracht. Und das ist ja nicht verboten, solange der Gegner nicht gefährdet wird.*

Dennoch sträubt man sich innerlich gegen diese Entscheidung, vor allem, weil Daschner eben nicht den Ball gespielt hatte. Die Fernsehkommentatoren argumentierten deshalb, er habe ‚den Fuß reingehalten', sie wollten die Aktion also als Offensivfoul gewertet wissen, auch wenn es dafür eigentlich keine regeltechnische Grundlage gibt. Aber man sieht daran: Die Akzeptanz für diese Entscheidung war auch bei neutralen Beobachtern gering. Das ist nachvollziehbar, weil man sich beim Betrachten der Szene fragt: Wie hätte Stanilewicz den Tritt vermeiden sollen, wenn Daschners Bein beim Ausholen noch gar nicht im Weg war? Und konnte Daschner überhaupt den Ball erreichen?"

„War die Szene dann überhaupt ein Fall für einen Eingriff des Videoassistenten?"

Alex Feuerherdt: *„Auf dem offiziellen Twitter®-Account der DFB-Schiedsrichter hieß es: ‚Der VAR greift ein, da der SR diesen Kontakt im Fußbereich nicht wahrgenommen hatte (ein sogenannter Serious Missed Incident) und das Bildmaterial diesen nachweisen kann.' Der Grund für die Intervention war also kein klarer und offensichtlicher Fehler, sondern ein übersehener schwerwiegender Vorfall. Formal war der Eingriff damit korrekt."*

„Trägt der VAR dazu bei, dass vermehrt akkurate Entscheidungen getroffen werden, die jedoch viele als inadäquat wahrnehmen?"

Alex Feuerherdt: *„Zumindest verengt sich der Ermessensspielraum bei der Zweikampfbeurteilung und der Bewertung von Handspielen. Wenn die Bilder etwa bei einem Zweikampf im Strafraum zeigen, dass es einen Kontakt am Bein eines Angreifers gab, den der Schiedsrichter nicht wahrgenommen oder nicht als strafwürdig bewertet hat, fällt es oft schwer, zu argumentieren, warum es keinen Elfmeter geben soll. Dabei dramatisiert die Zeitlupe häufig und vermittelt dadurch ein verzerrtes Bild. Viele Aktionen wirken durch die Verlangsamung deutlich bewusster und gezielter, als sie es in Wirklichkeit waren. Die Dynamik wird nicht adäquat widergespiegelt, dabei ist sie ein wichtiger Faktor.*

Manchmal gaukeln die Bilder eine Objektivität vor, die so gar nicht gegeben ist. Sie drängen dem Beobachter – in diesem Fall also dem Schiedsrichter – oft eine vermeintliche Eindeutigkeit auf, die in Wirklichkeit nicht existiert. Besonders bei Zweikämpfen gibt es einen Graubereich, in dem das Ermessen des Unparteiischen gefragt und auch nützlich ist, gerade mit Blick auf die Akzeptanz und die Frage, wie eine 50:50-Entscheidung zum Spielcharakter und zur Linie des Schiedsrichters passt.

Was situativ adäquat ist und was nicht, kann man als Referee auf dem Feld oftmals besser beurteilen als am Bildschirm. Dazu benötigt man auch ein gutes Gespür – und das ist plötzlich kein Faktor mehr, wenn beim Review eine Szene sozusagen aus dem Kontext gerissen wird."

„In Darmstadt hätte der Schiedsrichter also nicht bei seiner Entscheidung ‚kein Strafstoß' bleiben können?"

Alex Feueherdt: *„Er war in einem Dilemma: Wenn es in diesem Spiel keinen VAR gegeben hätte, dann hätten wohl die meisten aus den genannten Gründen gesagt, dass es eine Entscheidung im Sinne des Fußballs war, die unglückliche und kaum zu vermeidende Aktion von Stanilewicz nicht mit einem Elfmeter zu ahnden. St. Pauli hätte zwar sicherlich ein bisschen gemurrt, die*

Entscheidung aber wohl trotzdem als adäquat empfunden und hingenommen. Mit VAR dagegen blieb eigentlich nur noch der regeltechnisch streng akkurate Elfmeterpfiff übrig, der für erheblich mehr Diskussionen gesorgt hat, weil er für unangemessen kleinlich gehalten wurde."

2.3.2 Schwellenmodelle der Entscheidung

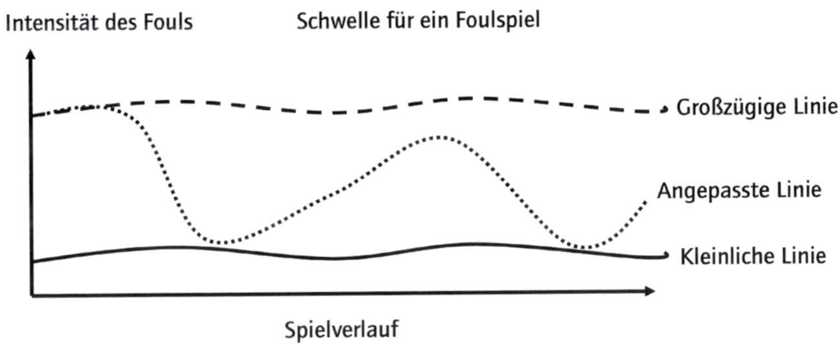

Abb. 2.7: Schwellenmodell

Ein neueres Modell erklärt sowohl Unterschiede zwischen Schiedsrichtern als auch Unterschiede zwischen Spielleitungen eines Schiedsrichters anhand variierender Schwellen für das Game Management (Raab et al., 2020).

Schiedsrichter unterscheiden sich dahin gehend, wie sehr sie eher zur strikten Regelanwendung tendieren oder inwieweit sie die ihnen zur Verfügung stehenden Ermessensspielräume nutzen. Die Schwellenwerte für das Game Management sind unterschiedlich ausgeprägt. Dies führt dann zu unterschiedlichen Linien bei der Zweikampfbeurteilung und Schwellen für ein Foulspiel. Die Zweikampfbeurteilung kann jedoch auch im Spielverlauf dynamisch sein und die Schwelle für ein Foulspiel variiert über die Zeit. Beispiele für unterschiedliche Schwellen bei Foulspielen sind in Abb. 2.7 schematisch dargestellt.

Die einen unterbrechen eher das Spiel, während die anderen mehr Spielfluss zulassen. In einem Spiel, das weitgehend friedlich verläuft, sollten insgesamt weniger Foulspiele gepfiffen und Karten gezeigt werden. Unterschiede sollten vor allem durch den Stil des Schiedsrichters erklärt werden. In diesen Spielen sollten akkurate Entscheidungen im Mittelpunkt stehen, da der Ermessensspielraum wenig genutzt werden muss, um Akzeptanz zu erzeugen.

Dies sind typischerweise normal zu leitende Spiele, in denen ein falscher Pfiff während einer Beobachtung den Schiedsrichter Punkte kosten kann. Bei diesen Spielen steht die Entscheidungsqualität im Vordergrund.

Doch der Kontext variiert in der Regel. Ein Fußballspiel ist dynamisch. Aggressionen nehmen temporär zu und ebben wieder ab. Um auf diesen veränderten Spielcharakter zu reagieren, passt der Schiedsrichter seine Linie an. Es geht darum, adäquate Entscheidungen im Moment zu treffen. Temporär pfeift der Schiedsrichter kleinlicher. Dies kann auch dazu führen, dass es erforderlich ist, eine Karte zu zeigen, um das Spiel zu beruhigen. Allerdings mag auch das Gegenteil der Fall sein. Der Schiedsrichter verzichtet bewusst auf eine Karte, um die Stimmung nicht unnötig aufzuheizen. Hier wird die eigene Linie zulasten der Konsistenz angepasst, um dadurch die Spielkontrolle zu bewahren.

Dies sind phasenweise schwierige Spiele, in denen die Beobachtungsnote von der Spielkontrolle und dem Game Management abhängt. Die Interaktion mit Spielern und Offiziellen und die Persönlichkeit des Schiedsrichters gewinnt hier an Bedeutung (siehe Kap. 3 und Kap. 4).

Eine Besonderheit stellen Spiele dar, die konsistent von hohen Aggressionen geprägt sind. In dieser Art von Spielen sollte es zu mehr Unterbrechungen kommen. Bei der Vergabe von Karten darf der Schiedsrichter die Schwelle jedoch nicht zu niedrig ansetzen. Ansonsten läuft er Gefahr, eine Kartenflut zu verursachen. Dies ist insbesondere der Fall, wenn der Einstieg in die persönlichen Strafen zu früh kommt. Wenn ein Schiedsrichter anfangs zu kleinlich pfeift und früh zur Karte greift, steht er schnell unter Zugzwang (siehe Kap. 2.2.5).

Eine zu enge Regelauslegung könnte zu inadäquaten Entscheidungen führen. Die Herausforderung bei schwer zu leitenden Spielen besteht also darin, eine konsistent für das Spiel angemessene Linie zu finden, die eine Kartenflut verhindert. Adäquate Entscheidungen spielen hier eine größere Rolle als akkurate Entscheidungen.

Fallbeispiel 2.2

Manchmal gibt es Situationen, die zwingen einen Schiedsrichter zu einer frühen Karte. In der Relegation zum Aufstieg in die Dritte Liga trafen am Ende der Saison 2017/18 Waldhof Mannheim und der KFC Uerdingen aufeinander.

Im Rückspiel ging es gleich in den ersten Minuten zur Sache. Nach 61 Sekunden ging Dorian Diring rücksichtslos in den Zweikampf und traf seinen Gegner Christian Dorda unglücklich mit der Sohle am Knie. Hier musste eine Karte kommen, denn selbst ein Feldverweis wäre denkbar gewesen. Der Schiedsrichter im Spiel, Patrick Ittrich verwarnte den Waldhof-Spieler. Etwa drei Minuten später rempelte Dorda seinen Gegenspieler Diring rustikal an der Seitenlinie. Patrick Ittrich zeigte auch hier Gelb. Nach nicht einmal fünf Minuten gab es nun schon zwei Verwarnungen.

Im weiteren Verlauf der ersten Halbzeit setzte Ittrich nun auf Kommunikation, sprach mit den Spielern und wirkte so beruhigend. Er passte seine Linie an, agierte flexibler und setzte sich so nicht unter Zugzwang. Dass das Rückspiel am Ende abgebrochen werden musste, ist auf das Zuschauerverhalten der Waldhof-Fans zurückzuführen.

2.3.3 Spielcharakter

In Beobachtungen ist oft vom Spielcharakter die Rede. Es gibt verschiedene potenzielle Einflussfaktoren auf den Spielcharakter, welche immer wieder genannt werden. Zu diesen zählen z. B. die Tabellensituation, der Spielstand, die Platzverhältnisse sowie Rivalitäten wie bspw. in einem Lokalderby.

Verbreitet ist auch die Erkenntnis, dass nicht jeder dieser Faktoren zwangsläufig ein schweres Spiel nach sich zieht. So manches Lokalderby war gähnend langweilig. Hier sollte der Schiedsrichter zwar vorbereitet sein, aber nicht ein schweres Spiel heraufbeschwören, welches es gar nicht gibt.

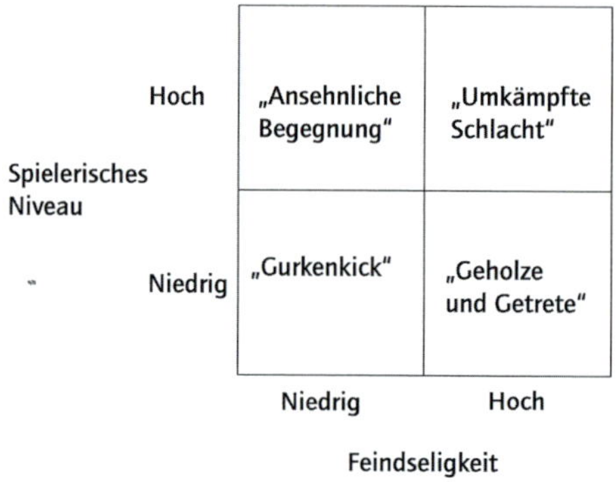

Abb. 2.8: Spielcharakter

Weniger Aufmerksamkeit wurde der Frage gewidmet, wie man einen Spielcharakter beschreiben kann. Zumeist wird der Spielcharakter nur eindimensional als schwierig beschrieben. Dies ist eine starke Vereinfachung. Denn es lassen sich mindestens zwei Dimensionen unterscheiden (Abb. 2.8).

Ein Spiel kann spielerisch etwas zu bieten haben. Es ist schnell. Es gibt einen offenen Schlagabtausch. Es geht hin und her mit vielen Zweikämpfen, Ballwechseln und Torchancen. Dies fordert dich als Schiedsrichter in deiner Aufmerksamkeit und Handlungsschnelligkeit.

Der andere Aspekt bezieht sich darauf, wie die Spieler und das Umfeld miteinander umgehen.

- Ist die Kommunikation eher freundlich oder eher feindlich?
- Unterstellen sich die Teams böse Absichten z. B. bei Foulspielen oder monieren sie Schauspieleinlagen?
- Gibt es Shakehands nach dem Zweikampf oder gehen sich die Spieler an?

Hier muss du als Schiedsrichter einen kühlen Kopf bewahren und Konfliktmanagement betreiben. Aus den beiden Dimensionen ergeben sich unterschiedliche Spielcharaktere, die sich auch über die Phasen eines Spiels unterscheiden können.

Der Schiedsrichter muss seine Regelauslegung und sein Verhalten anpassen. Wichtig ist, dass er dies aktiv tut und aktiv selbst gestaltet – anstatt sich durch die Spieler Verhaltensweisen aufzwängen lässt.

Übung 2.3: Erkennen des Spielcharakters

Erinnere dich an die Spiele der vergangenen Spielzeiten.

- Wo würdest du die Spiele vom Spielcharakter grundsätzlich einordnen?
- Was sind für dich Anzeichen des Spielcharakters?
- Wie verhältst du dich bei solchen Spielen?

Tab. 2.3: Übung Spielcharakter

Spielcharakter	Welche Spiele fallen dir hier ein?	Woran erkennst du diesen Spielcharakter?	Wie verhältst du dich bei solchen Spielern? Was sind deine Strategien?
A Freundlich & sportlich – herausfordernd			
B Feindselig & sportlich – herausfordernd			
C Feindselig & sportlich – wenig anspruchsvoll			
D Freundlich & sportlich – wenig anspruchsvoll			

Übung 2.4: Analyse des Spielcharakters

Schaue dir eine Videoaufzeichnung eines Spiels – idealerweise deiner Leistungsklasse an -, welches zumindest zeitweise sportlich herausfordernd oder/ und aggressiv war. Analysiere nun den Spielverlauf mit Blick auf den Spielcharakter.

- Welche Phasen kannst du ausmachen?
- Gibt es kritische Ereignisse, die den Spielcharakter verändert haben?
- Inwieweit passt der Schiedsrichter seine Entscheidungen an?

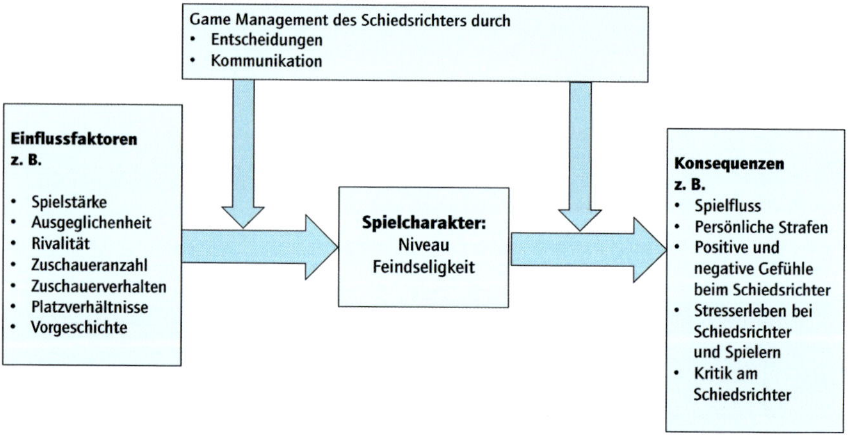

Abb. 2.9: Spielcharakter – ein Prozessmodell

Abb. 2.9 zeigt ein Prozessmodell: Bestimmte Faktoren tragen zum Spielcharakter bei, die zu entsprechenden Konsequenzen führen können. Die Beziehungen sind dabei Wahrscheinlichkeitsaussagen. Einige Faktoren wirken sich positiv auf den Spielcharakter, andere negativ aus. Ein Spielcharakter, welcher von Feindseligkeit geprägt ist, macht die Spielleitung herausfordernder und führt öfter als in einem friedlichen Spiel zu Kritik am Schiedsrichter.

Der Schiedsrichter hat wiederum zwei potenzielle Gestaltungsspielräume. Er kann durch sein Verhalten die negativen Konsequenzen wie Kritik bei einem umkämpften Spielcharakter abpuffern. Er kann zudem auch vorher durch sein Handeln Einfluss auf den Spielcharakter nehmen. Neben den Entscheidungen kommt der Kommunikation hierbei eine zentrale Rolle zu.

3 Kommunikation

Wenn Spieler und Trainer Unterschiede zwischen schlechten und sehr guten Schiedsrichtern ausmachen, dann sehen sie den Schlüssel oft in der Kommunikation (Simmons, 2010; 2011).

Kommunikation wird als Möglichkeit gesehen, sich Akzeptanz zu verschaffen und Entscheidungen zu verkaufen (Schnyder & Hossner, 2016). Bessere Schiedsrichter – so eine verbreitete Meinung – reden mehr. Wer den Mund nicht aufmacht, gilt hingegen schnell als arrogant.

Kommunikation ist jedoch mehr als nur Reden. Schiedsrichter wissen um die Bedeutung von Körpersprache. Über Gestik und Mimik teilen wir uns mit. Schließlich gibt es noch den Pfiff, der, variabel eingesetzt, viel über die Einordnung des Foulspiels aussagt (Cunningham, Simmons, Mascarenhas & Redhead, 2014). Bei einem harten Vergehen vor der Trainerbank ist der Pfiff lauter als bei einem Allerweltsfoul mitten auf dem Platz jenseits von Gut und Böse.

Mit jedem Pfiff teilt der Schiedsrichter etwas mit. Auch sonst ist der Schiedsrichter ständig in Bewegung und im übertragenen Sinne mit Spielern in Kontakt. Hieraus ergeben sich Anforderungen an die Kommunikation. Damit unterscheiden sich Fußballschiedsrichter im Übrigen auch von Schiedsrichtern im Tennis und Volleyball (siehe Exkurs 3.1).

Exkurs 3.1: Zwei Kernaufgaben von Fußballschiedsrichtern

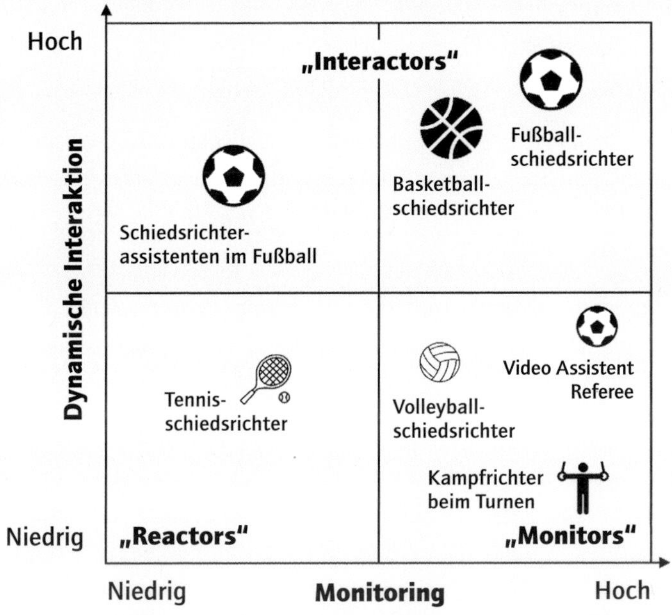

Abb. 3.1: Aufgaben von Schiedsrichtern (modifiziert nach Plessner & MacMahon, 2013)

Wissenschaftler, die über Schiedsrichter forschen, haben Schiedsrichter unterschiedlicher Sportarten gegenübergestellt (Plessner & MacMahon, 2013). Schiedsrichter haben in der Regel zwei Aufgaben (siehe auch Abb. 3.1): Zum einen überwachen sie das Spiel oder den Wettkampf. Dies ist die Monitoringaufgabe, bei der Aufmerksamkeit und Konzentration gefordert sind. Zum anderen kommunizieren sie mit den Spielern und anderen Offiziellen und nehmen so Einfluss.

Die Anforderungen an diese beiden Aufgaben variieren jedoch von Sportart zu Sportart. Schiedsrichter beim Tennis haben geringere Anforderungen auf beiden Dimensionen. Sie reagieren vorwiegend und werden daher in einer

Einordnung auch als „Reactors" beschrieben. Volleyballschiedsrichter müssen bereits mehrere Akteure überwachen, bewegen sich aber nicht auf dem Spielfeld und interagieren dadurch auch weniger mit Spielern. Sie werden als „Monitors" bezeichnet. Ebenso auch Kampfrichter beim Turnen, die eine Beurteilung einer Turnleistung vornehmen müssen.

Fußballschiedsrichter ebenso wie Basketballschiedsrichter überwachen nicht nur permanent das Spiel, sondern interagieren auch laufend mit Spielern. Diese Gegenüberstellung verdeutlicht, dass es bei Fußballschiedsrichtern auf zwei Kernaufgaben ankommt:

Erstens sollte dem Schiedsrichter möglichst kein (folgenreiches) Foul entgehen und zweitens sollte der Schiedsrichter die Interaktion mit Spielern gestalten.

Im Folgenden werde ich Grundlagen der Kommunikation vorstellen und diese auf das Schiedsrichterwesen beziehen. Die Anwendungsbereiche sind jedoch weitreichend. Sie umfassen Schule, Studium und Beruf ebenso wie das Privatleben. Immer dort, wo Menschen zusammentreffen, ist Kommunikation relevant. In meinem Beruf berate und trainiere ich Führungskräfte. Dort gehören die Modelle quasi zum Handwerkszeug. Im Schiedsrichterwesen dürften einige, aber nicht alle Aspekte bekannt sein.

3.1 Kommunikationsaxiome von Paul Watzlawick

Von dem einflussreichen Kommunikationswissenschaftler Paul Watzlawick stammen fünf zentrale Kommunikationsaxiome (Watzlawick, Beavin & Jackson, 2011). Dies sind grundlegende Annahmen über menschliche Kommunikation, die helfen, diese besser zu verstehen und Phänomene wie Missverständnisse erklären zu können.

Ich finde, dass diese fünf Kommunikationsaxiome sehr gut geeignet sind, auch Geschehnisse auf dem Fußballplatz besser einzuordnen. Allerdings sind die meisten dieser Kommunikationsaxiome in einer Sprache formuliert, die auch bei einer wissenschaftlichen Ausbildung nur schwer zu verstehen ist. Daher fasse ich den Kerngehalt dieser Grundsätze menschlicher Kommunikation zusammen und erkläre sie kurz. Das erste Kommunikationsaxiom ist noch verständlich und dir möglicherweise bereits einmal begegnet.

3.1.1 Man kann nicht nicht kommunizieren!

Kommunikation hat kein Gegenteil. Selbst ein Schweigen ist eine Botschaft. Wer häufig mit der Bahn fährt, hat vielleicht schon die Erfahrung gemacht, dass ihn ein Mitfahrer gerne in ein Gespräch verwickeln wollte. Es spielt keine Rolle, wie die Reaktion aussieht, es wird plötzlich kommuniziert. Wer auf Fragen nicht eingeht und schweigt, der zeigt deutlich, dass er kein Interesse an einer Unterhaltung hat.

In Beziehungen kann dies auch immer Anlass für Konflikte sein, wenn ein Partner nichts sagt. Auch bei Chats mit dem Smartphone zeigt sich, dass wenn auf eine Nachricht nicht geantwortet wird, dies schnell als Botschaft verstanden wird. Auf dem Fußballplatz gehört ein bewusstes „Ignorieren" auch zur kommunikativen Werkzeugkiste eines jeden Schiedsrichters. Der Schiedsrichter schenkt beispielsweise dem meckernden Spieler keine Beachtung und lässt ihn ganz cool und lässig „links liegen".

Wer nichts sagt, der „sagt" paradoxerweise dennoch etwas. Dies liegt daran, dass Verhalten bereits Kommunikation ist, sofern eine andere Person anwesend ist. Anders ausgedrückt: Durch unser Verhalten – unser Auftreten – kommunizieren wir. Der Schiedsrichter auf dem Platz kommuniziert durch Entscheidungen. Jede Entscheidung ist dann eine Botschaft. Der Pfiff signalisiert, dass er ein Vergehen gesehen hat. Der Pfiff hat zumeist auch eine zukunftsweisende Richtung: Bis hier und nicht weiter!

Erwarten Spieler einen Pfiff und bleibt dieser aus, ist das für die Spieler ebenfalls ein Zeichen. Wer die Ohren spitzt, der hört dann öfter Aussagen von

Mitspielern oder der Trainerbank wie: „Spiele weiter! Der pfeift das nicht." Gelegentlich wird dies auch als Anlass gesehen, härter zuzulangen. „Merke dir das! Du kannst auch beim nächsten Mal zulangen!"

Was folgt daraus, dass man nicht kommunizieren kann, für die Praxis auf dem Fußballplatz? Die gute Nachricht: Um viel zu kommunizieren, brauchen wir als Schiedsrichter praktisch nichts zu tun. Denn wir kommunizieren quasi pausenlos. Die schlechte Nachricht: Weil wir pausenlos kommunizieren, heißt dies noch lange nicht, dass wir bewusst mit entsprechender (Außen-)Wirkung kommunizieren. Oft sind wir uns gar nicht bewusst, was wir wie kommunizieren.

Weil dies so zentral ist, möchte ich dies noch einmal an einem Beispiel erläutern: Zu Beginn einer Saison – es waren selbst in den Abendstunden noch rund 30 Grad Celsius – habe ich einmal unter der Woche einen Schiedsrichter beobachtet, der das Spiel zwar im Griff hatte, seine lässige Körpersprache während des laufenden Spiels in Kombination mit einem kräfteschonenden Laufverhalten wirkte jedoch insgesamt wenig aufmerksam. Da es sonst nur wenige Situationen gab, um sich auszuzeichnen, verlor der Schiedsrichter durch sein Verhalten an Überzeugungskraft. Das Lauf- und Stellungsspiel war hier eine Botschaft.

3.1.2 Jede Kommunikation hat einen Sach- und einen Beziehungsaspekt

Das zweite Axiom möchte ich ebenfalls zunächst an einem Beispiel erläutern. Eine typische Szene, die sich am Wochenende nahezu auf jedem Fußballplatz abspielen kann. Der Verteidiger stößt leicht – aber dennoch deutlich – nach der Ausführung eines Einwurfs seinen Gegenspieler in den Rücken. Der Schiedsrichter pfeift und signalisiert mit seinen Händen eine Stoßbewegung. Plötzlich reagiert der Spieler: „Immer gegen mich! Da vorne werde ich auch gehalten und da pfeifst du nicht."

Diese kurze Szene illustriert dieses Kommunikationsaxiom: Es geht hier neben der Sache, also dem Vergehen, um die Beziehung zwischen Schiedsrichter und Spieler. Der Spieler fühlt sich ungerecht behandelt und deutet den

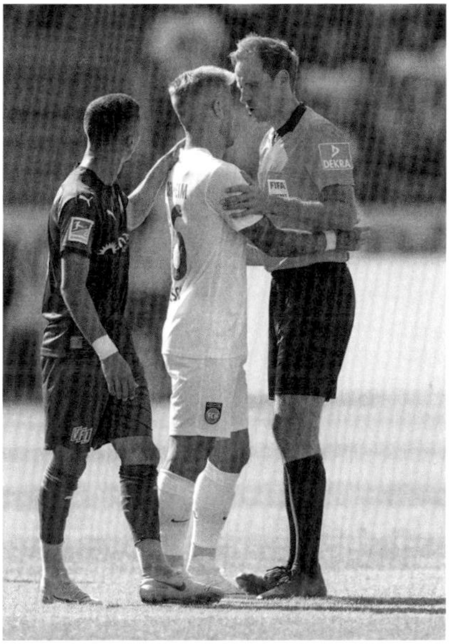

Abb. 3.2: Beziehungsaspekt

Pfiff als Beziehungsbotschaft. Der Pfiff sagt somit etwas über die Beziehung zwischen Schiedsrichter und Spieler aus.

Es kommt häufig vor, dass der Schiedsrichter über eine Sache sprechen möchte, beispielsweise eine Regelverletzung. Da der Schiedsrichter vor allem dann mit Spielern spricht, wenn eine Regelverletzung vorlag, kommt dies jedoch schnell einem Tadel gleich. Beim Gegenüber stellt sich dann schnell die Frage: „Hat er etwas gegen mich?"

Schließlich kommt es vor, dass Spieler oder Trainer eine Entscheidung persönlich nehmen. Dies kann dazu führen, dass die Akzeptanz fehlt. Dann prägt das Verhältnis von Spielern und Schiedsrichter die weitere Kommunikation.

Hat sich eine Mannschaft auf den Schiedsrichter eingeschossen, wird jede noch so kleine Entscheidung kommentiert. Fehlt dem Schiedsrichter die Akzeptanz, dann wird wahrscheinlich auch bei einem klaren Strafstoß gegen die Mannschaft diskutiert. Du brauchst einen Zugang, zu Spielern, um mit ihnen über Regelverstöße zu sprechen. Dies ist wichtig, jedoch leichter gesagt, als getan.

Fehlendes Regelwissen führt schnell dazu, dass Spieler oder Trainer denken, dass der Schiedsrichter etwas gegen sie habe: „Der pfeift das nur, um uns zu ärgern!" Doch Vorsicht: Dies heißt nicht, dass für schlechte Stimmung auf dem Platz nur Spieler verantwortlich sind. Ganz im Gegenteil, denn auch der

Schiedsrichter trägt dazu bei. Der Ton macht bekanntlich die Musik. Wenn der Schiedsrichter beispielsweise belehrend auftritt, dann sollte er sich nicht wundern, wenn er sich unbeliebt macht.

Auch anderweitig kann sich ein Schiedsrichter im „Ton vergreifen" und zum Beispiel zu aggressiv auftreten. Stellst du dies fest, ist es ratsam, dies bei passender Gelegenheit geradezurücken. Schließlich kann der Schiedsrichter eine sachliche Kritik (z. B. „Nie im Leben war das Abseits, Schiri") als persönlichen Angriff empfinden und prompt mit einer Gelben Karte bestrafen, die für Außenstehende übertrieben wirkt und daher nur schwer nachvollziehbar ist. Gerade wenn fortlaufend Kritik kommt, kann eine kleine Äußerung das Fass zum Überlaufen bringen. So schaukeln sich bekanntlich Konflikte hoch.

Oft ist der Beziehungsaspekt wie oben in den Beispielen belastet. Dies liegt in der Natur der Rollenverteilung. Der Schiedsrichter bestimmt und übt so Macht aus. Wenn andere Menschen über uns entscheiden, empfinden wir dies als unangenehm. Oft zeigen Menschen dann im Rahmen ihrer Möglichkeiten Widerstand. Sie kommen den Aufforderungen nicht sofort nach, kommentieren die Ansagen und drücken auch nonverbal durch abfällige Gesten ihren Unmut aus.

Nicht zu verachten ist jedoch, dass es auch positive Beziehungsaspekte gibt. Zum Beispiel kann der Schiedsrichter die Leistung eines Spielers anerkennen. Auch Spieler erkennen die Leistung von Schiedsrichtern an.

In meiner ersten Saison als Schiedsrichter in der Bezirksliga 2004 ereignete sich ein Foul im Mittelfeld. Ich wollte gerade pfeifen, da sah ich, wie ein Mitspieler des Gefoulten einen langen Ball nach vorne schlug, der Stürmer allein vorm Torwart stand, mein Assistent die freie Hand zeigte, ich laut „Vorteil" rief. Wenig später landete der Ball im Netz. Der Gefoulte lief dann zu mir und sagte voller Respekt: „Ich hätte den Vorteil gar nicht gesehen. Respekt!" Doch Vorsicht: Loben kann auch eine Strategie von Spielern sein, um Schiedsrichter zu beeinflussen (Cunningham, Simmons, Mascarenhas & Redhead, 2015b).

Was folgt aber aus der Annahme, dass es nicht nur um die Sache, sondern auch um das Zwischenmenschliche geht? Schiedsrichter sollten sich bewusst sein, dass sie mit jedem Pfiff, jeder Ansprache und Ermahnung auch etwas über die Beziehung aussagen. Meistens spricht der Schiedsrichter kritische Punkte wie Regelverstöße an. Der Ton macht hier die Musik. Darüber hinaus sollte der Schiedsrichter auch Gelegenheiten nutzen, um über positive Anlässe die Beziehung zu Spielern aktiv zu gestalten. So baut er Vertrauen auf und schafft sich Akzeptanz.

3.1.3 Kommunikation ist ein Kreislauf

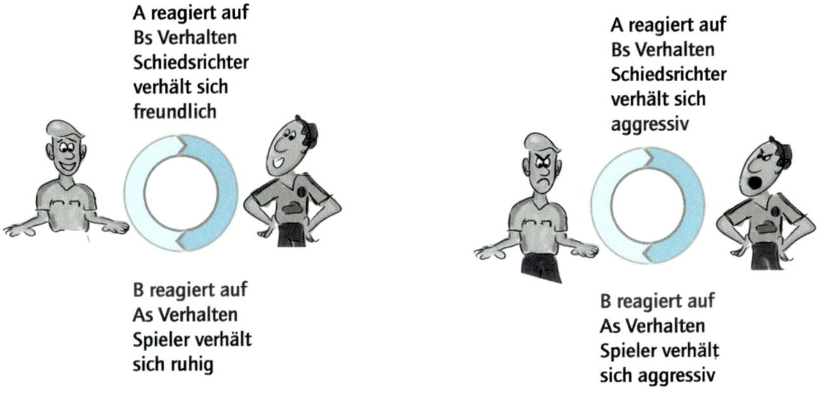

Abb. 3.3: Kommunikationskreislauf

Kommunikation verläuft kreisförmig (Abb. 3.3). Das heißt nicht, dass man sich bei jeder Unterhaltung im Kreis dreht. Ganz im Gegenteil, bei der Kommunikation beziehen wir uns aufeinander. Das bedeutet, dass jeder Beteiligte den Eindruck hat, auf das Verhalten des anderen zu reagieren. So ergibt sich dann ein Kreislauf aus Reaktionen.

Beobachtet hast du dies vielleicht bereits bei Konflikten zwischen Spielern: Es kommt zu einem härteren Zweikampf. Ein Spieler nimmt dies als Anlass, beim nächsten Vergehen noch härter reinzugehen. Es schaukelt sich – auch verbal – hoch. Am Ende behaupten beide Spieler, der andere habe angefangen. Der eigene Anteil am Konflikt wird übersehen.

Auch Schiedsrichter betrifft dies. Ein Spieler grätscht, spielt den Ball und trifft dann den Gegner. Der Schiedsrichter pfeift dennoch, weil er ein Foulspiel wahrgenommen hat. Der Spieler kommentiert. Der Schiedsrichter ermahnt energisch. Der Spieler kommentiert weiter. Der Schiedsrichter verwarnt den Spieler.

Was folgt aus der kreisläufigen Kommunikation? Auf dem Platz reagiert der Schiedsrichter nicht nur auf Spieler. Die Spieler reagieren auch auf den Schiedsrichter. Eine Spielleitung ist somit immer auch ein gemeinsames Produkt der Kommunikation zwischen Schiedsrichtern und Spielern (Russell et al., 2019).

Einige Schiedsrichter mit unethischen Absichten machen sich dies zunutze und destabilisieren eine Partie, um von einer besseren Beobachtungsnote zu profitieren – wie eine Studie mit französischen Schiedsrichtern zeigt (Fruchart & Carton, 2012).

Sehr gute Beobachter erkennen gut, welche Anteile bei Schiedsrichtern bei einer gelungenen oder misslungenen Spielleitung lagen. Der Schiedsrichter sollte immer seinen Anteil an Geschehnissen im Blick haben. Beachtet man, dass auch Entscheidungen eine Kommunikation darstellen, ist die Entstehung von Kommunikationskreisläufen von höchster Relevanz für die Spielkontrolle (vgl. auch Kap. 2.3).

Hier liegen auch Potenziale für Schiedsrichter, sich kontinuierlich zu entwickeln. Dies gelingt, indem sie sich hinterfragen, welche eigenen Entscheidungen und Verhaltensweisen zu welchen Reaktionen geführt haben und inwieweit sie sich durch Reaktionen von Spielern zu gewissen Entscheidungen und Verhaltensweisen haben verleiten lassen.

3.1.4 Es gibt verbale und nonverbale Kommunikation

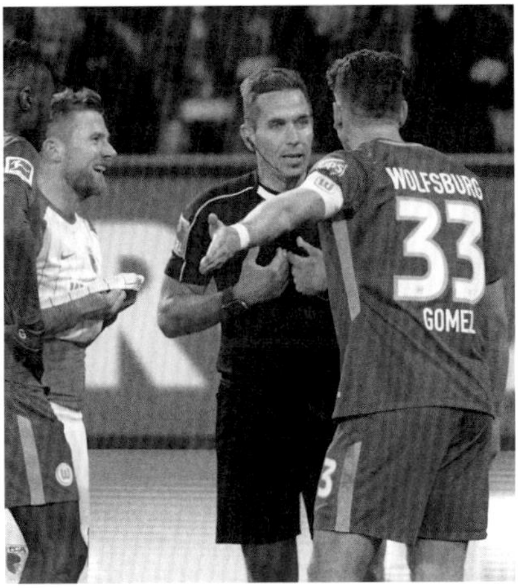

Abb. 3.4: Körpersprache

Kommunikation ist nicht nur das gesprochene Wort. Es gibt auch nonverbale Elemente wie Körpersprache und Stimmlage. Beide Aspekte haben ihre Vor- und Nachteile: Die nonverbale Kommunikation sagt viel darüber aus, wie wir uns fühlen und wie wir zueinander stehen. Der erhobene Zeigefinger wirkt oft belehrend – auch wenn der Schiedsrichter gar nicht beabsichtigt, so zu wirken.

Das Problem besteht darin, dass nonverbale Signale oft nicht eindeutig sind. Schnelle Armbewegungen können hektisch oder energisch wirken. Dies trifft auch auf die Stimme zu. Ist der Spieler wütend oder einfach nur aus der Puste? Mit Wörtern können wir manchmal Klarheit schaffen. Doch auch das gesprochene Wort bleibt oft unklar. Das beste Beispiel sind ironische Äußerungen. Hierfür erkennen wir oft nur anhand von zusätzlichen Informationen, wie Stimmlage oder Mimik, wie das Gesagte einzuordnen ist.

Idealerweise ergänzen sich verbale und nonverbale Kommunikation. Ansonsten geht Wirkung verloren. Möchte der Schiedsrichter in einer Ansprache Grenzen aufzeigen, so kann das gesprochene Wort auch an Bedeutung verlieren, wenn es nicht mit der entsprechenden Stimme rübergebracht wird. Umgekehrt wird der Schiedsrichter durch besänftigende Worte den Spieler nicht beruhigen, wenn er ansonsten durch sein Gesamtauftreten hektisch wirkt.

Was folgt aus der Existenz von verbaler und nonverbaler Kommunikation für die Praxis? Schiedsrichter sollten Körpersprache und gesprochene Worte einsetzen und aufeinander abstimmen. Auch sollten sie auf die Stimme achten –

dies ist besonders herausfordernd, da durch die körperlichen Anforderungen einer Spielleitung Luft zum Atmen gebraucht wird.

Nonverbale Kommunikation umfasst oft eine ganze Reihe verschiedener Aspekte: Ein Schiedsrichter kann energisch pfeifen, zum Tatort sprinten und lautstark einen Spieler ansprechen. So erzeugt er Aufmerksamkeit. Genauso gut kann er aber einen kurzen Pfiff setzen, sich vom Tatort entfernen und den Spieler einfach nur kurz anschauen. So reduziert er die Außenwirkung.

Förderlich ist es, wenn der Schiedsrichter ein passendes Set an Gestiken, Mimik etc. hat, das er situationsgerecht einsetzt. Als Schiedsrichter solltest du dir also nicht nur bestimmte Gestiken und Mimik aneignen, sondern auch überlegen, in welchen Situationen welche Gestik und Mimik sinnvoll ist.

Infobox 3.1: Körpersprache verrät Unsicherheit

Eine verbreitete Annahme ist, dass wir die Körpersprache trainieren können und so selbstbewusster wirken. Dies dürfte auch auf viele Bereiche zutreffen. Die Gestik nach Foulspielen oder bei Aussprache von Karten können wir optimieren. Doch gelingt es selbst Elite-Schiedsrichtern nicht, Unsicherheiten komplett zu überspielen.

In einer Studie von Furley und Schweizer (2016) wurden Zweikampfszenen ausgewählt, die von Experten hinsichtlich der Eindeutigkeit beurteilt wurden, ohne dass der Schiedsrichter zu sehen war. Die Szenen wurden in zwei Kategorien unterteilt: eindeutige und mehrdeutige Szenen. Videoclips vom Verhalten der Schiedsrichter (ohne die Zweikampfszenen) bei der Entscheidungsverkündung wurden dann Probanden vorgelegt. Diese gaben an, wie wahrscheinlich sie mit dem Schiedsrichter diskutieren würden.

Es zeigte sich, dass in den mehrdeutigen Szenen die Probanden eher diskutieren würden als in den eindeutigen Szenen. Zu betonen ist, dass die Probanden nur das Verhalten des Schiedsrichters, nicht jedoch den Zweikampf sahen. Den Probanden gelingt es also offenbar, kleine Signale in der Körpersprache wahrzunehmen, die für eine innere Unsicherheit sprechen. Als Schiedsrichter solltest du daher nicht nur an deiner Körpersprache arbeiten, sondern innere Souveränität entwickeln.

Exkurs 3.2: Kommunizieren über Körpersprache (...)

Ronald Schober, seit 1997 Schiedsrichter, pfiff selbst Spiele in der Oberliga und war lange Zeit als Lehrwart im Kreis Celle aktiv. Als Schauspieler kennt er sich mit der Wirkung von Körpersprache aus und weiß, worauf es beim Einsatz der Körpersprache ankommt.

„Ronald, Körpersprache spielt auf der Bühne und im Stadion eine wichtige Rolle. Welche Tipps hast du für Schiedsrichter in Bezug auf die Körpersprache?"

Ronald: *„Wichtig ist, zu wissen, wann ich als Schiedsrichter im Fokus der Aufmerksamkeit bin. Bei allen Entscheidungen, die ich treffe, sollte man auch meinem Körper sofort ansehen, was ich entscheide. Ein nach dem Pfiff nicht ‚lesbarer' Schiedsrichter wirkt unsicher. Eine Entscheidungssituation ist auch, wenn ich durch Nichtpfeifen eine Entscheidung treffe, also durch Weiterspielenlassen signalisiere, dass ich hier nicht eingreifen werde."*

„Gibt es denn auch ein ‚Zuviel' an Körpersprache?"

Ronald: *„Es ist ein großer Unterschied, ob ich ein Spiel in einem Stadion vor tausenden Zuschauern leite oder in der Kreisklasse vor 20. Auch im Theater ist das Spielen auf der großen Bühne anders als im Kammerspiel. Meine Körpersprache sollte ich entsprechend anpassen. Große Gesten sind in größeren Stadien sicherlich sinnvoll; auf dem einfachen Sportplatz wirken sie übertrieben.*

Das Rädchen, an dem ich drehen kann, ist die Intensität der Körperspannung. Situationsangepasst eingesetzt erreiche ich durch sie eine höhere Akzeptanz.

Bei größeren Spielen ist eine größere Spannung, auf dem Dorfsportplatz ist die entspanntere Haltung angemessener.

Die Mehrheit der Schiedsrichter neigt meiner Wahrnehmung nach eher etwas zu größerer Anspannung als nötig und wirkt dadurch ‚nicht locker'. Manche sind aber auch unterspannt und kommen lustlos rüber. Man kann so etwas vor dem Spiegel üben, doch die Wahrheit liegt auch hier auf dem Platz.

Es gibt viele Faktoren, die meine Körperspannung unbewusst beeinflussen. Indem ich aber selbst meine Körperspannung wahrnehmen lerne, kann ich sie auch besser regulieren."

„Schiedsrichter, die übertrieben auftreten, wirken schnell arrogant. Doch Schiedsrichter sollten nach Möglichkeit nicht arrogant wirken, sondern auf Augenhöhe kommunizieren. Wie kann ich eine respektvolle Kommunikation durch die Körpersprache unterstreichen?"

Ronald: *„Um auf Augenhöhe zu kommunizieren, sollte ich vor allem bewusst die Augenhöhe suchen! Schon dies vor dem Spiel als Ziel zu formulieren, hilft dabei. Distanz zu schaffen ist sicherlich in einzelnen Spielsituationen nötig, doch viel wichtiger finde ich das Herstellen von Nähe im Sinne von gegenseitigem Verständnis. Dadurch wird meine Spielleitung stärker akzeptiert, werden auch mal Fehler hingenommen und der Schiedsrichter als Mensch gesehen. Je empathischer ich als Schiedsrichter bin (und sei es nur als Rolle), desto akzeptierter bin ich.*

Und hier wie im Alltag und auch auf der Theaterbühne ist es sinnvoll, den ersten Schritt zu tun. Indem ich mich proaktiv den Spielern zuwende und Augenhöhe signalisiere, wird diese auch in den Konfliktsituationen, in die wir durch unsere Tätigkeit des Regulierens und Bestrafens zwangsläufig kommen, vom Spieler wahrgenommen. Das geht schon beim Begrüßen bzw. Aufwärmen vor dem Spiel los. Auch die Seitenwahl vor Spielbeginn ist eine gute Gelegenheit, die Spielführer mit ins Boot zu holen. Hier habe ich als Schiedsrichter mehr Möglichkeiten, als man zunächst denkt."

„Wie sieht es im weiteren Spielverlauf aus?"

Ronald: *„Ich habe als Schiedsrichter fast immer die Wahl, in welche Kommunikationsart ich mit einem Spieler eintrete. Das heißt, ich habe verschiedene Möglichkeiten. Ich kann durch meine Reaktion auf eine Spielsituation eine Szene größer machen und für alle Beteiligten sicht- und hörbar einen Spieler zurechtweisen. Ich kann das aber auch in einem kleineren Rahmen tun.*

Beim Gespräch mit dem Trainer kann es auch mal entspannen, wenn ich die Position verändere und kein Gegenübergespräch führe, sondern mich mal neben ihn stelle, gemeinsam mit ihm auf den Platz schaue und hierbei auch tatsächlich seinen Blick teile. Dabei kann ich ein konfrontationsfreieres Gespräch führen."

„Es kommt also darauf an, was in der Situation die gewollte Wirkung ist. Welche Spielräume bietet hier die Körpersprache?"

Ronald: *„Als Schiedsrichter kann ich mich situationsangemessen für ein bestimmtes Aufmerksamkeitsspektrum entscheiden und mehr in den Vorder- oder Hintergrund treten. Gesten wie der erhobene Zeigefinger oder das gestische Herzitieren eines Spielers sind bekannte Dominanzzeichen, die für den Spieler naturgemäß unangenehm sind. Sie sollten eher selten eingesetzt werden.*

Ein zum Gespräch passender Abstand sowie die Lautstärke der Ansprache sollte bedacht werden. Signale von Selbstsicherheit sind klare, ruhige Bewegungen. Wenig wackeln – Schultern runter – Kopf gerade, das sind die drei einfachsten Bausteine für selbstsicheres Auftreten."

3.1.5 Kommunikation verläuft symmetrisch oder komplementär

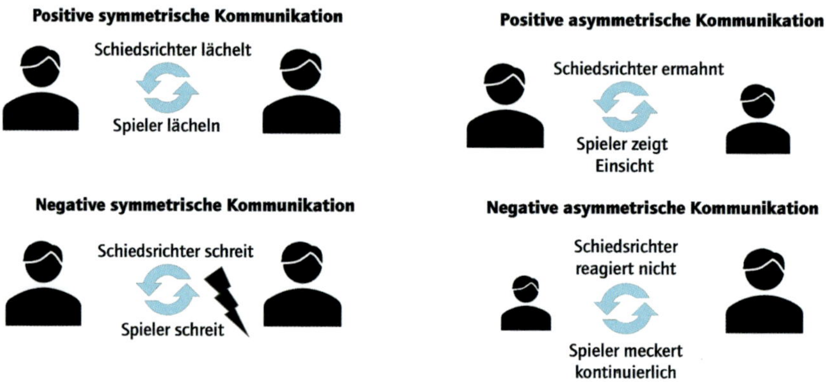

Abb. 3.5: Symmetrische und asymmetrische Kommunikation

Wir hatten schon dargestellt, dass Kommunikation kreisförmig verläuft. Dieser Kreisverlauf kann symmetrisch, also gleichartig, sein: Wer sich im Alltag freundlich verhält, der wird zumeist feststellen, dass der andere auch freundlich ist. In symmetrischen Kreisläufen sind die Akteure oft gleichwertig und agieren auf Augenhöhe. Allerdings heißt dies nicht, dass die Kommunikation zwangsläufig positiv verläuft.

Symmetrisch ist sie auch, wenn auf eine Aggression Gegenaggression folgt. Ergibt sich eine Rivalität oder ein Machtkampf, kommt es zu gegenseitigen Drohungen. Das kann zwischen Spielern erfolgen, aber auch zwischen Schiedsrichtern und Spielern. Immer wieder gibt es Spieler, die den Schiedsrichter so herausfordern. Beispiele sind in Abb. 3.5 dargestellt.

Exkurs 3.3: Strategische Kommunikation von Spielern (...)

Ähnlich, wie ein Schiedsrichter nicht nur reagiert, sondern auch auf dem Platz agiert, tun dies auch Spieler. Sie üben mehr oder weniger Einfluss auf andere Spieler und den Schiedsrichter aus. In einer sportartübergreifenden Studie haben australische Wissenschaftler Spieler unterschiedlicher Sportarten zu ihrem Kommunikationsverhalten gegenüber Schiedsrichtern interviewt (Cunningham, Simmons, Mascarenhas & Redhead, 2015a). Die Ergebnisse haben die Autoren zu fünf Kommunikationsmustern zusammengefasst:

- **Akzeptieren:** Fokussierung auf das Spiel, kompromissbereit, teilweise gleichgültig gegenüber den Schiedsrichterentscheidungen.
- **Emotionale Reaktion:** Ausdruck von Ärger und Frust gegenüber Schiedsrichtern, oft wenig Informationen, um Situationen akkurat beurteilen zu können, ausgeprägtes Gerechtigkeitsempfinden.
- **Positive Verstärkung:** Umgänglich bis überfreundlich, versuchen, über Lob den Schiedsrichter zu beeinflussen.
- **Gelegentliches Herausfordern:** Gezieltes, selektives Nachfragen beim Schiedsrichter, Ablenkung und Störungen als Strategie.
- **Kontinuierliches Herausfordern:** Ausgeprägtes Argumentieren und Gegenhalten, kalkulierte Einschüchterungsversuche, die Autorität des Schiedsrichters infragestellen.

In deinen kommenden Spielen kannst du einfach einmal schauen, wie Spieler dir begegnen. Vielleicht kennst du die Mannschaften und Schlüsselspieler auch bereits aus vergangenen Spielleitungen. Der eine oder andere Spieler zeigt über Spiele hinweg oft das gleiche Verhalten – oder reagiert bei vergleichbaren Situationen wie einem Rückstand zumindest ähnlich.

Neben symmetrischen Kommunikationsverläufen gibt es komplementäre Kreisläufe, in denen sich die Verhaltensweisen ergänzen und ineinanderfügen. Dies ist oft in hierarchischen Verhältnissen der Fall.

Auf dem Platz hat der Schiedsrichter eine übergeordnete Rolle. Überspitzt ausgedrückt: Der Schiedsrichter hat das Sagen und die Spieler sollten gehorchen. Hier zeigt sich die Akzeptanz dieser Beziehung im Wechselspiel des Verhaltens. Wenn der Schiedsrichter pfeift und die Spieler den Ball liegen lassen, ist die Beziehung komplementär. Ebenso, wenn der Schiedsrichter die Spieler zu sich ruft und diese zügig ohne Murren und Knurren angelaufen kommen.

In der Praxis können jedoch auch einzelne Spieler dominieren und das Zepter in die Hand nehmen. Hier kann die Kommunikation ebenfalls komplementär sein, wenn der Schiedsrichter sie gewähren lässt. Dann lässt sich der Schiedsrichter sprichwörtlich auf der Nase herumtanzen. Abseits des Platzes gibt es auch komplementäre Kommunikationskreisläufe: Schiedsrichter, die einer Kaderstruktur angehören, ordnen sich auch den „internen Spielregeln" unter und passen sich an.

Was folgt aus dem Kommunikationsgrundsatz für die Praxis? Als Schiedsrichter haben wir sowohl symmetrische, also gleichartige, als auch komplementäre, sich ergänzende Kommunikationskreisläufe. Je nach (Spiel-)Situation ist eine gleichartige oder komplementäre Kommunikation zweckdienlich. Wir als Schiedsrichter sind gut beraten, uns zu reflektieren, welche Rolle wir spielen:

- Verhalten wir uns genauso wie die Spieler und tragen damit unfreiwillig zu einer schlechten Stimmung bei?
- Lassen wir uns die Butter vom Brot nehmen?
- Treten wir zu autoritär auf und fordern dadurch andere zu Machtkämpfen auf?

Tab. 3.1: Kommunikationsgrundsätze

Grundsatz	Kernaussage	Beispiele
Man kann nicht nicht kommunizieren.	Jedes Verhalten stellt eine Kommunikation dar.	• Ein Schiedsrichter kommuniziert auch, wenn er Spieler ignoriert. • Ein ausbleibender, jedoch erwarteter Pfiff ist bereits eine Kommunikation. • Das Auftreten und Verhalten des Schiedsrichters stellt eine Kommunikation dar.
Jede Kommunikation hat eine Sach- und eine Beziehungsbotschaft.	Kommunikation sagt nicht nur etwas über Sachverhalte und Dinge aus, sondern auch über die Beziehung zwischen den Menschen, die sprechen.	• Häufige Entscheidungen gegen einen Spieler/ein Team werden persönlich genommen. • Durch die Art und Weise von Ansprachen kann der Schiedsrichter mehr oder weniger arrogant bzw. respektvoll wirken. • Ein Schiedsrichter kann die Kritik des Beobachters als Abwertung seiner Person wahrnehmen.
Es gibt verbale und nonverbale Kommunikation.	Neben dem gesprochenen Wort spielen Gestik, Mimik, Körperhaltung und -bewegungen sowie die Stimmlage eine Rolle.	• Der Schiedsrichter spricht einen Spieler mit ruhiger und klarer Stimme an und beruhigt dadurch. • Der Schiedsrichter zeigt durch Tatortpräsenz, dass er die Gefahr der Situation schnell erkannt hat. • Der Spieler drückt seinen Unmut durch abwertende Gesten außenwirksam aus.
Kommunikation verläuft kreisförmig.	Menschen, die miteinander kommunizieren, beziehen sich aufeinander. Der eine reagiert auf den anderen und umgekehrt.	• Nicht nur Schiedsrichter reagieren auf das Verhalten von Spielern, Spieler reagieren auf Schiedsrichterentscheidungen und passen ihr Verhalten an. • Konflikte schaukeln sich hoch. • Der Schiedsrichter hat einen Anteil daran.

Grundsatz	Kernaussage	Beispiele
Kommunikation verläuft symmetrisch oder komplementär.	In konkreten Situationen verhalten sich Kommunikationspartner entweder gleichartig oder passen sich so an, dass das Verhalten sich ergänzt.	• Der Schiedsrichter tritt ruhig auf, die Spieler treten ruhig auf (gleichartig). • Der Schiedsrichter spricht laut und aggressiv, die Spieler ebenfalls (gleichartig). • Der Schiedsrichter ruft einen Spieler zu sich, dieser kommt unmittelbar angetrabt (komplementär).

Übung 3.1: Analyse der Kommunikation in einem Spiel

Erinnere dich an ein Spiel, in welchem du besonders viel kommunizieren musstest. Beschreibe einmal dein Verhalten.

- Was war Auslöser für dein Verhalten?
- Zu welchem Verhalten führte dies bei Spielern oder Trainern?
- Wie hat dich dieses Verhalten wiederum beeinflusst?
- Wie zielführend war die Kommunikation?
- Was würdest du anders machen?

Übung 3.2: Das richtige Maß an Kontrolle

Als Schiedsrichter bist du einerseits gefordert, die Kontrolle zu behalten und übst somit Macht aus. Andererseits darfst du es nicht übertreiben. Eine Machtdemonstration kann schnell unangemessen sein.

- In welchen Situationen ist es wichtig, dass du aus der herausgehobenen Rolle als Schiedsrichter kommunizierst und deinen Führungsanspruch geltend machst?
- In welchen Situationen ist eine Kommunikation auf Augenhöhe zielführender?
- In welchen Fällen kann eine Kommunikation auf Augenhöhe gefährlich werden?

Die Grundsätze zeigen auf, dass Kommunikation mehr als nur Reden ist. Sie erklären auch, weshalb Kommunikation auch für Schiedsrichter von großer Relevanz ist, da Entscheidungen eng mit der Kommunikation verwoben sind und Kommunikation zur Akzeptanz beitragen kann.

Im Folgenden stelle ich weitere Kommunikationsmodelle vor, die noch einmal detaillierte Erklärungen für Missverständnisse sowie weitere Phänomene zwischenmenschlicher Kommunikation liefern.

3.2 Sender-Empfänger-Modell

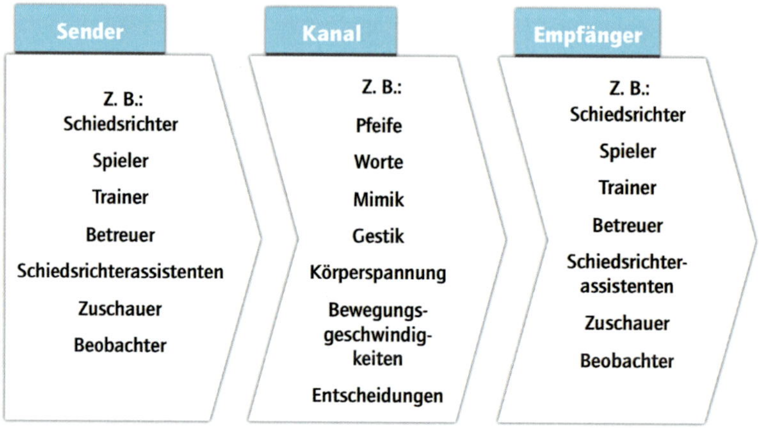

Abb. 3.6: Sender-Empfänger-Modell

Ein dir möglicherweise bereits bekanntes Kommunikationsmodell, das aus der Nachrichtentechnik stammt, beschreibt die Kommunikation als eine Übertragung von Nachrichten von einem Sender über einen Kanal an einen Empfänger (Shannon & Weaver, 1949).

Der Sender (z. B. der Schiedsrichter) möchte sich mitteilen und verschlüsselt eine Nachricht über einen Kanal (z. B. Pfiff) und der Empfänger entschlüsselt diese Botschaft. Bei einem Fußballspiel gibt es viele Sender und Empfänger, die unterschiedliche Kanäle nutzen. Abb. 3.6 zeigt mögliche Sender, Kanäle und Empfänger auf und neben dem Fußballplatz. Der Schiedsrichter ist auch immer wieder Empfänger. Zu beachten ist, dass sich Sender und Empfänger wie bei Doppelpässen abwechseln.

Doch nehmen wir erst einmal den Schiedsrichter als Sender in den Blick. Auf dem Fußballplatz bedeutet ein Pfiff während des laufenden Spiels, dass das Spiel unterbrochen worden ist. Manchmal bleibt jedoch unklar, warum. Auch bei Foulspielen ist dem Empfänger anhand des Pfiffs gelegentlich nicht klar, was genau das Foulspiel war.

Diese schlichten und einfachen, nahezu trivialen Geschehnisse auf dem Platz können eine große Wirkung haben. Als junger Schiedsrichter war ich immer wieder erstaunt darüber, für wie viel Ärger ein Einwurf, bei dem ich nicht direkt die Richtung angezeigt hatte, sorgen konnte. Unklarheit ist eine Quelle von Unsicherheit, die in Frust und Ärger ausarten kann.

Unsicherheit zu reduzieren, ist daher eine zentrale Aufgabe des Schiedsrichters. In Zeiten des Video Assistent Referees entsteht im Profifußball oft durch Wartezeiten eine kurzfristige Unsicherheit, was bei Fans und auch Beteiligten auf dem Platz zu Unmut führt. Doch auch in unteren Ligen ist es förderlich, Unsicherheit zu minimieren.

3.2.1 Unklarheit durch fehlende Zeichen

Für gewöhnlich nutzt der Schiedsrichter dazu Gestik. Immer wieder habe ich auch erfahrene Schiedsrichter beobachtet, die für sie sehr offensichtliche Entscheidungen nicht mit der entsprechenden Gestik angezeigt habe. Das waren zumeist einzelne Situationen in einem Spiel. Viele dieser Situationen blieben auch ohne schwerwiegende Folgen. Doch manchmal hatte es Konsequenzen.

In einem besonders kuriosen Fall regte sich ein Trainer dermaßen über eine Schiedsrichterentscheidung auf, dass er in der Folge runterflog. Dabei hatte der Schiedsrichter für sein Team zuvor den Freistoß gepfiffen, die Richtung der Spielfortsetzung aber nicht deutlich genug angezeigt. Hier verlief die Kommunikation kreisförmig. Das Verhalten des Schiedsrichters war Auslöser für das Verhalten des Trainers (siehe Kap. 3.1.3).

Nicht immer sind die Konsequenzen so gravierend. Doch so manch ein Schiedsrichter hat unter Beobachtungen schon Punkte eingebüßt, weil er im weiteren Spielverlauf mit den Zeichen nachlässig wurde.

Wenn du die Gelegenheit hast, eine Spielleitung von dir auf Video anzuschauen, achte einmal auf deine Zeichengebung. Bei vielen der Entscheidungen ist deine Gestik deutlich erkennbar? Sind es weniger oder mehr als 90 %? Falls du selbst nicht die Gelegenheit hast, schaue dir einmal eines der vielen Amateurspiele auf einem Streamingdienst an.

Neben der Frage, ob ein Schiedsrichter eine Geste zeigt, ist die Zeitdauer auch entscheidend. Der Empfänger muss ausreichend Zeit haben, um das Zeichen, das der Sender sendet, zu erkennen. Besonders deutlich wird dies beim Zeigen von Gelben und Roten Karten.

3.2.2 Unklarheit durch zu kurze Zeichen

Gelbe und Rote Karten wurden eingeführt, damit Außenstehende wie auch Spieler, die eine andere Sprache sprechen, verstehen, was der Schiedsrichter meint.

Anlass war, dass der deutsche Schiedsrichter Rudolf Kreitlein im WM-Viertelfinale 1966 zwischen England und Argentinien einen Argentinier des Feldes verweisen wollte. Da es noch keine Karten gab, machte sich Kreitlein mit Worten und Gesten verständlich. Besser gesagt: Er versuchte es. Denn der Spieler wollte ihn nicht verstehen, weil er sich ungerecht behandelt fühlte. Es folgte eine Unterbrechung von acht Minuten und eine Diskussion, ehe der Spieler das Spielfeld verließ.

Zusammen mit dem englischen Schiedsrichterbetreuer Ken Aston kam ihm dann die Idee, wie bei einer Ampel durch Farben und Signalkarten Verwarnungen und Feldverweise verständlich zu kommunizieren. So wurde eine „Sprache" geschaffen, die schnell verstanden wird (und bei der keiner vorgeben kann, sie nicht zu verstehen, ohne sich unglaubwürdig zu machen).

In der Praxis gibt es jedoch ein interessantes Phänomen. Oft bekommen andere Beteiligte trotzdem nicht mit, dass eine Verwarnung oder gar ein Feldverweis ausgesprochen wurde. Dies liegt daran, dass bei Sonneneinstrahlung Karten nicht so gut zu erkennen sind. Wird die Karte nur kurz in der Luft gehalten, fehlt dem Empfänger die Zeit, die Nachricht zu erkennen.

Fallbeispiel 3.1

Eine kuriose Szene ereignete sich am 31. März 2018 beim Bundesligaspiel zwischen Schalke 04 und dem SC Freiburg. Schiedsrichter Tobias Stieler verwarnte den Freiburger Stürmer Nils Petersen in der 63. Minute, nachdem dieser über eine Strafstoßentscheidung meckerte. Doch Nils Petersen nahm die Gelbe Karte gar nicht wahr. Drei Minuten später zeigte Stieler Petersen die Gelb-Rote Karte. Später wurde die Karte annullierte und die Sperre für Petersen vom DFB-Bundesgericht aufgehoben, da keine ordnungsgemäße Bekanntgabe erfolgte.

Eine juristische Aufarbeitung kommt zu dem Schluss, dass persönliche Strafen grundsätzlich individuell bekannt gemacht werden müssen, wozu insbesondere die Aussprache von Angesicht zu Angesicht zählt (Schiffbauer, 2018).

3.2.3 Unklarheit durch fehlende Erklärung

Mit einem Pfiff erklärt der Schiedsrichter keine Entscheidung. Auch wenn es Situationen gibt, die glasklar sind und keiner Erklärung bedürfen, so gibt es immer wieder Situationen, die nicht so klar sind. Als Schiedsrichter wirst du – mal mehr, mal weniger – Worte nutzen, um deine Entscheidung zu „verkaufen".

- Wann wirkt ein Schiedsrichter wohl fairer?
- Wenn er nach einer Entscheidung lediglich sagt, dass es sich um ein Foul handelt („Das war ein Foul") oder die Entscheidung noch zusätzlich kurz erklärt („Das war ein Foul. Du triffst ihn unten am Fuß.")?

Eine Antwort auf die Frage gibt die Infobox.

Infobox 3.2: Kurze Erklärungen führen zu mehr wahrgenommener Fairness

Ein Experiment ist der Frage nachgegangen, ob eine Entscheidung fairer wirkt, wenn der Schiedsrichter sie erklärt (Simmons, 2010).

Dazu wurden Spielern Situationen vorgelegt, die entweder eine kurze Erklärung einer Entscheidung oder keine Erklärung seitens des Schiedsrichters enthielten. Die Entscheidungen mit Erklärungen wurden als fairer und häufiger auch als korrekt bewertet als die ohne Erklärungen. Ferner zeigte sich, dass eine ruhige Tonlage förderlich ist. Wichtig hervorzuheben ist, dass es nur sehr kurze und knappe Erklärungen waren. Einschränkend sei jedoch daraufhin gewiesen, dass den Spielern schriftliche Situationsbeschreibungen vorgelegt wurden.

Doch die Ergebnisse decken sich mit Befunden aus Interviews mit (Top-) Schiedsrichtern und Spielern (Cunningham et al., 2014; Schnyder & Hossner, 2016; Simmons, 2011).

Was lässt sich daraus schlussfolgern? Der Schiedsrichter sollte – ohne dies zu übertreiben – Entscheidungen möglichst verständlich machen, um seine Entscheidungen zu verkaufen. Punktuell eingesetzte, prägnante Erläuterungen können förderlich sein, um das Verständnis zu fördern. Ebenso sollte der Tonfall ruhig sein. Mein Tipp: Lege dir Sätze zurecht, mit denen du die Entscheidungen kurz erläuterst. „Du triffst ihn unten am Fuß. Das bringt ihn aus dem Gleichgewicht." „Das ist mir zu viel Armeinsatz."

Auch zwei Interviewstudien mit höherklassigen Schiedsrichtern zeigen, dass eine ruhige, sachliche Ansprache als zielführend betrachtet werden kann (Schmidt, Oelsnitz & Rose, im Druck; Schnyder & Hossner, 2016).

Das Sender-Empfänger-Modell suggeriert ein wenig, dass Kommunikation eine Einbahnstraße ist. Tatsächlich gibt es auf dem Fußballplatz – anders als beispielsweise im Arbeitsalltag einer Führungskraft – reichlich Einbahnstraßenkommunikation (Cunningham et al., 2014). Der Schiedsrichter kommuniziert seine Entscheidungen und die Spieler empfangen. Ein Schiedsrichter mit guten Kommunikationsfähigkeiten wird auch die Reaktionen der Spieler beobachten und sein Kommunikationsverhalten anpassen.

3.2.4 Rückkopplung: Reaktionen beobachten und beachten

Als Schiedsrichter bist du gut beraten, darauf zu achten, ob die Spieler verstehen, was du ihnen mitteilen möchtest. Dies ist eine Art, sich Feedback einzuholen und sich den Kommunikationskreislauf zunutze zu machen. Denn auf dem Fußballplatz wechseln sich Sender und Empfänger ab.

Zeigt der Schiedsrichter beispielsweise einen Vorteil an, kommuniziert diesen mit einem ausgestreckten Arm, jedoch nicht verbal, kann es sein, dass der ballführende Spieler denkt, der Schiedsrichter habe das Foul übersehen, weil er selbst die Geste nicht wahrnimmt. Vielleicht folgt eine Unmutsäußerung oder aber ein fragender Blick zum Schiedsrichter. Das kann auch dann erfolgen, wenn der betreffende Spieler ein lautes „Vorteil" überhört – oder ein „Weiterspielen! Ballbesitz!" anders deutet.

Der Schiedsrichter hat dann im Anschluss die Gelegenheit, durch Worte wieder für Klarheit zu sorgen und die Situation zu entschärfen – und es in der Zukunft anders zu machen.

(…) *Exkurs 3.4: Ver- und Entschlüsseln von Signalen unter Zeitdruck und körperlicher Belastung*

Stelle dir einmal eine Baustelle vor. Die Bauarbeiter arbeiten mit Presslufthämmern, ein Bagger lädt gerade Schutt ab und ein großer, brummender LKW fährt mit piependen Signalen rückwärts in eine schmale Gasse. In so einer Umgebung hört man oft sein eigenes Wort nicht mehr. Die Kommunikation ist eingeschränkt – zumal die Arbeiter einen Hörschutz tragen.

Ganz so drastisch ist es auf dem Fußballplatz nicht. Doch auch hier sorgen Faktoren in der Umgebung dafür, dass es eine echte Herausforderung ist, sich zu verstehen. Das Verschlüsseln und Entschlüsseln von Nachrichten ist während eines Spiels kein einfacher Prozess. Unter Zeitdruck und bei körperlicher Anstrengung ist es für einen Schiedsrichter nicht leicht, sich immer adäquat mitzuteilen und für Spieler ebenso schwierig, genau zu entschlüsseln, was der Schiedsrichter einem mitteilen will.

Auch Spieler haben Schwierigkeiten, sich mitzuteilen. Wenn die Puste ausgeht und der Puls in die Höhe schießt, fällt es schwer, die passenden Worte zu finden. Missverständnisse sind die Folge. Kommen – auch aufgrund von Missverständnissen – Emotionen wie Frust und Ärger hinzu, erhöht sich die Gefahr von weiteren Missverständnissen.

Dies sind Argumente, weshalb der Schiedsrichter auch die Kommunikation trainieren sollte. Wer sich Sätze zurechtlegt, der kann diese dann, wenn es darauf ankommt, schneller bringen und muss nicht erst nach den Wörtern suchen, z. B.: „Tu mir einen Gefallen, lasse dich nicht provozieren", wenn ein Spieler auf Kommentare der gegnerischen Zuschauer reagiert.

Auf dem Platz bleibt wenig Zeit zum Nachdenken. Wenn du dein Lauftraining aufpeppen möchtest und gleichzeitig das Sprechen mit wenig Luft üben willst, kannst du die Sätze dann immer wieder laut aussprechen.

3.2.5 Mit Außenwirkung – mehr als ein Empfänger

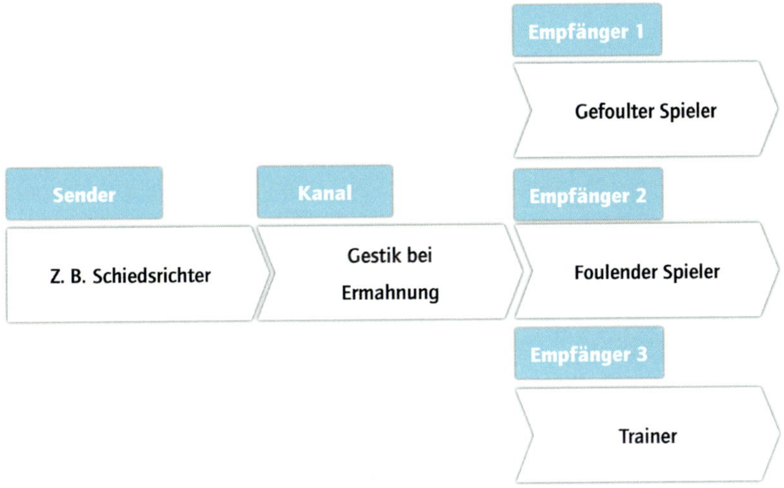

Abb. 3.7: Außenwirkung

Das Thema Außenwirkung ist im Schiedsrichterbereich ein zentrales Thema. Der Schiedsrichter möchte durch seine Kommunikation oft nicht nur Einfluss auf einen einzelnen Spieler ausüben, sondern spricht andere Beteiligte ebenfalls an. Er sendet ein Signal an alle Spieler, an die Trainer und Offiziellen draußen, an die Zuschauer oder den Beobachter (siehe Abb. 3.7).

Manchmal ist auch der Adressat – beispielsweise bei einer Ansprache – gar nicht der Spieler selbst. Primär geht es darum, dass andere, wie z. B. die Gegenseite oder der Beobachter, mitbekommen, dass der Schiedsrichter einen Spieler anspricht.

Immer wieder berichteten mir junge Schiedsrichter, dass sie viel mit Spielern redeten, dennoch aber vom Beobachter für mangelnde Kommunikation kritisiert wurden. In solchen Fällen unterschätzen die Schiedsrichter meistens, dass Außenstehende wie Beobachter nicht erkennen, wenn sie Spieler eher beiläufig ansprechen. Auch besteht eine Gefahr, dass sie viel reden, die Kommunikation jedoch wenig Wirkung zeigt, weil andere Spieler die Signale nicht erkennen. Hier sind Schiedsrichter gut beraten, auf ihre Außenwirkung zu achten.

3.3 Das Kommunikationsquadrat

Ein weiteres, sehr bekanntes Kommunikationsmodell, das an die bisherigen Modelle anschließt, ist das Kommunikationsquadrat mit den vier Seiten einer Nachricht von Schulz von Thun (Schulz von Thun, 2011).

Primär bezieht es sich auf verbale Äußerungen, also das gesprochene Wort. Meines Erachtens ist es jedoch auch auf nonverbale Kommunikation ausdehnbar.

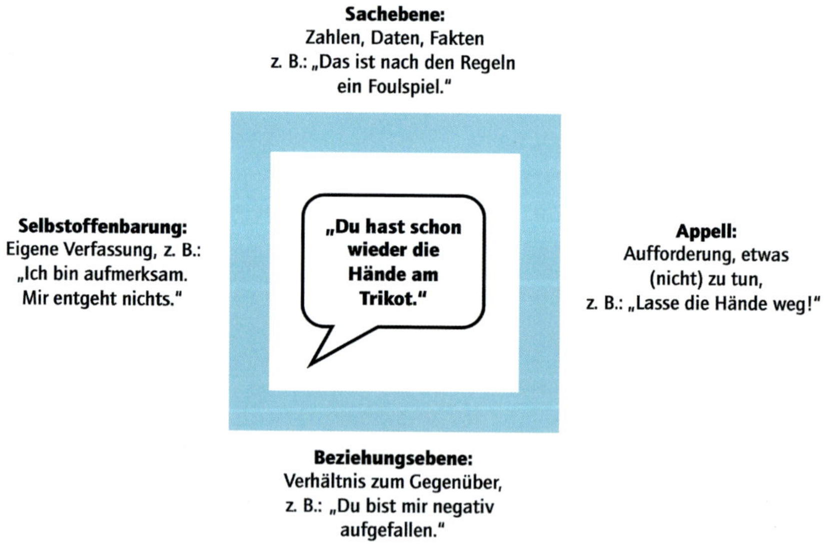

Abb. 3.8: Das Kommunikationsquadrat (in Anlehnung an Schulz von Thun, 2011)

Eine Äußerung, die ein Sender macht, hat demnach immer vier Seiten und ist somit vielschichtig (Abb. 3.8).

Stelle dir vor, du wirst beobachtet. Der Beobachter gibt dir anschließend eine Rückmeldung: „In der 61. Minute hast du auf Weiterspielen entschieden. Das war ein glasklarer Strafstoß, den du nicht gegeben hast. Da habe ich mich schon arg gewundert, wie man das nicht sehen kann." Diese Äußerung beinhaltet eine sachliche Feststellung. Sie sagt aber mehr aus und enthält weitere Botschaften, die einer Deutung bedürfen.

Die Rückmeldung sagt auch etwas über den Beobachter aus. Dieser positioniert sich: „Ich bin mir sicher." Auch auf der zwischenmenschlichen Beziehungsebene sendet der Beobachter eine Botschaft: „Du hast einen Fehler gemacht!" Schließlich hat die Nachricht auch eine Appellfunktion, das heißt eine Aufforderung. Diese könnte lauten: „Erkläre mir, wie es zu dem Fehler gekommen ist!"

Diese vier Seiten schwingen bei jeder Nachricht mit, die vom Empfänger gedeutet werden.

- **Sachaspekt:** Hier geht es um Sachverhalte.
- **Selbstoffenbarung:** Wir geben Informationen über unsere Person und unser Befinden preis – also offenbaren uns selbst.
- **Beziehungsaspekt:** Wir teilen mit, wie wir zu der anderen Person stehen.
- **Appellfunktion:** Wir fordern Menschen auf, etwas zu tun.

Auf allen Ebenen herrscht selten Klarheit. Manchmal führt die starke Ausprägung auf einer Ebene zu Unklarheit auf einer anderen Ebene. So kann ein Mensch in einer Situation sehr sachlich agieren, kommt möglicherweise aber distanziert dabei rüber. Der andere weiß nicht, wo er bei der Person dran ist. Aus diesem Grund sind Missverständnisse vorprogrammiert. Das Modell beschreibt die menschliche Kommunikation, gibt aber noch keine Hinweise darauf, was verbessert werden soll.

Wer als Schiedsrichter seine Kommunikation verbessern möchte, kann im ersten Schritt überlegen, in welchen Situationen er was vermitteln möchte und dann im zweiten Schritt reflektieren, inwieweit ihm dies gelingt. Ein Rückblick auf konkrete Erlebnisse mit Spielern, Trainern – aber auch Beobachtern kann hier ebenfalls förderlich sein. Vorweg: Zumeist geht es darum, das gesunde Mittelmaß zu finden – nicht zu viel, nicht zu wenig. Dabei geht es auch um Stimmigkeit innerhalb einer Situation.

3.3.1 Die Sachebene – Klarheit über die Entscheidung

Auf der Sachebene ist zu beachten, dass mit einem Pfiff oft Spielern nicht klar ist, weshalb gepfiffen wird. Kurze Erklärungen können hier Klarheit auf der Sachebene schaffen (Simmons, 2010). Zu häufige und zu ausführliche Erklärungen haben jedoch Nebenwirkungen: Sie erwecken möglicherweise den Eindruck, als rechtfertige sich der Schiedsrichter. Erklärt der Schiedsrichter jedoch keinerlei Entscheidungen, wirkt er schnell abgehoben. Hier schwingen dann die anderen Seiten einer Nachricht mit.

Exkurs 3.5: Entscheidungen verkaufen – effektive und ineffektive Kommunikation von Schiedsrichtern

(...)

In einer Studie haben sich Wissenschaftler das Kommunikationsverhalten von Schiedsrichtern im Fußball und Rugby genauer angeschaut (Mellick, Fleming, Bull & Laugharne, 2005). Dazu haben sie das Auftreten und Verhalten von 179 Entscheidungen hinsichtlich Effektivität beurteilt.

Es zeigen sich Unterschiede zwischen effektivem und ineffektivem Verhalten in sieben Kategorien. Diese reichen vom Einsatz der Pfeife und dem lauten, klaren Ton bis hin zur komplexeren Situationskontrolle und dem Timing von Ansprachen. Die ersten Kategorien umfassen vor allem die Sachebene. Darüber hinaus zeigt sich aber auch eine stärkere Komplexität der Kommunikation.

In Tab. 3.2 sind verschiedene Mittel und Beispiele für effektive und ineffektive Kommunikation dargestellt. Diese stellen eine Art Checkliste dar, mit der du Situationen analysieren kannst. Da es sich zum Teil um detaillierte Aspekte der nonverbalen Kommunikation handelt, ist bei einer detaillierten Analyse zumeist Videomaterial notwendig.

Neben der Analyse von Videoszenen bietet es sich aber auch an – beispielsweise in Rollenspielen oder durch Vorstellungstrainingsprogramme (siehe Kap. 8) –, sich Routinen in der Außenwirkung anzueignen. Auch kann beides in der Praxis kombiniert werden. Im ersten Schritt analysierst du eigene Spielszenen auf dem Video, im zweiten Schritt nutzt du das Vorstellungstraining, um Abläufe zu optimieren.

Tab. 3.2: Entscheidungen: Effektive und ineffektive Kommunikation (in Anlehnung an Mellick et al., 2005)

Mittel	Effektiv	Nicht effektiv
Einsatz der Pfeife	• Lauter, kraftvoller Ton • Tonstärke deutet Vergehen an.	• Schwacher Ton • Verzögert • Wiederholter, vergeblicher Pfiff
Blickverhalten	• Den Foulenden im Blick haben. • Augenkontakt mit Foulendem • Zone des Vergehens im Blick haben.	• Wenig Augenkontakt, insbesondere mit foulendem Spieler • Zone des Vergehens nicht voll im Blick
Körperhaltung und Bewegung	• Bewegung in Zone des Vergehens • Nähe zum Tatort herstellen • Fester Stand • In ruhigem Stand beobachten (der Kopf ist oben) • Entschlossene Haltung bei Spielruhe	• Keine Bewegung in Zone des Vergehens/keine Tatortpräsenz • Keine Bewegung zum foulenden Spieler • Rückwärtsbewegung vom Tatort weg bei Entscheidung • Unklare Bewegung (hin und zurück) • Der Kopf ist unten. • Hin- und herspringen • Zu energische Bewegung (z. B. versehentliche Berührung von Spielern) • Zu große Distanz zum Vergehen
Handzeichen	• Richtungsanzeige • Veranschaulichung des Vergehens • Auf foulenden Spieler deuten • 3-4 Sekunden Spannung in den Armen • Klares Signal	• Kein Handzeichen • Zu kurz in Dauer • Unklare Zeichen (zwei Hände) • Zu bestimmt • Zu viel Gestikulation • Hektische Bewegung

Mittel	Effektiv	Nicht effektiv
Verbale Kommunikation	• Vergehen benennen. • Erklärung an Spielführer, foulenden Spielern. • Erklären, was Spieler unterlassen soll.	• Keinerlei Erklärungen geben
Situationsmanagement	• Auf Distanz zu Spielern achten bei Ansprachen (nicht zu kurz, nicht zu lang). • Spieler separieren. • Schrittweises Vorgehen • Auf Ort der Spielfortsetzung achten. • Wegspielen des Balls präventiv unterbinden. • Die Spielfortsetzung rechtzeitig managen. • Den Zeitpunkt von Ansprachen und Aussprache von persönlichen Strafen bewusst wählen.	• Es den Spielern ermöglichen, den Ball wegzuspielen. • Den Spielern Gelegenheit geben, eine Traube zu bilden. • Den Foulenden nicht separieren. • Spieler zu lange/zu stark berühren. • Auf dem letzten Wort beharren. • Zu entspannt • Zu konfrontativ
Zeitmanagement	• Sich kurz Zeit nehmen für Erklärungen.	• Sich keine Zeit für Erklärungen nehmen. • Nicht schnell genug reagieren.

3.3.2 Die Selbstoffenbarung – einen Eindruck hinterlassen

Sobald du als Schiedsrichter eine Sportanlage betrittst, hinterlässt du einen Eindruck. Deine Körpergröße und dein Gang erzielen bereits eine Wirkung. Erinnere dich an den Grundsatz: „Man kann nicht nicht kommunizieren!" Vor allem verrätst du etwas über dich.

Beteiligte machen sich ein Bild vom Schiedsrichter. Ein sportlich schlanker Schiedsrichter mit einer Körpergröße von 1,90 m und einem Lächeln im Gesicht erweckt den Eindruck, athletisch, selbstbewusst und freundlich zu sein. Was hier der erste Eindruck ist, wird fortlaufend im Spiel aktualisiert. Allerdings ist der erste Eindruck ein prägender – auch auf dem Sportplatz.

Ein Sprichwort spitzt es zu: „Für den ersten Eindruck gibt es keine zweite Chance." An diesem Sprichwort ist viel Positives dran. Grundsätzlich stecken wir Menschen andere in Schubladen und beurteilen grundlegende Eigenschaften auf den ersten Blick. Wir bilden uns dann nach und nach ein detailliertes Bild von anderen Menschen. Solange uns Menschen keinen triftigen Grund liefern, verharren sie jedoch in der Schublade, in der wir sie anfangs einsortiert haben.

In Ausnahmefällen gibt es jedoch eine zweite Chance: Das ist immer dann der Fall, wenn andere ein Verhalten zeigen, das zu unserem gemachten Bild nicht passt. Auch Spieler stecken Schiedsrichter in Schubladen, wie eine Interviewstudie mit Spielern zeigt (Cunningham et al., 2015a). Der Schiedsrichter hat schnell den Ruf weg und gilt als „Weichei" oder „Diktator". Negatives fällt oft mehr ins Gewicht, doch auch positive Eindrücke können bestehen. „Das ist ein guter Schiedsrichter heute", denken sich dann die Spieler.

Als Schiedsrichter kannst du gezielt darauf achten, dass du einen ersten guten Eindruck hinterlässt. Dieser verschafft dir einen Vertrauensvorschuss bei den Beteiligten. Allerdings schützt ein erster guter Eindruck dich nicht davor, dass sich dies im Spielverlauf mit kritischen Ereignissen wandelt. Von daher bist du fortlaufend im Spiel gefordert, auf eine gelungene, jedoch nicht übertriebene Außenwirkung zu achten.

Eine übertriebene Selbstdarstellung ist ebenso wenig förderlich wie eine falsche Bescheidenheit. Der Schiedsrichter ist immer ein Stück weit gefordert, sich in Szene zu setzen, ohne die Hauptrolle zu übernehmen.

Exkurs 3.6: Der faire Schiedsrichter – kompetent, verlässlich und respektvoll

(...)

Was macht einen guten Eindruck von Schiedsrichtern aus? Wissenschaftler haben sich näher angeschaut, was einen fairen Schiedsrichter ausmacht (Simmons, 2011).

Die Befunde decken sich mit Alltagserfahrungen als Schiedsrichter, bündeln die Erkenntnisse jedoch systematisch. Ein fairer Schiedsrichter – so zeigt eine Studie – wirkt auf Spieler

- kompetent,
- verlässlich und
- respektvoll.

Ein Selbstmarketing sollte also darauf abzielen, dass Spieler dem Schiedsrichter Kompetenz, Verlässlichkeit zuschreiben und ihn als respektvoll wahrnehmen. Verschiedene Eigenschaften bekräftigen den Eindruck oder führen dazu, dass der Schiedsrichter Minuspunkte sammelt.

Zur Kompetenz zählen hier Aspekte der physischen und mentalen Verfassung sowie Aspekte des Selbstvertrauens. Wirkt der Schiedsrichter von der Körperstatur her bereits athletisch, sammelt er Pluspunkte, die er durch das Laufverhalten ausbauen kann. Durch sein Verhalten kann er zudem aufmerksam oder unaufmerksam wirken (z. B. Zeichengebung bei Einwürfen). Wirkt der Schiedsrichter erfahren, sammelt er ebenfalls Pluspunkte. Das heißt im Umkehrschluss: Unerfahrene Schiedsrichter müssen sich hier ihre Sporen erst verdienen.

Junge Schiedsrichter machen oft die Erfahrung, dass ihnen entweder vorgeworfen wird, zu viele Karten oder zu wenige Karten zu zeigen. Der ohnehin schmale Grat zwischen Akzeptanz und Arroganz ist für junge Schiedsrichter noch schmaler. Erfahrene Schiedsrichter genießen mehr Vertrauensvorschuss – sie haben sozusagen mehr Kreditwürdigkeit (Hollander, 1958).

Bei erfahrenen Schiedsrichtern wird das gleiche Verhalten oft positiv bewertet. Ob der Schiedsrichter erfahren wirkt, kann er nur bedingt beeinflussen.

Andere Aspekte liegen hingegen deutlich im Einflussbereich des Schiedsrichters: Trifft er schnell Entscheidungen, wirkt er sicher und nicht zaghaft. Auch dies führt zum Eindruck eines kompetenten Spielleiters. Vielleicht hast du bereits den Spruch „Sicherheit vor Schnelligkeit" gehört. Gemeint ist damit vor allem, dass Schiedsrichter sich nicht unnötig unter Druck setzen lassen sollten, schnell eine Entscheidung zu treffen, sondern besser einen Schritt nach dem anderen abzuhandeln. Dies trifft sicher auch auf einige Situationen zu. Doch bei vielen kleinen Entscheidungen heißt es viel mehr: „Sicherheit durch Schnelligkeit!"

Der faire Schiedsrichter wirkt zudem verlässlich. Verlässlichkeit zeigt sich durch zwei Dinge.

- Erstens im gewöhnlichen Spiel dadurch, dass der Schiedsrichter berechenbar ist und Vergehen – auch kleinere Vergehen – ahndet und nicht darüber hinwegsieht.
- Zweitens bei kritischen Situationen durch entschlossenes und mutiges Auftreten.

Der Schiedsrichter trifft dann auch unpopuläre Entscheidungen, die das Regelwerk erfordern. Verlässlichkeit erreicht der Schiedsrichter also vor allem durch die Regelauslegung und Umsetzung auf dem Platz.

Die klare Linie muss erkennbar sein. Er kann jedoch auch den Eindruck erwecken, als sei er wenig verlässlich. Dies ist zum Beispiel bei Konzessionsentscheidungen der Fall, wenn der Schiedsrichter nach einer Ermahnung bei einer erneuten Entscheidung die Konsequenz vermissen lässt oder nur Spieler einer Mannschaft mit Vornamen anspricht (Simmons, 2011).

Der dritte Aspekt eines positiven Selbstmarketings sollte darauf abzielen, als respektvoll wahrgenommen zu werden. Spieler, Offizielle und Zuschauer sollen möglichst den Eindruck gewinnen, dass der Schiedsrichter Verantwortung übernimmt, Engagement zeigt und gleichzeitig soll er besonnen und freundlich auf sie wirken.

Übung 3.3: Optimierung des Selbstmarketings

Werbung in eigener Sache gehört für den Schiedsrichter zu jeder Spielleitung. Bewusst oder unbewusst erzeugst du eine Außenwirkung. Wichtig ist, dass du dir dieser bewusst bist. Auch kannst du sie aktiv beeinflussen. Dies tust du vermutlich bereits durch mehrere Strategien, die du anwendest.

Die Übung dient dazu, dass du dir dieser Strategien bewusst wirst. Ist das der Fall, kannst du sie gezielter anwenden.

Was tust du konkret auf dem Platz, um kompetent, verlässlich und respektvoll gegenüber Spielern und Offiziellen zu wirken? Beschreibe das Vorgehen möglichst konkret (z. B. wie in einem Drehbuch eines Films)!

Vermutlich fallen dir beim Nachdenken auch Strategien ein, die du bei anderen Schiedsrichtern beobachtet hast. Beschreibe daher anschließend Verhaltensweisen, die du bei anderen Schiedsrichtern gesehen hast. Fokussiere dich dabei auf Verhaltensweisen, die die gewünschte Wirkung erzielt haben und die zu dir als Person passen.

Tab. 3.3: Übung Optimierung des Selbstmarketings

Wirkungsebene	Was tue ich konkret auf dem Platz, um ... zu wirken?	Was habe ich bei anderen Schiedsrichtern beobachtet, was ich auch anwenden könnte?
kompetent		
verlässlich		
respektvoll gegenüber Spielern und Offiziellen		

Für den Schiedsrichter eine besonders relevante Ebene ist die der Selbstoffenbarung. Mit allem, was wir tun, erwecken wir einen Eindruck beim Gegenüber. Schiedsrichter achten bewusst auf ihr Auftreten und Verhalten und wollen eine bestimmte Wirkung erzielen.

Irritationen treten dann auf, wenn der Schiedsrichter entweder in einer konkreten Situation oder über längere Zeit zu wenig darauf achtet, sich gut darzustellen oder es mit der Selbstdarstellung übertreibt. Dann verliert der Schiedsrichter Akzeptanz, weil er entweder inkompetent oder arrogant wirkt.

Neben diesen grundsätzlichen Strategien, die auf eine bewusste Selbstdarstellung abzielen, gibt es auch einzelne Anlässe, bei denen die Selbstoffenbarung im Vordergrund steht. Im Alltag auf dem Fußballplatz kann beispielsweise eine Ansprache im Vorbeigehen dem Zweck dienen, um einem Spieler, der durch kleinere Nickligkeiten aufgefallen war, die Botschaft zu vermitteln: „Ich habe genau gesehen, was passiert ist." Ebenso ist damit die Beziehungsebene adressiert. Daher lautet die Botschaft gleichzeitig auch. „Du kannst mir nicht auf der Nase herumtanzen."

3.3.3 Die Beziehungsebene – eine Frage des Miteinanders

Die Beziehungsebene haben wir bereits bei den Grundsätzen der Kommunikation angesprochen. Sie ist ebenfalls permanent präsent. Da der Schiedsrichter nun einmal die Entscheidung trifft, hat er eine übergeordnete Stellung. Die Rollen sind klar verteilt.

Dies bringt schnell Konfliktpotenzial für die Beziehung zwischen Schiedsrichter und Spieler mit sich. Spieler, die häufiger über die Stränge schlagen und vom Schiedsrichter zurückgepfiffen werden, haben schnell das Gefühl, dass der Schiedsrichter etwas gegen sie habe.

Darüber hinaus gibt es meines Ermessens zwei Extreme, die auf Fußballplätzen zu beobachten sind. Der Schiedsrichter nutzt eine derbe Wortwahl und Sprüche – oder er tritt überfreundlich, gar kumpelhaft auf. Wer als Schiedsrichter durch seine Wortwahl („Du hast hier nichts zu sagen!", „Verpiss dich!",

„Halt die Klappe!") oder scharfe Tonlage das Machtgefälle betont, wird feststellen, dass entsprechend zurückgeschossen wird.

Zu beachten ist sicherlich, dass je nach Spielklasse und Region der Ton rauer ist. Da können derartige Ansprachen zum Umgangston dazugehören und tatsächlich auch stimmig sein. Wer als Schiedsrichter jedoch die Strategie wählt, Spieler grundsätzlich „durchzubeleidigen", spielt nicht nur mit dem Feuer, sondern wird auch einen Flächenbrand auslösen, den er nur schwer gelöscht bekommt.

Ein passendes Sprichwort dazu: „Wie man in den Wald hineinruft, so schallt es heraus!" Derbe Sprüche können funktionieren, setzen jedoch voraus, dass sie situationsadäquat eingesetzt werden und authentisch wirken. Vorsicht ist hier beim Nacheifern geboten.

Einige Schiedsrichter können – aufgrund ihrer persönlichen Voraussetzungen, wie Alter, Erfahrung, Statur sowie Ausstrahlung – durch einen Spruch eine Situation lösen und Akzeptanz aufbauen. Anderen Schiedsrichtern fehlen jedoch die Voraussetzungen dafür, dass ein Spruch die gleiche Wirkung erzielt. Gerade jüngere Schiedsrichter, die Vorbildern nacheifern und Sprüche übernehmen, laufen Gefahr, am Ende nicht souverän, sondern lächerlich zu wirken – anders formuliert: „Gewollt und nicht gekonnt!"

Statt Sprüche zu kopieren, erscheint es ratsamer, sich ein breiteres Repertoire an Ansprachen anzueignen. Diese Ansprachen sollten dabei zu einem als Person passen, damit sie authentisch wirken. Ferner – und da dürfte probieren über studieren gehen – bedarf es eines Gespürs, in welchen Situationen welche Ansprachen eine Wirkung erzielen.

Angesprochen habe ich noch ein anderes Extrem – ein überfreundliches, gar kumpelhaftes Auftreten von Schiedsrichtern. Das Fundament dafür liegt meines Ermessens oft in den Einstellungen, die ein Schiedsrichter gegenüber Spielern hat. Schiedsrichter können sich beispielsweise in ihrer Einschätzung von Spielern unterscheiden. Einige Schiedsrichter sehen Spieler eher skeptisch, weil sie taktisch handeln und einen manipulieren. Andere Schiedsrichter sehen Spieler eher als Sportkameraden, die gewillt sind, fair zu spielen.

Auch unterscheiden sich Schiedsrichter in der Einschätzung, was einen kompetenten Schiedsrichter ausmacht. Die einen betonen eher die Durchsetzungsfähigkeit, die anderen eher das respektvolle Auftreten. Wenn Schiedsrichter die Einstellung haben, dass Spieler und Schiedsrichter in einem Boot sitzen und ein Schiedsrichter viele Probleme durch Reden lösen kann, wird dies in der Regel einen freundlichen Umgang nach sich ziehen. Dieses Vorgehen führt dazu, dass der Schiedsrichter in vielen Spielen Konflikten präventiv begegnet und durch sein Auftreten deeskalierend wirkt. Hier steckt grundsätzlich eine konstruktive, positive Haltung hinter.

Doch auch hier gibt es ein „ungesundes" Ausmaß. Wenn der Schiedsrichter denkt, dass er nur dann gut ist, wenn er Karten vermeidet und alles durch Reden lösen kann, besteht das Risiko, dass er nicht konsequent genug auftritt. Auch wenn er zu freundlich auftritt, besteht die Gefahr, an Autorität zu verlieren.

Spieler nutzen die Kommunikation auf Augenhöhe möglicherweise aus, um den Schiedsrichter bei wichtigen Entscheidungen zu beeinflussen (Cunningham et al., 2015b). Gewiefte Spieler wickeln dann den Schiedsrichter um den Finger, indem sie ebenfalls freundlich auftreten und den Schiedsrichter vielleicht gar für seine Art loben. So schützen sie möglicherweise einen Mitspieler vor einer fälligen Gelben Karte oder einem Platzverweis. In solchen Situationen fällt dem Schiedsrichter ein überfreundliches Auftreten auf die Füße.

Zusammenfassend lässt sich bei der Beziehungsebene festhalten, dass ein situationsangemessenes Maß aus Nähe und Distanz erforderlich ist. Zu beachten ist auch, dass über den Spielverlauf die Beziehungsebene dynamisch ist.

Übung 3.4: Die Beziehungsampel

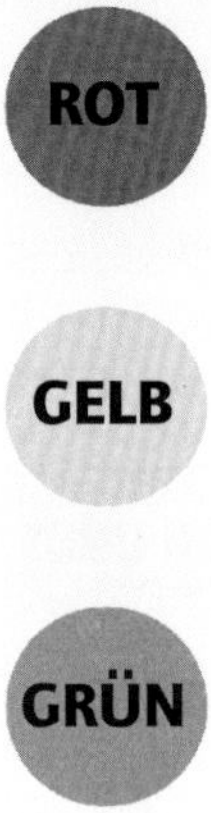

Die Beziehung ist gestört und im Spielverlauf nicht zu reparieren: Unabhängig davon, wie der Schiedsrichter enscheidet und was er tut, wird er kritisiert.

Die Beziehung ist belastet. Dem Schiedsrichter wird mit Misstrauen begegnet. Er kann jedoch durch sein Verhalten wieder an Vertrauen gewinnen.

Die Beziehung ist positiv und freundlich. Der Schiedsrichter findet Gehör bei den Spielern.

Abb. 3.9: Die Beziehungsampel

Eine sehr praktische Veranschaulichung ist die Wahrnehmungsampel, die beispielsweise bei Führungskräftecoachings eingesetzt wird. Beziehungen zwischen Menschen können sich hinsichtlich ihrer Offenheit unterscheiden. Durch eine gemeinsame Geschichte kann es eine Vorbelastung geben, die Glaubwürdigkeit ist eingeschränkt oder der Kredit verspielt. Dies lässt sich an einer Ampel veranschaulichen (Abb. 3.9):

Grün: Die Beziehung ist positiv. Die Spieler sind offen für den Schiedsrichter und akzeptieren diesen.

Gelb: Die Beziehung ist belastet. Dem Schiedsrichter wird misstraut. Allerdings kann der Schiedsrichter durch sein Verhalten noch zur Akzeptanz beitragen.

Rot: Die Beziehung ist verspielt. Es spielt keine Rolle, was der Schiedsrichter macht, es wird als Angriff gewertet. Reflektiere einmal deine Spiele. In welchen Spielen oder Spielphasen eines Spiels war die Beziehungsampel auf Grün (neutral bis positive Beziehung), in welchen auf Gelb (belastet, aber noch veränderbar) und in welchen auf Rot (Beziehung ist im Spiel nicht mehr zu reparieren)?

Tab. 3.4: Übung Beziehungsampel

Ampel	Beispiel: Woran erkennst du dies?	Was kannst du tun?
Rot		
Gelb		
Grün		

3.3.4 Appelle – Aufforderungen, etwas zu tun oder zu lassen

Schließlich bleibt die Appellebene. Diese ist gerade für Schiedsrichter wichtig. Kommunikation dient dazu, Handlungen abzustimmen. Schiedsrichter wollen etwas erreichen. Sie machen Ansagen. Sie appellieren an Spieler, etwas zu tun oder zu lassen.

Der Schiedsrichter kann direkte oder indirekte Appelle aussprechen. Ein direkter Appell ist eine unmittelbare Aufforderung wie: „Lasse die Hände weg!" Bei einem indirekten Appell muss sich der Spieler die Aufforderung erschließen (z. B. „Du hast wieder die Hände am Trikot deines Gegners!").

Grundsätzlich ist es förderlich, klare Appelle auszusprechen, damit der andere weiß, was zu tun oder zu lassen ist. Notwendig ist dies jedoch nicht. Appelle können im laufenden Spiel präventiv eingesetzt werden, um Akzeptanz gerade auch bei Außenstehenden zu gewinnen.

Manchmal sprechen dann auch Mitspieler, Trainer oder gar Zuschauer einen Appell noch einmal aus. So manch einen Zuschauer habe ich schon am Spielfeldrand zu den Spielern seiner Mannschaft sagen hören: „Lasse doch die Hände weg! Das hat der Schiri dir doch eben schon gesagt!"

Klare Appelle – wie Ermahnungen, weitere Foulspiele zu unterlassen – erfordern, dass der Schiedsrichter im Nachgang konsequent bleibt. Ansonsten besteht die Gefahr, dass er sich unglaubwürdig macht (Simmons, 2011). Ein abgeklärter Spieler kann so den Schiedsrichter testen.

Androhungen von Konsequenzen wie etwa: „Noch ein Foul, dann gibt es Gelb!", stellen eine deutliche Aufforderung dar, etwas zu lassen. Hier ist allerdings Vorsicht geboten, da sie den Schiedsrichter unter Druck setzen, Maßnahmen zu ergreifen. Beim nächsten Foul erwarten dann Gegner schnell Konsequenzen, ganz gleich, ob es sich um ein Allerweltsfoul handelt oder nicht.

3.3.5 Empfänger hören mit verschiedenen Ohren

Bei den Beispielen wird deutlich: Der Schiedsrichter kann zwar bewusster auf den Ebenen kommunizieren, er hat aber keine Kontrolle, was andere verstehen (wollen). Unabhängig davon, was der Schiedsrichter sagt, kann ein Empfänger die Nachricht auf unterschiedlichen „Ohren" hören: dem Sachohr, dem Selbstoffenbarungsohr, dem Beziehungsohr oder Appellohr.

Gelegentlich sind einzelne Ohren besonders stark ausgeprägt. Dies unterscheidet sich dabei von Mensch zu Mensch und Situation zu Situation. Im Alltag kommt dies immer wieder vor. Wir haben beispielsweise den Eindruck, dass unser Gegenüber alles, was wir sagen, persönlich nimmt.

Weil Schiedsrichter nicht nur Sender, sondern auch Empfänger sind, hören sie auch mit vier Ohren. Je nach Situation werden die Ohren anders „zugespitzt". Ein junger Schiedsrichter, der im Spiel beobachtet wird, wird Kritik von Zuschauern vielleicht lästig finden, ihr jedoch wenig Beachtung schenken. Kommt jedoch Kritik vom Beobachter, sieht es schnell anders aus.

Kritik ist für Menschen nicht leicht zu nehmen. Unser Selbstbild – zum Beispiel die Vorstellung und der Wunsch, ein sehr guter Schiedsrichter zu sein – erhält Kratzer. Schnell kommt die Angst, von anderen abgewertet zu werden. Sachliche Kritik wird schnell als Beziehungsbotschaft verstanden. Einige Beobachter verstehen es, Sach- und Beziehungsebene zu trennen. Sie begegnen Schiedsrichtern mit der nötigen Wertschätzung, agieren so weit wie möglich auf Augenhöhe, sprechen jedoch zugleich kritische Sachverhalte an.

Welchen Nutzen haben die vier Seiten einer Nachricht für die Praxis? Zentral ist, dass Kommunikation vielschichtig ist. Auf dem Platz bleibt kaum Zeit, bewusst die Worte zu wählen. Dadurch kann es schneller zu Missverständnissen kommen.

So, wie Spieler Standardsituationen und Schauspieler Sprechtexte üben, kannst du dir als Schiedsrichter für typische Situationen auf dem Fußballplatz Sätze zurechtlegen, damit sie wie aus der Pistole geschossen kommen. Dabei kannst du an den Sätzen feilen und schauen, welche Botschaften du vermittelst. Auf dem Platz kannst du diese dann ausprobieren und optimieren.

Übung 3.5: Missverständnissen vorbeugen

Um Missverständnissen vorzubeugen, kannst du Äußerungen bewusster wählen. So reduzierst du die Wahrscheinlichkeit, dass der andere sie in den falschen Hals bekommt und schafft es im Optimalfall, Akzeptanz und Verständnis aufzubauen.

Tab. 3.5: Übung Missverständnissen vorbeugen

Situation	Problem	Optimierte Äußerung
Im Zweikampf kommt es zu einem leichten Stoßen. Der Schiedsrichter sagt zum Spieler: „Lass das!"	Dem Spieler ist aufgrund der Situation nicht klar, was der Schiedsrichter meinen könnte.	„Das ist zu viel Einsatz mit den Händen. Lasse das künftig sein, dann kann ich weiterlaufen lassen!"
Nach einem Foul will der Schiedsrichter, dass der Spieler zu ihm kommt: „Zu mir!"		
Bei einer Ermahnung sagt der Schiedsrichter zum Spieler: „Du bist ein Unruhestifter."		
Nach einem nicht gegebenen Elfmeter sagt der Schiedsrichter zum Spieler, der sich aufregt: „Man kann das auch anders sehen."		
Als sich ein Spieler beschwert und eine Erklärung fordert, sagt der Schiedsrichter: „Ich muss hier gar nichts erklären."		

Situation	Situation	Optimierte Äußerung
Der Schiedsrichter entgegnet einem Spieler, der einen Vorteil nicht nutzt und sich über den fehlenden Pfiff aufregt: „Wenn ihr zu blöd seid, den Vorteil zu nutzen, ist das nicht meine Schuld!"		

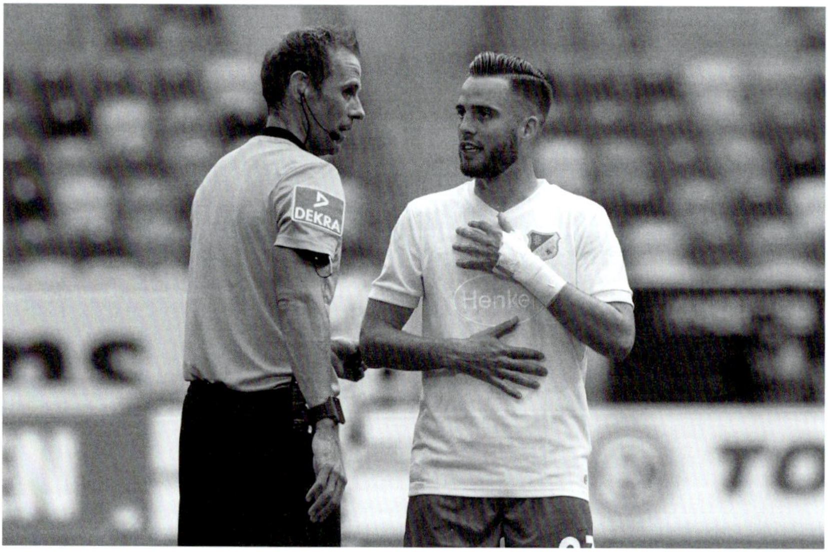

Kommunikation auf dem Platz

4 Konflikte und Konfliktmanagement

4.1 Konfliktarten und -anzeichen

Fußballspiele bieten jede Menge Konfliktpotenzial. Der sportliche Wettbewerb bringt es mit sich, dass es schnell zu einem Konflikt kommen kann. Ein Konflikt ist eine Interaktion zwischen zwei Parteien – einzelnen Menschen, wie Spielern, Offiziellen und Schiedsrichtern oder Mannschaften bzw. Vereinen –, wobei mindestens eine Partei eine Unvereinbarkeit mit der Situation wahrnimmt (vgl. Glasl, 2020).

Der sportliche Wettbewerb stellt also an sich noch keinen Konflikt dar. Erst, wenn eine Unvereinbarkeit mit der Situation – bspw. der Spielweise der anderen Mannschaft, dem Verhalten des gegnerischen Trainers oder der Zuschauer – besteht, entsteht ein Konflikt. Auf dem Fußballplatz und abseits des Platzes im Schiedsrichterwesen gibt es eine Reihe von Konfliktparteien.

Tab. 4.1: Konflikte beim Fußball (Beispiele)

	Spieler Heim	Trainer und Offizielle Heim	Spieler Gast	Trainer und Offizielle Gast	Zuschauer Heim	
Spieler Heim	Konflikte über Taktik, Spielweise, Aufstellung	Konflikt über Spielzeit und Position	Unterschiedliches Zweikampfverhalten (angemessen vs. zu aggressiv)	Spielweise und Form der Kritik an dieser (z. B. Provokationen eines Spielers durch die Bank)	Zuschauer sind unzufrieden mit Leistung des eigenen Teams	
Trainer und Offizielle Heim		Unvereinbarkeit der Taktik Co-Trainer stört Unsportliches Verhalten des eigenen Trainers	Wie bei Spieler Heim vs. Trainer und Offizielle Gast	Trainer stört sich an der Aufforderung des gegnerischen Trainers, aggressiver in die Zweikämpfe zu gehen	Trainer stört sich an unsachlicher Kritik der Zuschauer	
Zuschauer Heim					Konflikte zwischen rivalisierenden Fangruppen	

	Zuschauer Gast	Schiedsrichter	Schiedsrichter-Assistent	Beobachter	Schiedsrichterausschuss
	Auftreten eines Spielers und Pöbeleien durch Zuschauer	Unterschiedliche Zweikampfbewertung	Unzufriedenheit mit Abseitsentscheidungen	In der Regel keine Interaktion und daher kein Konflikt	In der Regel keine Interaktion und daher kein Konflikt
	Zuschauer machen sich über Auftreten des Trainers lustig	Linie bei persönlichen Strafen ist dem Trainer nicht klar Schiedsrichter stört sich an Verhalten des Trainers	Unzufriedenheit mit Tonfall des SRA bei Ansprachen	In der Regel keine Interaktion und daher kein Konflikt	Unzufriedenheit mit SR-Ansetzung
	Verärgerung über das Verhalten der anderen Zuschauer	Auftreten wird als arrogant wahrgenommen Gefühlte Benachteiligung	Unzufriedenheit mit den Abseitsentscheidungen Verärgerung, dass Assistent nicht stärker eingreift	Beobachter ist genervt von Zuschauerverhalten	In der Regel keine Interaktion und daher kein Konflikt

	Spieler Heim	Trainer und Offizielle Heim	Spieler Gast	Trainer und Offizielle Gast	Zuschauer Heim	
Schieds-richter						
Schieds-richter-assistent						
Beobachter						
Schieds-richter-ausschuss						

Ein Konflikt besteht auch dann, wenn dies einer Partei gar nicht bewusst ist. Beispielsweise kann sich ein Spieler über das Verhalten seines Gegenspielers bereits längere Zeit ärgern. Irgendwann kommt es dann zu einem Auslöser und zu dem Konflikt, der bereits vorher bestand.

Auch als Schiedsrichter kannst du in einem Konflikt mit einem Spieler sein, ohne es zu wissen oder zu bemerken. Beispielsweise ärgert sich so manch ein Spieler darüber, dass der Schiedsrichter Vorteil gewährt und weiterspielen lässt, anstatt zu pfeifen. Umgekehrt kannst du vom Verhalten des Trainers genervt sein, ohne dass dieser sich dessen bewusst ist.

	Zuschauer Gast	Schiedsrichter	Schiedsrichter-Assistent	Beobachter	Schiedsrichter-ausschuss
		Beim Futsal: Unterschiedliche Linie	Nicht an Absprachen gehalten	Bewertung von Einzelszenen; Tonfall	Ansetzungen, fehlende Förderung Fehlende Einsatzbereitschaft und Organisationsfähigkeit
			Verhalten des anderen Assistenten vor Anpfiff	Bewertung von Einzelszenen; Tonfall	Wie bei Schiedsrichter und Schiedsrichterausschuss
					Auslegung der Anweisungen
					Zielkonflikte in Bezug auf Talentförderung, Konflikte um Positionen

Emotionen schaukeln sich oft hoch und es entstehen schnell geteilte Gefühle innerhalb von Gruppen (Hatfield, Cacioppo & Rapson, 1993). Sichtbar sind vor allem heiße Konflikte.

Bei heißen Konflikten werden diese offen ausgetragen. Dies sind hitzige Begegnungen, in denen es zur Sache und auf die „Socken geht". Davon lassen sich kalte Konflikte unterscheiden. Hier herrscht Funkstille. Die direkte Kommunikation ebbt ab.

Dabei kann zunächst ein kalter Konflikt entstehen, ehe dieser sich aufheizt. Anfangs herrscht vielleicht eine neutrale, vielleicht sogar freundliche Atmosphäre. Doch mit der Spieldauer werden die Spielweisen unvereinbarer. Nach dem Zweikampf unterlassen die Spieler Shakehands. Sie sprechen nicht mehr miteinander. Durch einen Auslöser kann es dann kippen. Plötzlich nimmt die direkte Kommunikation wieder zu – wird aber aggressiv-feindselig.

Bei den Konflikten kann die Unvereinbarkeit im Ziel bestehen. Diese Konfliktart wird auch als Zielkonflikt bezeichnet. Dies ist gerade im Fußball schnell eine Unvereinbarkeit. Beide Mannschaften wollen gewinnen. Geht es um mehr, als nur um den Sieg – wie beispielsweise Auf- oder Abstieg –, ist der Konflikt größer. Interessant sind Zielkonflikte bei Freundschaftsspielen. Hier sollte Sieg und Niederlage von geringerer Bedeutung sein, doch auch in solchen Spielen gibt es oft Konflikte.

Eine weitere Konfliktart besteht in Wegekonflikten. Das Ziel ist ein geteiltes, doch es gibt eine Unvereinbarkeit in der Ansicht, welcher Weg der richtige Weg ist. Dies sind oft Konflikte auch innerhalb eines Teams – beispielsweise auch in einem Schiedsrichterteam kann es unterschiedliche Auffassungen bezüglich der Art und Weise einer Spielleitung geben, um die Spielkontrolle zu behalten. Auch können beide Mannschaften das geteilte Ziel mit dem Schiedsrichter haben, dass sich das Spiel wieder beruhigen muss – jedoch unterschiedliche Auffassungen, auf welchem Wege dies erreicht werden soll.

Eine weitere Konfliktart ist der Verteilungskonflikt. Hier gibt es Konflikte um begrenzte Ressourcen und es geht um Gerechtigkeit. Klassischerweise fühlen sich Mannschaften oft benachteiligt, wenn sie weniger Freistöße bekommen – unabhängig davon, ob dies regeltechnisch der Fall war. Auch bei Schiedsrichtern geht es um die Verteilung der Spitzennoten, Kader- und Aufstiegsplätze, also um Verteilungskonflikte.

Schließlich gibt es noch Wertekonflikte. Diese sind besonders tiefgründig. Hier geht es um Unvereinbarkeiten in der Wichtigkeit von bestimmten Dingen. So kann eine Mannschaft pünktlich zum Auflaufen dastehen und der Trainer ist erbost darüber, dass die andere Mannschaft den Wert des Respekts mit Füßen tritt.

Auch innerhalb von Schiedsrichtergremien gibt es oft unterschiedliche Werte. Dem einen ist Pflichtbewusstsein und Gehorsam wichtiger als dem anderen. Gerade weil es einer Partei aber nicht wichtig ist, kommt es regelmäßig zur Nichtbeachtung und Konflikte sind die Folge. Ein typischer Auslöser für einen Wertekonflikt ist es, wenn eine Mannschaft den Ball nicht wieder zurückspielt, nachdem die andere den Ball ins Aus spielt.

Neben den Konfliktarten gibt es verschiedene Konfliktanzeichen. Anhand der Konfliktanzeichen erkennst du, dass sich etwas zusammengebraut hat. Wie bei einem Gewitter ist es die Schwüle der Luft, die dunklen Wolken und ein Grummeln am Himmel. Einige Beispiele findest du in Tab. 4.2. Vielleicht kennst du noch weitere Konfliktanzeichen.

Tab. 4.2: Konfliktanzeichen

Konfliktanzeichen	Beispiel
Kommentare über die andere Mannschaft z. B. in Social Media oder in der Zeitung	Der Verein postet vor dem Derby: „Heute hauen wir die blöden Blauen weg – 4ever Rot und Weiß".
Kommentare gegenüber dem Schiedsrichter beim Betreten der Sportanlage	Der Mannschaftbetreuer sagt: „Vor zwei Wochen im Pokalspiel haben die uns kaputt getreten. Das wird heute eine schwere Aufgabe für euch!"
Die direkte verbale Kommunikation ebbt ab.	Die Trainer begrüßen sich nicht.
Nachlassendes Fair Play	Kein Shakehands nach Zweikampf Der Ball wird nach einem Pfiff nicht zurückspielt, sondern liegen gelassen. Kein Zurückspielen, nachdem die andere Mannschaft den Ball ins Aus gespielt hat.
Kommentierungen des Zweikampfverhaltens des Gegners	Der Spieler kommentiert beim Schiedsrichter: „Das kann man auch mal pfeifen."

Konfliktanzeichen	Beispiel
Unsportliches Verhalten	Der Spieler stellt sich vor den Ball. Wildes Gestikulieren vor dem Schiedsrichter Fordern einer Gelben Karte
Aggressiveres Zweikampfverhalten und Häufigkeit von Foulspielen	Nach verlorenem Zweikampf geht ein Spieler intensiver in den nächsten Zweikampf.

Übung 4.1: Konfliktanzeichen

Denke einmal an die letzten Spiele, in denen es Konflikte gab, zurück.

- Zwischen welchen Parteien gab es einen Konflikt?
- Woran hast du den Konflikt erkannt?

Tab. 4.3: Übung Konfliktanzeichen

Partei 1	Partei 2	Konfliktanzeichen
Verteidiger	Angreifer	Nach einem Stürmerfoul am Torwart beschwert sich der Verteidiger, lautstark über die Spielweise bei seinem Gegner mit den Worten: „Was bist du denn für einer?"

Die Anzeichen sind jedoch nicht die Ursachen. Auch können einige Anzeichen täuschen. Menschliches Verhalten hat verschiedene Ursachen und die Stimmung auf dem Platz ist dynamisch.

4.2 Konfliktursachen

Einige Konfliktursachen wurden schon bei den Konfliktarten beschrieben. Es gibt jedoch weitere Aspekte, die hilfreich sind, um die Entstehung und Eskalation von Konflikten zu verstehen.

Eine wichtige Theorie ist die Gerechtigkeitstheorie (Adams & Freedman, 1976). Demnach führt ein wahrgenommenes Ungleichgewicht z. B. bei der Verteilung von „Ressourcen" zu Konflikten. Wenn du als Schiedsrichter überwiegend Foulspiele für eine Mannschaft pfeifst oder Karten nur einem Team zeigst, wird dies als Ungerechtigkeit erlebt. Hier ist es wichtig, den Ermessensspielraum taktisch zu nutzen und, sofern er dies hergibt, auch mal ein Ding in die andere Richtung zu pfeifen.

Das Ungerechtigkeitsempfinden wird oft von negativen Gefühlen wie Ärger oder Wut begleitet. Auch andere Emotionen spielen bei Konflikten eine Rolle. Fußballspiele erfordern eine gewisse instrumentelle Aggression: Pressing und intensive Zweikämpfe sind Formen dieser. Aggressionen können jedoch auch feindselig sein – ob verbal oder körperlich.

Aggressionen entstehen unter anderem infolge von Frustrationen. Die Frustrations-Aggression-Hypothese (Berkowitz, 1989) besagt, dass Frustrationen zu Aggressionen führen, wenn sie negative Gefühle auslösen. Dies ist besonders bei körperlichem Schmerz der Fall.

Klassiker auf dem Platz ist das Frustfoul. Für Schiedsrichter relevant ist, zu beobachten, ob ein Spieler in Zweikämpfen oft einstecken muss und in der Folge aggressiv agiert, weil er durch Frustrationen verärgert ist. Aber auch der Frust darüber, nicht in Führung zu gehen oder einen unerwarteten Rückstand zu kassieren, kann eine Ursache für Aggressionen sein.

Ein weiteres Erklärungsmodell ist der Hostile Bias (Dodge, Price, Bachorowski & Newman, 1990). Wenn Menschen denken, andere agieren aus Feindseligkeit, dann neigen sie dazu, mit Aggressionen zu reagieren. Gerade in Derbys oder anderen aufgeheizten Begegnungen macht sich dies bemerkbar. Dann wird eher Absicht unterstellt und dies als Legitimation genommen, um selbst aggressiv in die Zweikämpfe zu gehen. Bei einem „Gurkenkick" wird hingegen mit größerer Wahrscheinlichkeit das Unvermögen als Ursache für ein Foul herangezogen.

Aggressionen sind wie andere Emotionen auch ansteckend. Dies führt dazu, dass sich Spieler untereinander, durch die Bänke und Zuschauer, anstecken lassen. Auch als Schiedsrichter steckst du dich möglicherweise bei negativen Emotionen von Spielern an und reagierst gereizt. Die Folge sind Abwärtsspiralen. Negative Emotionen verengen dabei den Blickwinkel. Im schlimmsten Fall ist Hopfen und Malz verloren und es spielt keine Rolle, was die andere Partei macht, es ist ein „gefundenes Fressen".

4.3 Konfliktdynamiken

Ein Modell, welches die Konfliktdynamiken anhand eines Stufenmodells beschreibt, stammt von Glasl (2020). Auch wenn dieses Modell vor allem für die Beschreibung von Konflikten zwischen Nationalstaaten verwendet wird, eignet es sich auch für den Fußballplatz. Übrigens ist es gar nicht so ungewöhnlich, dass der Fußball mit Kriegen verglichen wird (Kellett, 2002).

Doch zurück zum Stufenmodell von Glasl. Dieses beschreibt neun Stufen, bei denen der Konflikt sich weiter hochschaukelt. Die Konflikte eskalieren und es wird immer schwieriger, einzugreifen.

In den ersten drei Stufen können beide Parteien noch ohne Schaden einen Konflikt beenden. Oft ist die Rede von einer Win-win-Lösung. Natürlich kann nur eine Mannschaft das Spiel gewinnen. Doch bei Konflikten kann es zwei Gewinner geben. Keine Partei verliert dann an Ansehen.

Im Folgenden erläutere ich die neun Stufen anhand von Beispielen auf dem Platz – beschränke mich dabei auf Konflikte zwischen zwei Mannschaften bzw. Spielern gegnerischer Mannschaften (Abb. 4.1).

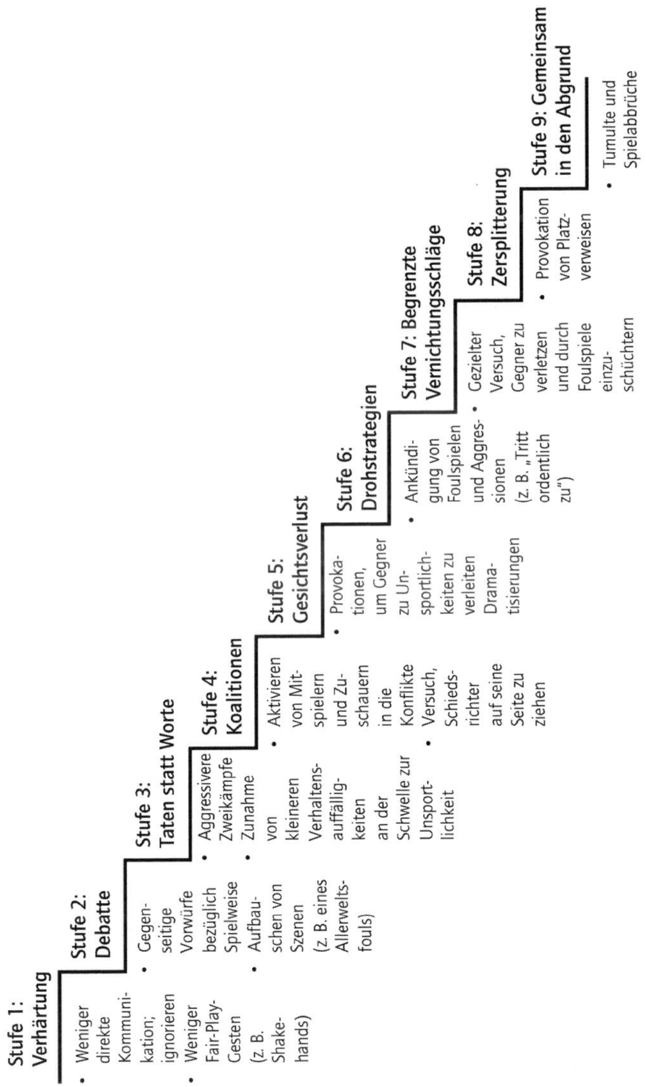

Abb. 4.1: Konfliktstufen beim Fußball in Anlehnung an Glasl (2020)

Stufe 1 „Verhärtung": Die Fronten verhärten sich. Typischerweise lässt nun die direkte Kommunikation nach. Statt dem Gegner, der auf dem Boden lag, aufzuhelfen, lässt man ihn liegen und geht zurück. Es kühlt sich ab.

Stufe 2 „Debatte": Nun beginnt die direkte Kommunikation wieder. Es wird hektischer auf dem Platz. Die Spieler beschweren sich beispielsweise über die Gangart des Gegners. Die einen wollen ein Foul erkannt haben, die anderen beschweren sich, dass der andere Spieler sich so anstellt.

Stufe 3 „Taten statt Worte": Jetzt geht es zur Sache. Statt Worte kommt es zu aggressiveren Zweikämpfen oder kleineren Verhaltensweisen an der Schwelle zur Unsportlichkeit. Der Ball wird noch einmal etwas weggespitzelt, die Spielfortsetzung kurz verzögert, bei Standards mehr gerangelt.

In den folgenden Stufen schwindet die Chance darauf, dass eine Partei unbeschadet aus dem Konflikt geht. Jetzt heißt es für eine Partei, das Gesicht zu wahren und das zur Not auf Kosten der anderen. Das Motto könnte lauten: „Wir sind die Guten, die anderen die Bösen". Diese gefühlte moralische Überlegenheit legitimiert dann paradoxerweise unfaires Verhalten.

Stufe 4 „Koalitionen": Nun streben die Parteien an, ihr Gesicht zu wahren und ziehen Dritte mit hinein. Einzelne Spieler aktivieren Mitspieler oder Offizielle („Seht ihr, wie der mich angeht?") und vor allem auch den Schiedsrichter („Schiedsrichter, die gehen nur auf die Knochen!").

Stufe 5 „Gesichtsverlust": In der nächsten Stufe soll die andere Partei bei den Zuschauern und dem Schiedsrichter ihr Gesicht verlieren und als die Bösen dastehen. Der Gegner wird beispielsweise provoziert, in der Hoffnung, dass er eine Tätlichkeit begeht, gefolgt von theatralischen Schauspieleinlagen.

Auch versuchen Spieler, den Schiedsrichter zu überzeugen, dass sie durchbeleidigt werden. In Einzelfällen kann es sogar vorkommen, dass Trainer in der Halbzeit den Schiedsrichter aufsuchen und einen Spieler diskreditieren: („Das hast du vielleicht nicht gesehen. Aber der Zehner von denen, der tritt immer nach.")

Stufe 6 „Drohstrategien": Nun wird der Konflikt offener ausgetragen. Ein Säbelrasseln ist zu hören. Die Spieler drohen Offiziellen mit einer aggressiven Gangart oder kündigen gar Foulspiele an.

Geht es nun weiter, werden auch eigene Verluste in Kauf genommen, um dem Gegner zu schaden. Die Zielausrichtung ist für Außenstehende irrational, da es nur noch um den Schaden des Gegners geht.

Stufe 7 „Begrenzte Vernichtungsschläge": Nun geht es noch mal auf die Socken. Ziel der Angriffe ist dabei, den Gegner zu zermürben und zu verletzen. Dabei riskieren die Spieler auch Platzverweise.

Stufe 8 „Zersplitterung": In dieser Stufe geht es darum, das Unterstützungssystem zu zerstören. Auf dem Platz erreicht man eine Zersplitterung, indem das gegnerische System von innen destabilisiert wird. Man versucht, Platzverweise auf Kosten eines eigenen Platzverweises zu erzwingen. Geschickter ist die Variante, Zwietracht zu säen. So führen versteckte Foulspiele oft dazu, dass ein Teil der Mannschaft sehr emotional reagiert und „zurückschlagen" will, während ein anderer Teil zur Besonnenheit mahnt.

Stufe 9 „Gemeinsam in den Abgrund": Die letzte Stufe, die zum Glück nur selten erreicht wird, führt zu Tumulten und Kampfszenen auf dem Platz, die zumeist in einen Spielabbruch münden.

Das Stufenmodell veranschaulicht, wie Konflikte sich hochschaukeln können. Nicht alle Konflikte erreichen Stufe 9. Viele bleiben vorher stecken. In der Praxis kann es zu dynamischen Verläufen kommen. Allerdings dürfte mit zunehmender Konfliktstufe die Wahrscheinlichkeit sinken, dass sich Konflikte auflösen lassen.

Als Schiedsrichter bist du daher gerade am Anfang gefordert zu agieren und Konflikten vorzubeugen. In späteren Stufen erfordert es oft hingegen ein „dickes Fell" und souveränes Agieren auch unter Stress.

Um den Umgang mit Konflikten zu optimieren, ist es sinnvoll, noch einmal genauer die Dynamiken anzuschauen.

In Kap. 3.1.3 wurde als ein Grundsatz festgehalten, dass Kommunikation kreisläufig verläuft. Konfliktparteien beziehen sich aufeinander. Wie im Kindergarten wird die Schuld dem anderen zugeschoben: „Du hast angefangen" – „Nein, du hast angefangen." Dies ist zutiefst menschlich.

Dennoch kommt es auf die subjektive Wahrnehmung an. Dadurch entstehen Teufelskreise, die durch selbsterfüllende Prophezeiungen bekräftigt werden: Wer glaubt, dass sich der Gegner einem gegenüber aggressiv verhält, geht eher selbst aggressiv in die Zweikämpfe. Wenn der Gegner wiederum mit einem bösen Foul antwortet, fühlt sich der andere Spieler bestätigt. Möglicherweise langt dieser auch noch einmal zu. Der Gegenspieler denkt nun das Gleiche. Aggressionen schaukeln sich hoch.

Während der Konflikte spielen negative Emotionen eine zentrale Rolle. Negative Gefühle engen unsere Wahrnehmung ein (Forgas, 2008). In Konflikten zwischen Gruppen greifen dann Vorurteile und Generalisierungen. Der eine Spieler foult, dann wird die Schublade „Bauerntruppe, die nur treten kann" aufgemacht. In Konflikten schwindet so die Empathie. Die Partei gegenüber wird nicht mehr als Mensch, sondern als Objekt betrachtet.

Als Schiedsrichter ist es wichtig, derartige Teufelskreisläufe zu unterbrechen und so auf die Dynamik zu reagieren. Dabei darfst du deine eigene Rolle nicht unterschätzen. Greift ein Schiedsrichter zu spät ein, dann rechtfertigt dies oft ein aggressiveres Verhalten.

Bei Führungskräften, die Beschäftigte gewähren lassen und auch Regelverstöße hinnehmen, spricht man von Laissez-faire-Führung. Dieser Führungsstil hängt im Arbeitsleben mit schlechter Führungsleistung und Konflikten zusammen (Skogstad, Einarsen, Torsheim, Aasland & Hetland, 2007).

Auf dem Platz gibt es immer wieder Beispiele, in denen ein Schiedsrichter ein Stoßen oder andere kleinere Foulspiele nicht ahndet und der Spieler dann zum Revanchefoul ausholt, wo es nur noch um die Farbe der Karte geht. Auch müssen es nicht immer Foulspiele sein. Manchmal reicht eine zu großzügige Linie, die Spieler frustriert (siehe Fallbeispiel 4.1).

Fallbeispiel 4.1

Es ist die 36. Spielminute als die Nummer 4 der Gastmannschaft an der Seitenlinie mehrfach von ihrem Gegner attackiert wird. Doch Nummer 4 bleibt in Ballbesitz. Der Schiedsrichter lässt weiterlaufen. Nummer 4 wird erneut angegangen, kann den Ball jedoch weiterhin kontrollieren und den Ball vorlegen. Ein weiterer Gegenspieler geht intensiv in den Zweikampf. Ein 50:50-Ding. Die Pfeife bleibt stumm. Nummer 4 der Gastmannschaft verliert den Ball.

Die Gegner starten einen Gegenangriff. Nummer 4 läuft hinterher und langt ordentlich zu. Unmittelbar vor der Bank der Heimmannschaft. Eine Rudelbildung ist die Folge.

Als Schiedsrichter hast du über die Spielleitung und das zugrunde gelegte Führungsverständnis eine entscheidende Rolle bei der Entstehung und Aufrechterhaltung von Konflikten. Natürlich gibt es Spiele, in denen kann der Schiedsrichter tun, was er will. Die Mannschaften sind sich nicht grün. Der Gegner ist ein rotes Tuch. Je nach Konfliktdynamik geht es dann darum, dass sich die Konflikte nicht weiter hochschaukeln.

Der Schiedsrichter wird in solchen Spielen die Spieler nur begrenzt beruhigen können. Allerdings besteht immer die Gefahr, dass er unnötig Öl ins Feuer gießt. Doch solche Spiele sind zumeist die Ausnahme.

Viel häufiger sind Spiele, in denen es moderates Konfliktpotenzial gibt. In solchen Spielen ist der Anteil des Schiedsrichters nicht zu verkennen. Gerade unter Stress kann ein gereiztes Auftreten zur emotionalen Ansteckung führen (vgl. zu Stress ausführlich Kap. 7).

4.4 Umgang mit Konflikten

Der Umgang mit Konflikten umfasst ein Konfliktmanagement. Dieses zielt auf der einen Seite auf eine Prävention ab. Konflikten vorzubeugen oder zumindest bei ersten Anzeichen frühzeitig zu agieren, um nicht später reagieren zu müssen. Konfliktmanagement umfasst auch den Umgang mit akuten Konflikten. Nicht alle Konflikte lassen sich dabei lösen. Mit einigen Konflikten musst du als Schiedsrichter leben können.

Konfliktmanagement umfasst allerdings auch eine Gestaltung von Situationen. Die Nachteile von Konflikten mindern und die Vorteile nutzen. Letzteres ist die Kunst. Aus einer Konfliktsituation kann der Schiedsrichter sogar gestärkt hervorgehen. Er kann Vertrauen aufbauen und (zurück-)gewinnen. Er kann sich als kompetent, verlässlich und respektvoll präsentieren und gegenüber einem Beobachter seine Fähigkeiten unter Beweis stellen.

Somit sind Konflikte auch immer eine Chance. Einige Schiedsrichter nutzen dies übrigens auf unethische Weise aus und destabilisieren eine Partie (Fruchart & Carton, 2012). Sie legen Feuer, welches sie anschließend wieder löschen. Allerdings ist dies auch ein Spiel mit dem Feuer, denn zunehmend durchschauen Beobachter derartige Absichten.

Doch wie sollte der Umgang mit Konflikten grundsätzlich aussehen?

In Konflikten geht es zunächst um zwei Sichtweisen. Es kann das Problem fokussiert werden oder die Lösung bzw. Umgangsmöglichkeiten. Grundsätzlich bedarf es eines Problembewusstseins, um Probleme überhaupt zu erkennen. Im Prinzip ist dies ein Frühwarnsystem. Wenn sich im Anschluss die Kommunikation jedoch zu stark auf die Probleme stützt, dann verharren wir mental schnell in der Vergangenheit. Oft gesellt sich die Suche nach einem Sündenbock dazu.

Die Folge ist, dass das Problem nicht bewältigt wird und sich durch Schuldzuweisungen negative Emotionen hochschaukeln und das Problem sogar noch verstärken. Dies sind Nachteile einer zu starken Problemorientierung.

Für einen konstruktiven Umgang mit Konflikten ist daher eine Lösungsorientierung oft förderlicher. Die Lösungsorientierung richtet die Aufmerksamkeit auf Handlungsoptionen für die Zukunft. Du solltest daher grundsätzlich lösungsorientiert in Konflikten denken.

Konflikte benötigen darüber hinaus ein angepasstes Vorgehen. Wie Computerprogramme bei vielen Funktionen eine Voreinstellung benötigen, ist dies auch beim Umgang mit Konflikten förderlich. Vom Grundsatz sollte der erste Weg eine freundliche, vorausschauende Ansprache sein. Wenn der Schiedsrichter zu Beginn zu energisch ist, dann schaukeln sich Emotionen oft nur hoch und der Konflikt verlagert sich möglicherweise. Statt in der Auseinandersetzung zwischen Spielern steht nun das Verhalten des Schiedsrichters im Scheinwerferlicht der Zuschauer.

Typisch dafür sind Szenen vor dem Spiel. Mannschaft A will in Hellblau spielen, Mannschaft B in Hellgrau und es ist ein Flutlichtspiel. Selbst wenn du als Schiedsrichter genervt bist, ist es ratsam, freundlich und sachlich den Konflikt anzusprechen und eine Lösung einzufordern.

Wer hier zu negativ auftritt, macht sich eine Baustelle auf. Auch in den ersten Minuten eines Spiels kann eine energische Ansprache Unruhe ins Spiel bringen. Ein Problem besteht auch bei Regelverstößen, bei denen Schiedsrichter davon ausgehen, dass die Spieler wissen, was sie machen. Unwissenheit schützt vor Strafe nicht, wenn der Spieler jedoch nicht weiß, was er falsch macht, wird die Akzeptanz fehlen.

Diese kann weiter sinken, wenn der Schiedsrichter zu fordernd auftritt. Dann verlagert sich die Kommunikation von der Sach- auf die Beziehungsebene (siehe Kap. 3.1.2). In der Sache wird dem Schiedsrichter vielleicht rechtgegeben, das Verhalten gegenüber den Spielern aber als arrogant wahrgenommen. Die Beziehungsebene kann jedoch im positiven Sinne in Konflikten eine Rolle spielen. Dies geschieht, wenn du in Konflikten nicht nur deine eigenen Interessen, sondern auch die der Konfliktpartei vertrittst.

(...) *Exkurs: 4.1: Umgang mit eigenen Konflikten – Dual Concern*

Auch als Schiedsrichter kannst du dich in einem Konflikt mit Spielern, Offiziellen oder gar deinem Schiedsrichterausschuss befinden (MacMahon et al., 2015).

Beim Konfliktverhalten lassen sich zwei Dimensionen unterscheiden: Du kannst dich auf der einen Seite mehr oder weniger stark an deinen Interessen orientieren und gleichzeitig auch mehr oder weniger die Interessen der anderen Partei verfolgen. Ist beides in der Mitte ausgewogen, spricht man vom typischen Kompromiss.

Es gibt jedoch weitere Konfliktstile: Werden weder die eigenen Interessen noch die Interessen der anderen Konfliktpartei berücksichtigt, handelt es sich zumeist um ein passives Vermeidungsverhalten.

Eine weitere Extremform ist das Nachgeben. Der Schiedsrichter vernachlässigt seine Interessen und berücksichtigt die der Konfliktpartei. So lässt er möglicherweise einen Spieler meckern – auch wenn ihn dies stört.

Dem gegenüber steht ein Beharren auf eigenen Interessen. Der Schiedsrichter vertritt ausschließlich seine Interessen und berücksichtigt dabei nicht die Interessen der Konfliktpartei.

Eine weitere Form ist die Kollaboration: Bei dieser werden sowohl die Interessen der Konfliktpartei als auch die eigenen Interessen berücksichtigt.

Jeder Konfliktstil findet auf dem Platz seinen passenden Anlass. Manchmal kann der Schiedsrichter nicht nachgeben, weil das Regelwerk keinen Spielraum lässt. Manchmal ist der Schiedsrichter jedoch der Klügere, wenn er nichts macht. Nicht immer bietet eine Situation die Möglichkeit zur Kollaboration, bei der beide Interessen berücksichtigt werden. Oft braucht es auch ein Auge für die Chancen. Konfliktstarke Schiedsrichter sind gut darin, die Möglichkeiten für Kollaboration zu erkennen und „Win-win-Situationen" zu schaffen.

Die Konfliktstile beschreiben grundsätzliche Wege, mit Konflikten umzugehen. Als Schiedsrichter wirst du vermutlich über verschiedene Situationen hinweg zu einem Stil tendieren. Dies bedeutet aber nicht, dass du nur einen Stil zeigst. Je nach Situation wirst du auch zumindest gelegentlich andere Stile zeigen.

Kompetenzen im Konfliktmanagement umfassen auch eine Bandbreite unterschiedlicher Konfliktstile, die dann situationsadäquat eingesetzt werden können und gleichzeitig zum Schiedsrichter passen. Metaphorisch gesprochen, brauchst du unterschiedliche Outfits für diverse Anlässe, die dir vom Zuschnitt passen.

Der variable Einsatz von Konfliktstilen zeigt bereits, dass die Dynamik und der Verlauf von Spielsituationen entscheidend für einen angemessenen Umgang sein können.

Eine Strategie, die den zeitlichen Verlauf berücksichtigt, ist die Tit-for-Tat-Strategie (Axelrod, 2009). Demnach ist das Verhalten zunächst auf Kooperation ausgelegt.

Wie kannst du die Strategie anwenden? Du trittst auf dem Platz zunächst freundlich auf. Dies ist leichter gesagt, als getan. Oft schießen Schiedsrichter gleich zu Beginn über das Ziel hinaus und wirken herrisch. Dies begünstigt dann Widerstände. Trittst du hingegen freundlich auf, wirst du mit größerer Wahrscheinlichkeit eine freundliche Gegenreaktion bekommen. Bist du kooperativ agieren auch die Spieler und Trainer wahrscheinlich kooperativ. Die Kommunikation ist dann symmetrisch und harmonisch (siehe Kap. 3.1.5).

Es ist allerdings keineswegs garantiert, dass sich Spieler kooperativ verhalten. Es kommt immer wieder vor, dass ein Spieler oder Trainer eine freundliche Aufforderung ignoriert. Wenn du weiterhin die Tit-for-Tat-Strategie anwendest, dann reagierst du unmittelbar und konsequent auf dieses Verhalten. Du ziehst die Zügel an. Wenn sich ein Spieler oder Trainer also nach einer freundlichen Aufforderung nicht kooperativ zeigt, reagierst du konsequent. Dies kann eine energische Ansprache sein oder eine Karte. Wichtig ist, dass das Strafmaß angemessen ist.

Es erfolgt also keine Überreaktion. Letzteres wäre der Fall, wenn du deinen Ermessensspielraum nutzt, um zu zeigen, wer am längeren Hebel setzt. Konkret solltest du nicht direkt eine Rote Karte gegen einen Trainer für eine Unsportlichkeit aussprechen, die auch mit einer Verwarnung hätte belegt werden können. Dies wäre eine Überreaktion.

Nachdem du konsequent reagiert hast, zeigst du dich im weiteren Verlauf wieder offen und gibst der Konfliktpartei eine zweite Chance. Unangemessen wäre es daher, wenn du nach einer Verwarnung eine vom Regelwerk gedeckte Gelegenheit suchst, um einen Spieler oder Trainer mit Gelb-Rot vom Platz zu stellen.

Die Tit-for-Tat-Strategie beinhaltet neben dem freundlichen und konsequenten Auftreten also auch eine Komponente des Vergessens und Verzeihens. Mit anderen Worten: Du bist weder nachtragend noch trittst du nach.

Übung: 4.2: Reflexion der Konfliktstile

Erinnere dich an das letzte Spiel, in welchem du Konflikte bewältigen musstest, bei denen du selbst involviert warst.

- Welche Konfliktstile hast du angewendet?
- Welche Konfliktstile waren erfolgreich?
- Welche Konfliktstile weniger?

5 Persönlichkeit und Persönlichkeitsentwicklung

Im Schiedsrichterwesen ist die „Persönlichkeit" ein schillernder Begriff. Wenn Schiedsrichter als „Persönlichkeit" wahrgenommen werden, dann ist dies positiv bewertet. Persönlichkeit beschreibt ein kompetentes Auftreten als Schiedsrichter auf dem Platz, welches von Akzeptanz geprägt sein sollte. Dies kann individuelles, authentisches Verhalten einschließen, im Kern steht jedoch die Kompetenz als Spielleiter – insbesondere im Umgang mit Spielern und Offiziellen.

In Beobachtungen wird dem einen Schiedsrichter eine „Persönlichkeit" attestiert. Persönlichkeit, Körpersprache und Umgang mit Spielern und Offiziellen bilden eine Bewertungskategorie in Beobachtungen. Dort finden sich dann Aussagen wie:

- „Er war heute ein sicherer und entschlossener Spielleiter. Sämtliche Entscheidungen kamen ohne Zögern und waren immer der entsprechenden Tat angemessen."
- „Im Umgang mit den Spielern war er freundlich, aber verbindlich."
- „Er wirkte ruhig und sicher, aber auch entschlossen."
- „Auch von lautstarken Kommentaren ließ sich der Schiedsrichter nicht aus der Ruhe bringen."

Dass eine Bewertung der Persönlichkeit zusammen mit der Körpersprache und dem Umgang mit Spielern und Offiziellen erfolgt, liegt meines Ermessens daran, dass sich die „Persönlichkeit" vor allem in der Kommunikation zeigt (Mascarenhas, Collins & Mortimer, 2005). Fußballschiedsrichter sind „Interactors", die sich in dynamischen, sich verändernden Spielen bewähren müssen (Livingston, Forbes, Wattie & Cunningham, 2020; MacMahon et al., 2015).

Eine passende Körpersprache im richtigen Moment lässt einen Schiedsrichter entschlossen wirken. Die Kommunikation mit Spielern und Offiziellen vermittelt Außenstehenden einen Eindruck, wie souverän der Schiedsrichter wirkt – insbesondere dann, wenn seitens der Spieler und Offiziellen Kritik aufkommt und es hektischer wird. Die Aussagen zeigen auch, dass man Persönlichkeit nicht direkt beobachten oder gar messen kann. Persönlichkeit ist ein Gedankenkonstrukt, welches hilfreich ist, um das Verhalten von Menschen zu erklären und vorherzusagen.

Im Schiedsrichterbereich wird mit „Persönlichkeit" weniger die individuelle Note – wie im Alltagsverständnis von Persönlichkeit üblich –, sondern vielmehr die Kompetenz zur Spielleitung angesprochen. Tatsächlich wird Schiedsrichtern bei einer Spielleitung auch gelegentlich die Persönlichkeit abgesprochen. „Dem Schiedsrichter fehlte es hier an Persönlichkeit", lautet beispielsweise eine Formulierung.

Dies ergibt außerhalb einer Spielleitung nur wenig Sinn. Einem Menschen kann keiner die Persönlichkeit absprechen. Die menschliche Persönlichkeit ist komplex und facettenreich. Jeder Mensch hat eine Persönlichkeit und unterscheidet sich von anderen Menschen hinsichtlich einer Vielzahl an Merkmalen. Persönlichkeitsmerkmale sind im Alltagsverständnis und auch im wissenschaftlichen Verständnis zeitüberdauernd und vergleichsweise wenig veränderbar.

Schiedsrichter berichten jedoch oft von einer Persönlichkeitsentwicklung. Dies ist nur ein scheinbarer Widerspruch. Wenn im Schiedsrichterbereich über Persönlichkeit gesprochen wird, ist vor allem das Auftreten und Verhalten auf dem Platz gemeint. Hier spielen zeitlich überdauernde Persönlichkeitsmerkmale ebenso eine Rolle wie Fähigkeiten, die leichter veränderbar sind.

Exkurs 5.1: Persönlichkeitsverständnis in der Lehrarbeit (…)

Im Schiedsrichterbereich widmen sich verschiedene Lehrbriefe dem Thema Persönlichkeit (Thielking & Voss, 2016).

Demnach sind sechs Faktoren bedeutend:

1. Fachkompetenz,
2. emotionale Stabilität,
3. Kommunikationsfähigkeit,
4. Fähigkeit zur Stressbewältigung,
5. Fähigkeit zur positiven Konfliktlösung sowie
6. Gewissenhaftigkeit.

Allein die bloße Aufzählung der Begriffe macht deutlich, dass es bei der Persönlichkeit nicht nur um eine Beschreibung von Unterschieden in menschlichen Verhaltensweisen geht. Es geht bei der Persönlichkeit im Schiedsrichterbereich darum, ob jemand etwas kann und Aufgaben meistert. Die Kommunikationsfähigkeit und die Fähigkeit zur positiven Konfliktlösung stellt dabei den Umgang mit anderen dar und fällt unter die sozialen Kompetenzen. Die Fähigkeit zur Stressbewältigung umfasst eine Kompetenz des Selbstmanagements.

Die Fachkompetenz umfasst das Regelwissen und die Fähigkeit, dieses anzuwenden. Es bleiben zwei Persönlichkeitsmerkmale: „emotionale Stabilität“, die hilft, die Ruhe zu bewahren (und sich gar nicht erst stressen zu lassen) und die „Gewissenhaftigkeit“, mit der ein Leistungsstreben und Pflichtbewusstsein verbunden ist.

In diesem Kapitel beleuchte ich daher den Begriff der „Persönlichkeit" aus unterschiedlichen Perspektiven. Dies mag vielleicht anfangs etwas verwirrend sein, weil es nicht das eine Modell gibt, mit dem sich Persönlichkeit griffig beschreiben lässt. Doch um dem komplexen Gegenstand der menschlichen Persönlichkeit im Allgemeinen und der von Schiedsrichtern gerecht zu werden, bedarf es verschiedener Brillen.

Diese verschiedenen Brillen helfen, unterschiedliche Akzente herauszuarbeiten. Hierbei greife ich auf unterschiedliche psychologische Modelle und Forschungsbefunde zurück und setze sie in Bezug zur Praxis in der Spielleitung.

Eine Ordnungsstruktur von Personenmerkmalen unterscheidet einerseits zwischen strukturellen und funktionalen Komponenten und andererseits den Grad der Stabilität bzw. Veränderbarkeit (Livingston et al., 2020, siehe Tab. 5.1).

Strukturelle Komponenten betreffen beispielsweise die Körperkonstitution wie die Größe, die sich im Laufe der Schiedsrichterkarriere nur wenig verändert, die Muskelmasse, die aufgebaut werden kann, sowie den Hormonspiegel, der variieren kann.

Funktionale Komponenten betreffen zeitlich über Jahre stabile Persönlichkeitseigenschaften (z. B. Extraversion), mentale Eigenschaften, die formbar sind (z. B. Selbstvertrauen) und mentale Zustände, die von sich aus variieren (z. B. Stimmung).

Das Zusammenspiel aus diesen Komponenten beeinflusst die Leistung von Sportlern im Allgemeinen und die Leistung von Schiedsrichtern sowie ihr Auftreten und Verhalten auf dem Platz und gegenüber Spielern und Offiziellen. Ihre Gesamtheit wirkt sich auf das, was wir Schiedsrichter Persönlichkeit nennen, aus.

Die stabilen Komponenten sind dabei Voraussetzungen und lassen sich nur schlecht oder gar nicht anpassen. Gleichzeitig nehmen sie Einfluss. Die Körpergröße ist beispielsweise mit Autorität assoziiert. Schiedsrichter sind beispielsweise oft größer als Schiedsrichterassistenten und größere Schiedsrichter pfeifen weniger Foulspiele (Stulp, Buunk, Verhulst & Pollet, 2012). Auch zeigen größere Schiedsrichter in der Premier League weniger Karten (McCarrick, Brewer, Lyons, Pollet & Neave, 2020).

Wenn ein Schiedsrichter groß gewachsen ist, verfügt er offenbar über eine natürliche Autorität und kann diese gezielt einsetzen. Kleinere Schiedsrichter müssen sich die Autorität stärker erarbeiten. Die Körpermasse ist formbar und der Schiedsrichter kann durch entsprechendes Training dafür sorgen, dass er eine bessere Figur macht. Während einige Schiedsrichter zu viel Körpergewicht mit sich herumschleppen, wirken andere – vor allem junge Schiedsrichter – aufgrund ihrer schmalen Figur schneller zaghaft. Es gibt zudem strukturelle, biologische Komponenten wie Dehydration, die Leistungseinbußen auch bei Schiedsrichtern mit sich bringen kann (Houssein et al., 2016).

Tab. 5.1: Struktur von Personenmerkmalen

	Veränderbarkeit		
	Niedrig (stabiles Merkmal)	Mittel (formbares Merkmal)	Hoch (sich stets veränderndes Merkmal)
Strukturelle Komponente	Körpergröße	Muskelmasse	Dehydration
Funktionale Komponente	Persönlichkeitsmerkmale, z. B. Extraversion	Mentale Eigenschaften, z. B. Selbstvertrauen	Mentale Zustände, z. B. Stimmung, Emotionen

Im Folgenden möchte ich die funktionalen Komponenten näher beleuchten. Hier liefert die Psychologie ebenfalls mehrere Anhaltspunkte.

5.1 Persönlichkeitsmodell und -unterschiede

Der Begriff „Persönlichkeit" hat im Schiedsrichterwesen eine andere Bedeutung als in der wissenschaftlichen Psychologie. In der Psychologie beschreibt der Begriff „Persönlichkeit" – ohne dies als positiv oder negativ zu bewerten – Eigenschaften von Menschen, die zeitlich stabil sind. Die Persönlichkeit ändert sich in der Regel nicht von heute auf morgen. Aus einer Bulldoge wird kein Pudel werden.

Dem gegenüber steht die verbreitete Annahme, dass das Schiedsrichterwesen zur Persönlichkeitsentwicklung beiträgt. Dies trifft zum Teil auch zu, betrifft aber nur begrenzt Persönlichkeitsmerkmale im engeren Sinne.

5.1.1 Faktorenmodell der Persönlichkeit – die Big Five

Wenn wir fremden Menschen begegnen, versuchen wir, uns schnell ein Bild von den Menschen zu machen.

- Kann ich dem Menschen trauen?
- Ist er zuverlässig?
- Ist er gesellig?
- Ist er offen oder eher verschlossen?

Solche Fragen beantworten wir zum Teil sehr schnell. Die menschliche Sprache hat viele Wörter hervorgebracht, mit denen wir Eigenschaften von Personen beschreiben. Adjektive wie stark, mutig, entschlossen, durchsetzungsstark, vertrauensvoll, neugierig, selbstsicher, nervös, aggressiv, unruhig usw. charakterisieren Menschen.

Vor fast einem Jahrhundert kamen Psychologen auf die Idee, diese „Weisheit der Sprache" zu nutzen (John, Angleitner & Ostendorf, 1988). Sie fanden zunächst in Wörterbüchern tausende Eigenschaftsbegriffe und begannen, diese auf Kernmerkmale zu reduzieren. Dazu bedienten sie sich statistischer Verfahren, die Ähnlichkeiten und Unterschiede zwischen mehreren Adjektiven bei der

Beschreibung von Personen fanden. Das Ergebnis ist ein Modell mit fünf Faktoren der Persönlichkeit, anhand dessen sich Menschen beschreiben lassen. Diese fünf Faktoren werden auch als Big Five bezeichnet (Goldberg, 1990).

Infobox 5.1: Die Big Five der Persönlichkeit

Die Big Five umfassen fünf Persönlichkeitsfaktoren (vgl. Costa & McCrae, 1992):

- **Extraversion** umfasst Eigenschaften wie Geselligkeit, Aktivität, Fröhlichkeit, Erlebnishunger und Durchsetzungsfähigkeit. Der Gegenpol wird auch als Introversion bezeichnet.
- **Neurotizismus** umfasst Eigenschaften wie Ängstlichkeit, Gereiztheit, Impulsivität oder Verletzlichkeit. Der Gegenpol wird auch als emotionale Stabilität bezeichnet.
- **Offenheit** für neue Erfahrungen umfasst die Offenheit für Fantasie, Gefühle, Handlungen, Ideen und die Offenheit gegenüber Wertsystemen, Normen und Regeln.
- **Gewissenhaftigkeit** umfasst Eigenschaften wie Leistungsstreben, Ordnungsliebe, Pflichtbewusstsein, Selbstdisziplin und Gründlichkeit.
- **Verträglichkeit** umfasst Eigenschaften wie Gutherzigkeit, Altruismus, Bescheidenheit und Vertrauenswürdigkeit.

Du wirst dich hinsichtlich der Faktoren der Persönlichkeit von anderen Menschen unterscheiden. Jeder der fünf Faktoren kann unterschiedliche Ausprägungen annehmen. Die Faktoren können sehr niedrig, eher niedrig, durchschnittlich, eher hoch oder sehr hoch ausgeprägt sein. Dies ergibt dann bei fünf Faktoren mit fünf Abstufungen allein 3.125 Kombinationsmöglichkeiten, die der Komplexität menschlicher Persönlichkeit Rechnung tragen.

Die Big Five sind Merkmale, die eine hohe Stabilität aufweisen (Cobb-Clark & Schurer, 2012; Rantanen, Metsäpelto, Feldt, Pulkkinen & Kokko, 2007). Sie lassen sich also nicht ohne Weiteres ändern. Ähnlich wie die Körpergröße und -statur sind sie Ausgangsbedingungen für die Leistung.

Die einzelnen Persönlichkeitsmerkmale können in gewissen Situationen Vor- und Nachteile mit sich bringen. Wer beispielsweise eher introvertiert ist, dem fällt es gelegentlich schwerer, aus sich herauszukommen. Der Kontaktaufbau zu Spielern erfordert für einen introvertierten Menschen möglicherweise mehr Energie als bei jemanden, der eine hohe Extraversion aufweist, also gesellig ist. Der introvertierte Schiedsrichter kann durch Training und geeignete Methoden jedoch auch die Nachteile ausgleichen.

Eine hohe Extraversion ist hingegen auch nicht immer förderlich. Ein Schiedsrichter, der gesellig ist und viel redet, kann sich sprichwörtlich auch um Kopf und Kragen reden. Eine Persönlichkeitsentwicklung kann nun dadurch erfolgen, die eigene Persönlichkeitsstruktur zu erkennen, die Vorteile anzuerkennen und mögliche Nachteile zu kompensieren. Es geht um das richtige Maß in bestimmten Situationen.

5.1.2 Persönlichkeitsunterschiede zwischen Spielklassen

Insbesondere für Schiedsrichterausschüsse, die Entscheidungen über Aufstiege treffen und Kaderplätze vergeben müssen, ist es eine interessante Frage, welche Eigenschaften für die Schiedsrichtertätigkeit besonders förderlich sind. Hier ist es nahe liegend, Schiedsrichter unterschiedlicher Spielklassen miteinander zu vergleichen. Konkret geht es dann um die Frage: Inwieweit unterscheiden sich höherklassige von unterklassigen Schiedsrichtern?

Vielleicht hast du auch bereits eine Vermutung, welche Persönlichkeitsmerkmale bei Schiedsrichtern in höheren Spielklassen stärker ausgeprägt sind als bei Schiedsrichtern im Amateurbereich. Nimm dir kurz eine Minute Zeit und überlege einmal, welche Eigenschaften bei höherklassigen Schiedsrichtern wohl stärker ausgeprägt sind.

Eine Befragung von Schiedsrichtern unterschiedlicher Spielklassen in Deutschland zeigt systematische Unterschiede zwischen höherklassigen Schiedsrichtern (Regionalliga und höher), mittelklassigen Schiedsrichtern (Landes-, Verbands- und Oberliga) sowie unterklassigen Schiedsrichtern (Kreis- und Bezirksliga) auf (Erdmann, 2016). Zentrale Ergebnisse sind:

- Höherklassige Schiedsrichter zeigen ein höheres Engagement und höhere Disziplin (Persönlichkeitsmerkmal: Gewissenhaftigkeit) als mittel- und unterklassige Schiedsrichter.
- Höher- und mittelklassige Schiedsrichter beschreiben sich als dominanter (Extraversion) und kooperativer (Verträglichkeit) als unterklassige Schiedsrichter.
- Bei der emotionalen Stabilität unterscheiden sich Schiedsrichter in den unterschiedlichen Spielklassen nicht.

Wahrscheinlich hattest du mit deinen Vermutungen recht, vielleicht bist du auch überrascht. Die Befunde sind plausibel: Höherklassige Schiedsrichter müssen mehr Zeit in die Spielvorbereitung und -nachbereitung investieren. Entsprechend sollten sich einerseits Schiedsrichter, die dafür persönliche Voraussetzungen mitbringen und dies gewissenhaft mit Engagement und Disziplin tun, auch für höherklassige Spiele empfehlen.

Andererseits dürfte Schiedsrichtern ab einer bestimmten Ebene keine Wahl mehr bleiben, als mit Engagement und Disziplin auf die gewachsenen Anforderungen zu reagieren –, wem dies nicht gelingt, der wird die Klasse kaum halten können und verschwindet wieder in unteren Ligen oder gar ganz vom Bildschirm.

Andere Anforderungen, z. B. an ein dominantes, d. h. durchsetzungsstarkes und konfliktbereites Auftreten oder eine Kooperation, z. B. im Team, scheinen bereits früher eine Rolle zu spielen. Deshalb unterscheiden sich hier die höher- und mittelklassigen Schiedsrichter nicht untereinander, aber von den unterklassigen Schiedsrichtern, die oft noch ohne Gespann unterwegs sind.

Überraschend ist auf den ersten Blick vielleicht, dass es keine Unterschiede hinsichtlich der emotionalen Stabilität gibt. Die emotionale Stabilität, die für den Umgang mit Drucksituationen erforderlich ist, dürfte jedoch in allen Klassen eine Rolle spielen. Plakativ gesprochen: Sie ist quasi Grundvoraussetzung für die Schiedsrichtertätigkeit – einerlei, ob in der Champions League oder in der Kreisklasse.

Die emotionale Stabilität ist jedoch nicht mit dem Selbstvertrauen zu verwechseln. Hier gibt es Unterschiede. Eine weitere Studie aus England verglich die Selbsteinschätzungen von Profischiedsrichtern in England mit Amateurschiedsrichtern. Die Profischiedsrichter zeigten ein stärkeres Vertrauen in ihre Fähigkeiten, sehen ihr eigenes Handeln als wirkungsvoller und beschrieben sich als durchsetzungsfähiger – Merkmale der Gewissenhaftigkeit und Extraversion (McCarrick, Wolfson & Neave, 2019).

Profischiedsrichter sehen die Verantwortung für das Handeln und damit für Erfolg und Misserfolg eher bei sich als bei anderen. Auch weisen die Profischiedsrichter eine höhere mentale Stärke in der Studie auf. Mentale Stärke umfasst Aspekte der Selbstkontrolle, des Selbstvertrauens, der Annahme von Herausforderungen und der Beharrlichkeit, mit der Ziele trotz Widerständen verfolgt werden.

(…)

Exkurs 5.2: Mentale Stärke

Mentale Stärke lässt sich anhand von vier Cs beschreiben:

1. **Commitment** – damit ist die langfristige Bindung an ein Ziel gemeint.
2. **Challenge** – die Tendenz, Situationen eher als Herausforderung zu sehen und weniger als Bedrohung.
3. **Control** – Kontrolle über eigene Gefühle und
4. **Confidence** – das Vertrauen in die eigenen Fähigkeiten (vgl. Clough, Earle & Sewell, 2002).

Eine Interviewstudie mit englischen Profischiedsrichtern zeigt die Bedeutung von mentaler Stärke für Schiedsrichter im Elitebereich auf (Slack, Butt, Maynard & Olusoga, 2014). Mentale Stärke zeigt sich im Umgang mit Drucksituationen, äußert sich in einem robusten Selbstvertrauen und Widerstandsfähigkeit bei Rückschlägen sowie in einem hohen Leistungsstreben, gepaart mit der Bereitschaft, für den Erfolg hart an sich zu arbeiten.

Konkret äußert sich dies auf dem Platz z. B.

- indem man einen ruhigen Eindruck hinterlässt;
- durch eine klare Körpersprache und Blickkontakt mit Spielern hat;
- indem sich der Schiedsrichter bewusst als Barriere zwischen Spieler stellt.

Nach dem Spiel äußert sich die mentale Stärke z. B., indem er

- Entwicklungsmöglichkeiten erkennt;
- Feedback annimmt.

Abseits des Platzes äußert sich die mentale Stärke z. B. durch

- das Beibehalten anspruchsvoller Ziele;
- hartes Training;
- die Nutzung von verfügbaren Ressourcen und Informationsquellen.

Eine weitere Interviewstudie mit UEFA-Schiedsrichtern unterstreicht die Bedeutung der Merkmale für Elite-Schiedsrichter (Schnyder & Hossner, 2016). Insbesondere zeigt sich die mentale Stärke nicht nur auf dem Platz, sondern auch abseits des Platzes in hartem Training.

Übung 5.1: Mentale Stärke beobachten

Schaue dir Fußballspiele an. Dies können Spiele im Profifußball sein oder Spiele in Amateurklassen. Beobachte nun das Verhalten des Schiedsrichters.

- Durch welche Verhaltensweisen signalisiert der Schiedsrichter Selbstvertrauen?
- Durch welche Verhaltensweisen wirkt der Schiedsrichter emotional cool?
- Durch welche Verhaltensweisen zeigt der Schiedsrichter eine hohe Anspruchshaltung an seine Leistung?

Was lassen sich für Schlussfolgerungen ziehen? Es gibt Hinweise, dass Spitzenschiedsrichter sich in Persönlichkeitsmerkmalen im Mittel von mittel- und unterklassigen Schiedsrichtern unterscheiden. Der einzelne Schiedsrichter kann sich vor dem Hintergrund der Ergebnisse hinterfragen, ob er die notwendigen Voraussetzungen im Hinblick auf Disziplin und Engagement mitbringt, um ganz oben mit zu pfeifen und sollte bei Bedarf seine Karriereziele anpassen.

Während einige der genannten Persönlichkeitsmerkmale als Voraussetzung mitgebracht werden müssen, können andere entwickelt werden. Das Engagement ist nicht nur von den persönlichen Voraussetzungen abhängig, sondern auch von den Anreizen, die die Spielklasse und die Spielleitungen mit sich bringen. Es gibt genügend Schiedsrichter, bei denen erst nach ein paar Jahren der Ehrgeiz geweckt wurde – zumeist durch ein Schlüsselerlebnis, wie den Aufstieg in eine höhere Spielklasse.

Auch Einstellungen lassen sich ändern. Eine große Anzahl an Schiedsrichtern sucht anfangs – wenn es das erste Mal Beobachtungen gibt – bei schlechten Beobachtungsnoten vor allem die Schuld bei anderen. Mal war es der Beobachter, dann die Assistenten, dann wieder der Beobachter, der einem eine bessere Note „versaute". Seltener wird dann jedoch der eigene Anteil an der Note anerkannt und schnell die Verantwortung vollständig abgeschoben.

Vielen Schiedsrichtern – vielleicht auch dir – ist hier ein Einstellungswechsel gelungen. Sie haben erkannt, dass dieses Verhalten einen nicht weiterbringt. Einige verharren aber in der bequemen Haltung, dass der Misserfolg nur auf die Unfähigkeit des Beobachters oder der Assistenten zurückzuführen ist.

Entwickeln können sich auch Kompetenzen. Mentale Stärke ist kein unveränderliches Persönlichkeitsmerkmal, sondern eine Kompetenz. Auch wenn gewisse Persönlichkeitsmerkmale (z. B. hohe Gewissenhaftigkeit, hohe emotionale Stabilität, hohe Extraversion, hohe Verträglichkeit) die Entwicklung mentaler Stärke begünstigen können (Yankov, Davenport & Sherman, 2019), lässt sie sich für Schiedsrichter beispielsweise durch Trainingsprogramme fördern, indem Videos analysiert, das eigene Verhalten reflektiert wird und Verhaltensweisen optimiert werden (Slack, Maynard, Butt & Olusoga, 2015). Auch durch eigene Spielleitungen wird sich bei einigen Schiedsrichtern die mentale Stärke entwickeln. Hier beginnt die Persönlichkeitsentwicklung.

5.1.3 Kompetenzen für die Spielleitung

In den vorherigen Abschnitten war nicht nur von Persönlichkeitsmerkmalen die Rede, sondern auch häufig von Fähigkeiten. Schiedsrichter beginnen ihre Ausbildung, indem sie sich Regelwissen aneignen. Das Regelwissen ist eine solide Basis. Doch Regelwissen reicht allein nicht aus, um ein kompetenter Spielleiter zu werden. Kompetenz ist mehr als bloßes Wissen.

Es gibt Schiedsrichter, die können das Regelwerk im Detail erläutern, sie können das Regelwerk jedoch nicht besonders gut anwenden. Dass es nach einem rücksichtslosen Foulspiel eine Verwarnung gibt, kann man wissen. Doch auf dem Platz muss man das rücksichtslose Foulspiel auch erkennen und die Entscheidung nach außen kommunizieren.

Dies ist Regelanwendung und Regelauslegung, die kompetentes Urteilen und Entscheiden erfordert. Statt Regelwissen geht es um die Spielleitungskompetenz, die das Regelwissen jedoch einschließt. Doch was ist Kompetenz?

Kompetenz ist das Zusammenspiel aus Fähigkeiten, Einstellungen und Wissensbeständen, die einen Schiedsrichter oder ein Schiedsrichterteam bei der Bewältigung praktischer Aufgaben handlungs- und reaktionsfähig machen. Sie zeigen sich in der erfolgreichen Bewältigung sowohl vertrauter als auch neuartiger Anforderungen (vgl. Kauffeld & Paulsen, 2018).

Spielleitungskompetenz befähigt also zu einer souveränen Spielleitung, indem die Aufgaben auf dem Platz und rund um die Spielleitung gemeistert werden. Wie eingangs dargestellt, zählt hier neben der Regelanwendung auch Kommunikationsfähigkeit und Konfliktlösekompetenz dazu. Auch geht es um Handlungs- und Reaktionsgeschwindigkeit, die im Fußball von Bedeutung ist.

Diese Kompetenzen dienen dazu, dass der Schiedsrichter seinem Auftrag – den Spielregeln Geltung zu verschaffen – nachkommt. Die Fachkompetenz steht dabei im Zentrum. Durch vorhandene überfachliche Kompetenzen gelingt es einer Spielleitung, diese Fachkompetenz auf den Platz zu bringen. Wer nicht mit Spielern sprechen kann, verliert die Akzeptanz. Selbst wenn der Schiedsrichter dann eine hohe Fachkompetenz hat, wird er dennoch kaum eine souveräne Spielleitung hinlegen.

Kompetenzen sind eng mit der Leistung verbunden. Kompetenzen sind Voraussetzung für eine erfolgreiche Spielleitung und zeigen sich in dieser. Es gibt verschiedene Modelle der Schiedsrichterleistung, die ich kurz skizzieren will. Diese beschreiben verschiedene Dimensionen, die im Ergebnis zu einer sehr guten Schiedsrichterleistung führen.

Infobox 5.2: Refficacy – Komponenten der Schiedsrichterleistung

Ein Modell, welches auf der einen Seite auf grundlegenden psychologischen Mechanismen aufbaut und auf der anderen Seite Aspekte einer Spielleitung berücksichtigt, ist das Refficacy-Modell (Guillén & Feltz, 2011).

Ausgangspunkt ist die Selbstwirksamkeit, im Englischen als efficacy bezeichnet, die umgangssprachlich nah am Selbstvertrauen liegt. Menschen mit hoher Selbstwirksamkeit haben ein hohes Selbstvertrauen in ihre Fähigkeiten und erleben sich als wirksam, bestimmte Handlungen herbeizuführen. Aufgrund von Workshops und Befragungen wurde ein Modell entwickelt, welches Kerndimensionen der Schiedsrichterleistung darstellt. Hierzu zählen:

- physische Fitness, z. B. Kraft- und Ausdauer;
- Spiel- und Regelwissen, auch Kenntnisse der Spielweisen;
- Urteilen und Entscheiden, z. B. Entscheidungsqualität und -schnelligkeit;
- psychologische Skills, z. B. Aufmerksamkeitsfokussierung, Stressbewältigung und Selbstvertrauen;
- strategische und technische Skills, z. B. Stellungsspiel und Antizipation des Spielgeschehens;
- Kommunikation und Spielkontrolle, z. B. effektive Kommunikation mit Spielern und Offiziellen sowie Konfliktmanagement.

Ein weiteres Modell ist das Cornerstone-Modell der Schiedsrichterleistung (Mascarenhas et al., 2005). Dieses bildet, bildlich gesprochen, einen Grundpfeiler der Leistung. Es umfasst vier Basisdimensionen: Regelwissen, körperliche Fitness und Stellungsspiel, Persönlichkeit und Game Management sowie kontextuelle Entscheidungen.

Infobox 5.3: Cornerstone-Modell der Schiedsrichterleistung

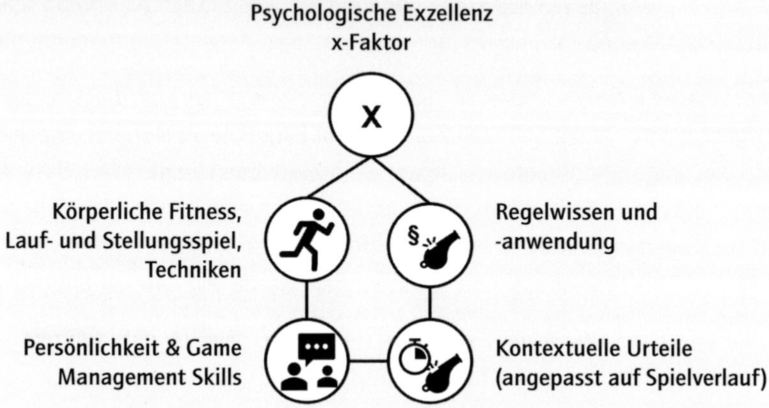

Abb. 5.1: Das Cornerstone-Modell (modifiziert nach Mascarenhas et al., 2005)

Das Modell (modifiziert nach Mascarenhas et al., 2005) ist in Abb. 5.1 dargestellt. Es umfasst folgende Aspekte:

Regelwissen und -anwendung: Diese Dimension umfasst die Theorie und Praxis des Regelwerks.

Körperliche Fitness, Stellungsspiel und Handwerkszeug: Diese Dimension umfasst u. a. Ausdauer, Schnelligkeit sowie die Fähigkeit, Laufwege zu wählen.

Persönlichkeit und Game Management: Diese Dimension umfasst neben Eigenschaften des Schiedsrichters vor allem die Außenwirkung und den Umgang mit Spielern und Offiziellen. Persönlichkeit zeigt sich hier insbesondere in der Kommunikation.

Kontextuelles Urteilen und Entscheiden: Diese Dimension umfasst das Erfassen des Spielcharakters und das Berücksichtigen von dessen Dynamik für die Entscheidungsfindung.

Als weitere Dimension kommt die **psychologische Exzellenz** hinzu, diese umfasst Selbstvertrauen und mentale Stärke.

Das Cornerstone-Modell und das Refficacy-Modell weisen erhebliche Überlappungen auf. Die beiden Modelle geben eine grobe Orientierung, welche Dimensionen für die Leistung von Schiedsrichtern relevant sind und zur Spielleitungskompetenz beitragen.

Einerseits zeigen sie auf, dass es nicht nur eine Kompetenz ist, die zum Erfolg beiträgt, sondern mehrere Kompetenzen und deren Zusammenspiel entscheidend ist. Andererseits beschränken sich die Modelle auf eine grobe Beschreibung dieser Dimensionen.

Du wirst in jeder der genannten Dimensionen eine Vielzahl an Anknüpfungspunkten finden, um deine eigene Leistung auf dem Platz zu verbessern. Zu vielen Leistungsdimensionen findest du in diesem Buch auch Anregungen. Diese können dir helfen, dich zu reflektieren und Ausgangspunkt für ein Lernen in der Praxis sein. So kannst du deine Kompetenzen abrufen.

Deine tatsächliche Leistung auf dem Platz ist jedoch nicht nur von den Kompetenzen abhängig. Leistung kann mit der Formel:

Leistung = Können X Wollen X Gelegenheiten

übersetzt werden (Blumberg & Pringle, 1982).

Ist einer der Faktoren in der Gleichung null, dann ist die Leistung auch gleich null. Als Schiedsrichter wirst du die Erfahrung gemacht haben, dass du, trotz hoher Motivation und Kompetenz, deine Leistung nicht voll abrufen konntest, weil im Spiel die Gelegenheiten fehlten, um sich auszuzeichnen. Es ist allerdings wiederum eine Kompetenz, sich bietende Gelegenheiten auch zu erkennen und zu nutzen.

Neben der Spielleitungskompetenz benötigt der Schiedsrichter auch weitere Kompetenzen, die für Aufstiege in höhere Spielklassen erforderlich sind. Schiedsrichter machen in Lehrgängen auf sich aufmerksam und vermitteln auch gegenüber Funktionären einen Eindruck ihrer Leistungspotenziale.

Eine wichtige Kompetenz hierbei ist die Selbstkompetenz (Paulsen & Kauffeld, 2019). Eine hohe Selbstkompetenz geht mit einer Reflexionsbereitschaft und -fähigkeit einher, hilft, sich realistische Ziele zu setzen und organisatorische Aufgaben souverän abzuwickeln. Es gibt einige Schiedsrichter, die bombastisch pfeifen, und die im Umgang mit Spielaufträgen und Lehrgängen desorganisiert auftreten. Obgleich es sich im engeren Sinne um sehr gute Schiedsrichter handeln kann, werden diese Schiedsrichter kaum höherklassig zum Einsatz kommen können, da sie für die Schiedsrichterausschüsse zu unzuverlässig sind.

An vielen Stellen wurde schon deutlich, dass Persönlichkeit eng mit der Kommunikation mit Spielern und Offiziellen verknüpft ist. Im folgenden Abschnitt möchte ich dies näher beleuchten.

5.1.4 Persönlichkeit im Spiegel der Kommunikation mit Spielern und Offiziellen

Der Schiedsrichter auf dem Fußballplatz erzeugt durch sein Verhalten gegenüber Spielern und Offiziellen einen Eindruck von seiner Persönlichkeit.

Ein passendes Modell zur Beschreibung von Persönlichkeit im Kontext von Interaktionen, also kommunikativen Situationen, ist das interpersonelle Circumplexmodell (Wiggins & Broughton, 1991).

Diesem Modell liegen zwei Dimensionen zugrunde, auf der Menschen in Interaktionen beschrieben werden können. Die erste Dimension wird als „Dominanz" bezeichnet. Eine Person kann mehr oder weniger bestimmt und entschlossen auftreten. Eine Person kann jedoch auch sehr zögerlich agieren und dem anderen die Führung überlassen.

Die Annahme ist, dass dominantes Verhalten einer Person in der Regel zu einem weniger dominanten Verhalten der anderen Person führt. Wenn der eine bestimmt, folgt der andere. Die Kommunikation ist hier also in der Regel komplementär.

Natürlich kann es auch ein Gerangel geben. Dies ist beispielsweise der Fall, wenn zwei „Alphatiere" aneinandergeraten.

Eine weitere Dimension ist die Freundlichkeit oder zwischenmenschliche Wärme. Menschen wirken auf andere freundlich oder unfreundlich, warm oder kalt. In der Regel führt freundliches Verhalten zu freundlichem Verhalten und unfreundliches zu unfreundlichem Verhalten. Die Kommunikation ist hier also symmetrisch.

Aus den beiden Dimensionen ergibt sich ein Kreis mit verschiedenen Kombinationsmöglichkeiten, in denen das Verhalten einer Person verortet werden kann:

1. sicher-entschlossen (ausgeprägte Dominanz, aber weder freundlich noch unfreundlich)
2. freundlich-bestimmt(ausgeprägte Dominanz und hohe Freundlichkeit)
3. freundlich (dabei weder dominant noch unsicher)
4. bescheiden (geringe Dominanz und ausgeprägte Freundlichkeit)
5. unsicher-zaghaft (geringe Dominanz, aber weder freundlich noch unfreundlich)
6. unnahbar (geringe Dominanz und geringe Freundlichkeit)
7. unfreundlich (dabei weder dominant noch unsicher)
8. arrogant (hohe Dominanz und geringe Freundlichkeit)

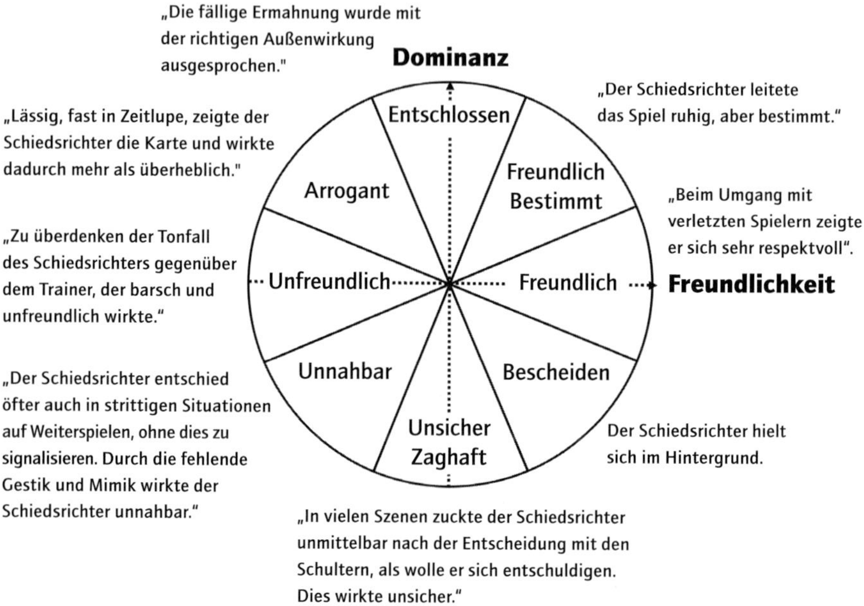

Abb. 5.2: Circumplexmodell (mod. nach Wiggins & Broughton, 1991)

In einem Fußballspiel hinterlässt der Schiedsrichter über die Dauer eines Spiels – insbesondere in der Interaktion mit Spielern und Offiziellen – einen Eindruck, der sich gut mit dem Circumplexmodell beschreiben lässt (Abb. 5.2).

Positiv von Beobachtern wird oft hervorgehoben, wenn der Schiedsrichter freundlich, aber bestimmt auftritt – also hohe Ausprägungen in der Dimension „Dominanz" und „Freundlichkeit" hat. Spieler, Offizielle und Zuschauer erleben Schiedsrichter – gerade dann, wenn es nicht so gut läuft – schnell als unfreundlich und in der Folge als arrogant.

Grundsätzlich wird vom Schiedsrichter ein freundlich-bestimmtes Auftreten erwartet. Das heißt, über verschiedene Situationen hinweg, sollte das Verhalten sich immer wieder so beschreiben lassen. Doch auch andere Verhaltensweisen haben ihre Berechtigung. Manchmal muss sich der Schiedsrichter zurücknehmen und weniger bestimmt auftreten.

Agiert er in jeder Situation sehr bestimmt, dann kann dies zu Konflikten führen. Je nach Situation kann ein freundlich gemeintes Auftreten auch ironisch wirken. Beispielsweise ist es bei besonders unpopulären Entscheidungen schwierig, freundlich rüberzukommen.

Dies führt dazu, dass jede Verhaltensweise ihre Berechtigung und auch die Verhaltensweisen, die grundsätzlich eher dysfunktional sind, in bestimmten Ausnahmesituationen angemessen sein können.

Vielleicht fragst du dich gerade, was das Modell für dich und dein Auftreten auf dem Sportplatz bedeutet. Hier sehe ich mehrere konkrete praktische Empfehlungen:

1. Da man nicht nicht kommunizieren kann, braucht es wie bei einer Software eine Art Voreinstellung, die ausgewählt ist und dann angepasst werden kann. Die Voreinstellung sollte freundlich-bestimmt sein.

2. In vielen Situationen bist du gut beraten, es zunächst freundlich und bestimmt zu probieren. Gerade bei Konflikten vor Spielbeginn (z. B. unterschiedliche Trikotfarben) kann es sein, dass ein Schiedsrichter genervt rüberkommt und die Stimmung schon vor dem Spiel kippt.

3. Du kannst das Modell nutzen, um festzustellen, mit welchem Stil du dich besonders wohlfühlst. Auch wenn der freundlich-bestimmte Stil eine Art Voreinstellung darstellt, kann es gut sein, dass du besser mit einem sicheren, entschlossenen Auftreten fährst.

4. Das Modell kann dir helfen, dein Verhalten zu reflektieren, insbesondere dann, wenn Videomaterial von der Spielleitung vorhanden ist. Du kannst konkrete Situationen dahin gehend beurteilen, wie du aufgetreten bist und zu welcher Reaktion dies bei den Beteiligten geführt hat. Hier steht dann die Wirkung und Akzeptanz bei den Spielern im Vordergrund.

5. Du kannst das Modell als Ausgangspunkt der „Persönlichkeitsentwicklung" nutzen und dir verschiedene Stile aneignen, die du passend in Spielsituationen einsetzen kannst. Hier liegt die Persönlichkeitsentwicklung in einer Variabilität von Auftreten und Verhalten.

Übung 5.2: Stilvielfalt entwickeln

Stelle dich einmal vor einen Spiegel und versuche, Ermahnungen und Ansprachen durch eine Gestik zu untermalen. Versuche dabei unterschiedliche interpersonale Stile. Variiere dabei den Grad an Freundlichkeit und den Grad an Dominanz.

- Wie wirken die Unterschiede auf dich?
- Welcher Stil gefällt dir am besten?

Übung 5.3: Stile beobachten

Wenn du Videoszenen von deinen Spielen hast, schaue dir einmal Ausschnitte an, in denen du mit Spielern sprichst oder eine Karte aussprichst.

- Wie lässt sich dein Verhalten anhand des Circumplexmodells beschreiben?
- Beurteile im zweiten Schritt, ob das Verhalten angemessen ist oder du die gewünschte Wirkung erzielst.
- Hole dir auch einmal eine Meinung eines Außenstehenden ein. Schaue dir auch andere Schiedsrichter an.
- Wie dominant und wie freundlich wirken sie auf dich?

Wenn du keine Szenen von dir hast, suche dir Szenen von anderen Schiedsrichtern – möglichst von Schiedsrichtern deiner Spielklasse, deines Alters und deiner Statur –, um dir von diesen etwas abzuschauen (oder abzuschauen, was du nicht machen willst).

5.2 Persönlichkeits- und Kompetenzentwicklung

In den vorangegangenen Abschnitten wurde die Persönlichkeit aus mehreren Perspektiven beleuchtet. Es gab an vielen Stellen auch Hinweise zur Persönlichkeitsentwicklung. Viele Persönlichkeitsmerkmale – umgangssprachlich auch als Charaktermerkmale bezeichnet – verändern sich vielleicht noch in jungen Jahren. Was jedoch leichter formbar und veränderbar ist, sind Einstellungen und Verhaltensweisen. Auch Kompetenzen lassen sich entwickeln.

Ein Grundprinzip der Entwicklung von Einstellungen und Verhaltensweisen besteht darin, dass ein Vertrauen in die eigenen Fähigkeiten über die Zielsetzung zu Lernerfahrungen führt. Wer sich viel zutraut, setzt sich höhere Ziele und ermöglicht sich auch mehr Erfolgserlebnisse. Dies führt zu einem sich verstärkenden System mit Rückkopplungsschleifen.

Wenn du ein schwieriges Spiel gemeistert hast, wird das Vertrauen in deine Kompetenz gestärkt und du kannst diese schrittweise ausbauen. Persönlichkeitsentwicklung erfolgt ansonsten eher in kleinen Schritten durch den Ausbau von Kompetenzen. Kompetenzentwicklung geschieht vor allem durch Spielleitungen und Erfahrungen, setzt jedoch auch eine Auseinandersetzung mit diesen Erfahrungen voraus.

5.2.1 Acht Komponenten des Lernens in der Praxis

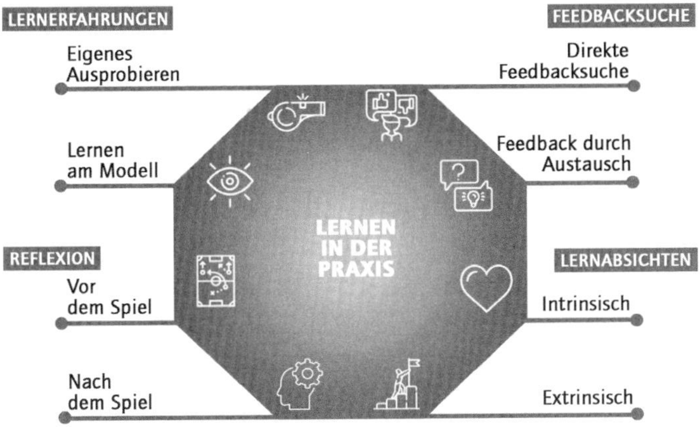

Abb. 5.3: Lernen in der Praxis

Acht wesentliche Komponenten des Lernens in der Praxis (Decius, Schaper & Seifert, 2019) werden im Oktagonmodell des informellen Lernens (Abb. 5.3) beschrieben und lassen sich auch bei Schiedsrichtern finden (Paulsen & Decius, 2020).

Lernerfahrungen: Zentral sind Lernerfahrungen. Dies können eigene Lernhandlungen sein. Das nennen wir *Lernen durch Ausprobieren.* Du kannst beispielsweise bewusst im Spiel eigene Ideen ausprobieren und z. B. bei der Ansprache der Spieler neue Gestiken einsetzen. Du kannst auch gezielt die Linie variieren, um zu schauen, ob du damit besser zurechtkommst.

Alternativ könntest du sogenannte *stellvertretende Lernerfahrungen* sammeln, indem du dir etwas bei anderen Schiedsrichtern abschaust. Das wird *Lernen am Modell* genannt. Klassisches Beispiel dafür sind Jungschiedsrichter, die sich als Assistenten etwas bei anderen, zumeist erfahrenen Schiedsrichtern abschauen, um es dann bei eigenen Spielen anzuwenden. Wichtig ist beim Modellernen, dass nicht „blind" ein Stil kopiert wird, der nicht zu einem passt.

Feedback: Feedback erhältst du (z. B. durch Beobachtungen, Rückmeldungen von Spielern und Zuschauern) oder du suchst es aktiv auf. Letzteres kann direkt oder indirekt erfolgen. *Direkte Feedbacksuche* ist eine Art des Lernens in der Praxis. Das ist dann der Fall, wenn du gezielt fragst, wie gut deine Spielleitung war. Dies kann bei Beobachtungen vorkommen, wenn du dort direkt Fragen stellst oder aber, wenn eine andere Person dir zuschaut, von der du dir im Anschluss eine Rückmeldung einholen kannst. Assistenten können sich direkt Feedback beim „Gespannführer" einholen.

Eine etwas andere Form erfolgt eher indirekt und zielt auf den Austausch von Erfahrungen ab. Dies nennt sich *indirekte Feedbacksuche* und beschreibt das Lernen durch Erfahrungsaustausch. Viele Schiedsrichter – vermutlich auch du – fragen ihre Kollegen, wie sie mit bestimmten Situationen umgehen. Die Antworten können sie mit der eigenen Vorgehensweise abgleichen und erhalten so ein Feedback, ob das eigene Vorgehen angemessen ist.

Reflexion: Im Anschluss an Spielleitungen wird reflektiert, wie die Spielleitung zu bewerten ist und was noch optimiert werden kann. Das ist die *Reflexion nach dem Spiel*. Doch nach dem Spiel ist bekanntlich vor dem Spiel.

Das ist dann die sogenannte Reflexion vor dem Spiel, um die eigene Spielleitung dem Spiel anzupassen und auf relevante Dinge zu achten. Du kannst z. B. aufgrund vorheriger Erfahrungen bewusst im Vorfeld darüber nachdenken, wie du mit den Spielern kommunizierst.

Lernabsichten: Die Lernbereitschaft ist eine zentrale Voraussetzung für das Lernen und spiegelt sich in Lernabsichten wider. Diese können dabei von innen heraus motiviert sein, d. h., das Lernen kommt aus eigenem Antrieb. Das bezeichnet man als *intrinsische Lernabsichten*. Das Lernen ist dann Selbstzweck und dient dem Schiedsrichter dazu, sich zu verbessern.

Gleichzeitig können Lernabsichten auch von außen motiviert sein, d. h., es gibt äußere Anreize, für die sich das Lernen lohnt. Diese werden *extrinsische Lernabsichten* genannt. Das Lernen ist dann Mittel zum Zweck, um z. B. besser zu sein als andere, andere zu beeindrucken oder um aufzusteigen. Solche Lernabsichten zielen dann beispielsweise auch auf taktisches Verhalten bei Spielen unter Beobachtung ab.

Du kannst das Oktagonmodell nutzen, um zielgerichtet deine Kompetenzen zu entwickeln: Überlege dir vor einem Spiel, was du besser machen willst! Überlege dir, welche Lernerfahrungen du sammeln willst. Reflektiere diese gemachten Erfahrungen und hole Feedback ein!

6 Motivation

Starten wir mit einem kleinen Fallbeispiel: Mark ist seit vier Jahren mit Begeisterung Schiedsrichter. Es war ein Zufall, dass er Schiedsrichter geworden ist. Freunde aus der Mannschaft hatten ihn überredet. Doch als Mark auf dem Platz stand, hat er Gefallen daran gefunden. Er pfiff schnell am Samstag Jugendspiele und war am Sonntag regelmäßig als Assistent im Einsatz. Manchmal sogar bei zwei Spielen an einem Tag. Seit einem Jahr pfeift Mark auch Spiele in der Bezirksliga mit eigenem Gespann.

Mark ist ehrgeizig und gilt als motiviert. Wenn er eine Ansetzung erhält und sieht, dass er selbst ein Spiel in der Bezirksliga pfeift, ist er Feuer und Flamme. Wird er hingegen als Assistent angesetzt, ist Mark nicht so begeistert. Bei Spielen in der Kreisklasse kann er sich sogar nur schwer motivieren. Doch dies ist nur selten der Fall.

Nachdem die ersten beiden Beobachtungen gut verliefen, „fängt" sich Mark aufgrund einer Fehlentscheidung eine schlechte Note ein. Die Saison ist damit gelaufen und Mark ist erst einmal demotiviert.

Dieses Fallbeispiel zeigt verschiedene Komponenten der Motivation. Doch was ist eigentlich Motivation?

Motivation ist eine „aktivierende Ausrichtung des momentanen Lebensvollzuges auf einen positiv bewerteten Zielzustand" (Rheinberg, 2004, S. 15). Der positive Zielzustand kann auch in einer Vermeidung negativer Ereignisse bestehen (z. B. nicht absteigen, nicht durchfallen). Ebenso kann der Zielzustand sich auch auf eine Aktivität beziehen (z. B. eine Spielleitung, Sport treiben, Feiern gehen).

Motivation entsteht im Zusammenspiel von Person und Situation. Das heißt, es gibt Merkmale aufseiten der Person, die zur Motivation beitragen und Merkmale aufseiten der Situation.

6.1 Die Entstehung von Motivation

6.1.1 Person und Situation

Motivation entfaltet sich durch eine Situation. Diese Situation wird jedoch durch unsere subjektive Brille betrachtet. Wenn wir Hunger haben, erleben wir unsere Umgebung ganz anders. Der Geruch von Essen wirkt angenehm und motiviert uns. Sind wir hingegen satt, können wir sogar Ekel empfinden. Dies sind Grundprinzipien menschlicher Motivation.

Darüber hinaus gibt es auch stabile Motivationstendenzen bei Menschen. Es gibt einige Menschen, die sind sehr motiviert und zeigen dies auch unabhängig von den Situationen. Gerade im Schiedsrichterbereich gibt es einige Schiedsrichter, die unzählige Spiele pfeifen. Anders als Mark sind sie motiviert, jedes Spiel zu pfeifen. Oft kommen diese Schiedsrichter auf mehr als 100 Spiele pro Saison. Doch auch die Situation wirkt sich auf die Motivation aus.

Situationen können aber auch besonders stark sein und die meisten Menschen motivieren oder demotivieren. Es gibt Spiele, in denen es so drunter und drüber geht, dass selbst der begeisterte Schiedsrichter die Freude verliert. Umgekehrt finden weltweit Menschen Gefallen am Fußballspielen. Fußball hat offenbar einen gewissen Reiz. Doch nicht alle Menschen sind fußballinteressiert.

Oft geht es aber auch um das Wechselspiel. Einige Menschen werden durch bestimmte Situationen motiviert, während andere von diesen eher demotiviert werden. Wenn ich mit anderen Menschen ins Gespräch komme und erzähle, dass ich Schiedsrichter bin, entgegnen mir einige Menschen, dass dies gar nichts für sie wäre. Die Schiedsrichtertätigkeit bringt gewisse Dinge mit sich, die auf einige Menschen anziehend, auf andere eher abschreckend wirken.

Natürlich machen wir Menschen auch Dinge, die uns nicht gefallen. Sogar Dinge, die abschreckend sind, streben wir an, weil sie mit positiven Konsequenzen verbunden sind oder gar Strafen drohen. Die Motivation unterscheidet sich in ihrer Qualität.

6.1.2 Motivation von innen und von außen

Intrinsische Motivation ist eine Motivation von innen. Wir erleben uns als selbstbestimmt und haben Spaß an der Tätigkeit (Deci & Ryan, 2008). Der intrinsischen Motivation gegenübergestellt ist die extrinsische Motivation, die Motivation außen. Dabei gibt es verschiedene Abstufungen, sodass es folgende Motivationsstufen gibt. Für mich sind diese wie WLAN-Stufen. Je höher die Stufe ist, desto flüssiger und reibungsloser sind die Handlungen.

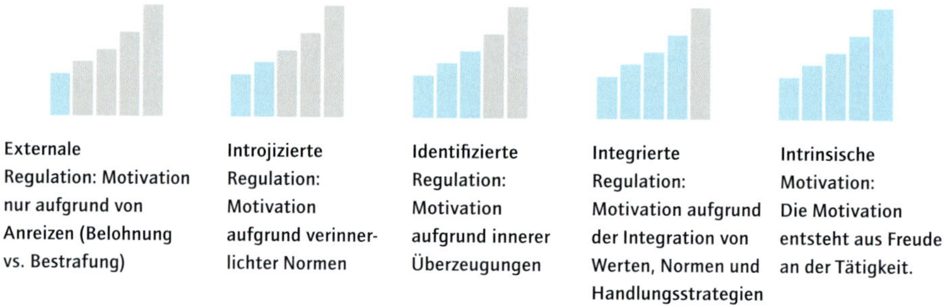

Abb. 6.1: Motivationsstufen

Externale Regulation: Die Motivation resultiert aus Belohnung und Vermeidung von Bestrafung. Einige Schiedsrichter motivieren sich nur deshalb, laufen zu gehen, weil sie sonst negative Konsequenzen befürchten (z. B. Nichtbestehen der Leistungsprüfung und Zwangsabstieg).

Introjizierte Regulation: Die Motivation erfolgt aufgrund von verinnerlichten (introjizierten) Normen und Regeln. Jemand tut beispielsweise etwas (nicht), weil man sonst Schuldgefühle oder ein schlechtes Gewissen hätte. Es geht vor allem darum, negative Gefühle zu vermeiden. Einige Schiedsrichter lernen Regelfragen, weil sie sich ansonsten schlecht fühlen – schließlich ist es die Pflicht des Schiedsrichters, das Regelwerk ausführlich zu kennen.

Identifizierte Regulation: Die Motivation beruht darauf, dass einem persönlich etwas wichtig ist. Jemand tut etwas aus innerer Überzeugung. Ein Schiedsrichter sieht es nicht nur als Pflicht an, dass die Coachingzonen klar abgegrenzt sind, er ist auch überzeugt davon, dass dies für eine Spielleitung wichtig ist. Entsprechend motiviert ist er, dies im Vorfeld anzusprechen – auch wenn er dies nicht gerne macht und alles andere als Freude dabei empfindet, mit den Betreuern hier Absprachen zu treffen.

Integrierte Regulation: Die Motivation beruht auf einer Integration von Werten, Normen und Handlungsstrategien. Jemand tut etwas, weil es für ihn authentisches Handeln ist. Ein Schiedsrichter hat das Selbstbild, dass er einen fairen Sport fördert, deshalb achtet er von sich aus darauf, dass alle Spielerpässe in Ordnung sind, schaut sich diese detailliert an und weist die Betreuer von sich aus auf kleinere Mängel hin – ohne dass dies durch Spielausschreibungen erforderlich wäre.

Intrinsische Motivation: Die Motivation entsteht aus Freude an der Tätigkeit. Der Weg ist quasi das Ziel. Die eigentliche Tätigkeit macht dem Schiedsrichter Spaß. Einige Schiedsrichter gehen gerne laufen und auch das Warmlaufen bereitet ihnen bereits Freude, während andere Schiedsrichter dies, wenn überhaupt, als notwendiges Übel ansehen.

Besonders stark sind die integrierte und die intrinsische Motivation. Diese Motivationsformen verleihen uns Kräfte und Ausdauer und fördern auch noch unser Wohlbefinden. Sie gehen mit einer Selbstbestimmung einher. Doch wie entsteht eine solche Motivation?

Zentral ist die Erfüllung von drei Grundbedürfnissen:

- Das Bedürfnis nach Autonomie – dies wird beispielsweise im Schiedsrichter dadurch erfüllt, dass der Schiedsrichter Entscheidungsfreiheiten hat.
- Das Bedürfnis nach Kompetenzerleben – dies wird beispielsweise dadurch erfüllt, dass der Schiedsrichter auch stressige Spiele meistert.
- Das Bedürfnis nach sozialer Eingebundenheit – dies wird beispielsweise durch die Einbindung in die Schiedsrichtergemeinschaft insbesondere bei Spielleitungen im Team erfüllt.

Wenn du Glück hast, werden in deiner Schiedsrichtergemeinschaft gegenwärtig die Grundbedürfnisse erfüllt. Du kannst zudem immer auch – zumindest ein wenig – Schmied deines Glückes sein. Dies geschieht, indem du Situationen so gestaltest, dass sie die Grundbedürfnisse erfüllen.

Im Arbeitsleben betreiben Menschen Job Crafting, indem sie ihren Job so gestalten, dass dieser mehr Spaß bereitet und leichter von der Hand geht (Tims, Bakker & Derks, 2012). Dies ist auch bei Schiedsrichtern der Fall, auch sie können Einfluss darauf nehmen, wie motivierend die Tätigkeit ist (Loghmani, Taylor & Ramzaninejad, 2017).

Übung 6.1: Motivation tanken

Denke einmal kurz über deine Schiedsrichtertätigkeit nach und was dir Spaß macht. Sicherlich gibt es Dinge, die dazu führen, dass du das Gefühl hast, Freiheiten zu haben, deine eigenen Stärken einsetzen zu können und Teil einer Gemeinschaft zu sein. Überlege im zweiten Schritt nun, was du tun könntest, damit dies in Zukunft noch mehr eintritt.

Tab. 6.1: Übung Motivation tanken

	Was trägt gegenwärtig dazu bei, dass du...	**Was könntest du tun, damit du in Zukunft noch mehr...**
... Freiraum bei der Tätigkeit als Schiedsrichter hast?		
... deine Stärken einsetzen kannst?		
... Teil einer Gemeinschaft bist?		

Übung 6.2: Motivieren im Team

Wenn du Spiele im Gespann leitest, kannst du die Motivation fördern, indem du möglichst dafür sorgst, dass die drei Grundbedürfnisse erfüllt werden. Lasse deinen Assistenten Freiheitsgrade, ermögliche es ihnen, dass sie Kompetenzen einbringen können und schaffe eine Möglichkeit, dass sie sich eingebunden fühlen.

Tab. 6.2: Übung Motivieren im Team

	Was tust du, damit gegenwärtig deine Assistenten ...	**Was könntest du konkret tun, damit deine Assistenten, noch (mehr) ...**
... Freiraum bei der Tätigkeit als Assistent haben?		
... ihre eigenen Stärken einsetzen können?		
... sich als Teil eines Teams fühlen?		

Übung 6.3: Motivation entdecken

Hand aufs Herz. Es gibt auch Dinge, die wir weniger gerne tun.

- Welche Tätigkeiten in Bezug auf die Schiedsrichtertätigkeit führst du ungerne aus?

Dies können Abstimmungen zur Anreise mit den Assistenten sein, das Packen der Tasche, die Platzkontrolle und vieles mehr.

Tätigkeit:

Auf einer Skala von 0 „gar nicht" bis 10 „sehr viel". Wie viel Freude bereitet dir diese Tätigkeit? Vermutlich wirst du eher bei der Null sein. Überlege dir nun, was du tun kannst, damit die Tätigkeit zumindest eine Stufe nach oben geht.

- Was kannst du aktiv tun, damit du mehr Freude dabei empfindest?

Ist eine Motivation auf Basis äußerer Anreize denn immer schlecht? Die Antwort lautet keineswegs. Äußere Anreize schaffen eine Struktur und führen dazu, dass sich Sportler Ziele setzen. Höher, schneller, weiter!

Sportler brauchen oft äußere Anreize, um innere Motivation zu entfalten. Der Marathonläufer braucht einen Wettkampf, für den er trainiert und auf den er hinarbeitet. Die Absage von Wettkämpfen, wie den Olympischen Spielen 2020 in Tokio aufgrund der COVID-19-Pandemie, hatte zur Folge, dass die Grundlage für das Leistungshandeln fehlte (Samuel, Tenenbaum & Galily, 2020).

Die Ziele sind verloren gegangen und damit auch die Motivation, sich anzustrengen. Dies müssen dabei gar nicht bedeutsame Ereignisse wie Olympische Spiele sein. Auch bei Freizeitsportlern und bei der Absage von Volksläufen gab es dieses Phänomen.

6.1.3 Erwartungen und Wert

Ist die Freude an der Tätigkeit nicht ohne Weiteres gegeben – und viele Dinge im Leben machen ja nicht nur Spaß, sondern sind ebenso mit Anstrengung verbunden –, kommt den Anreizen eine Rolle zu. Wir wollen einen gewissen Zustand erreichen, weil wir uns davon Konsequenzen erhoffen oder ihn vermeiden, weil wir Konsequenzen befürchten. Es können positive wie negative Folgen sein, sodass diese gegeneinander abgewogen werden.

Es geht um den Wert von Folgen für uns. Der Wert ist dabei subjektiv. Wie der eine eher Fisch, der andere eher Fleisch und jemand drittes beides mag oder hasst, ist dies auch bei Tätigkeiten der Fall.

Neben dem Wert spielen aber Erwartungen eine Rolle. Sind die Erfolgsaussichten sehr gering, ist die Motivation geringer. Die Erwartungen sind subjektive Wahrnehmungen und Menschen können sich hier unterscheiden. Wert und Erwartungen ergeben sich im Zusammenspiel aus Person und Situation.

Doch gehen wir analytisch vor. Eine Motivation besteht aus den Bestandteilen:

- wahrgenommene Situation,
- mögliche Handlung,
- angestrebte Ergebnisse der Handlung sowie
- potenzielle Folgen.

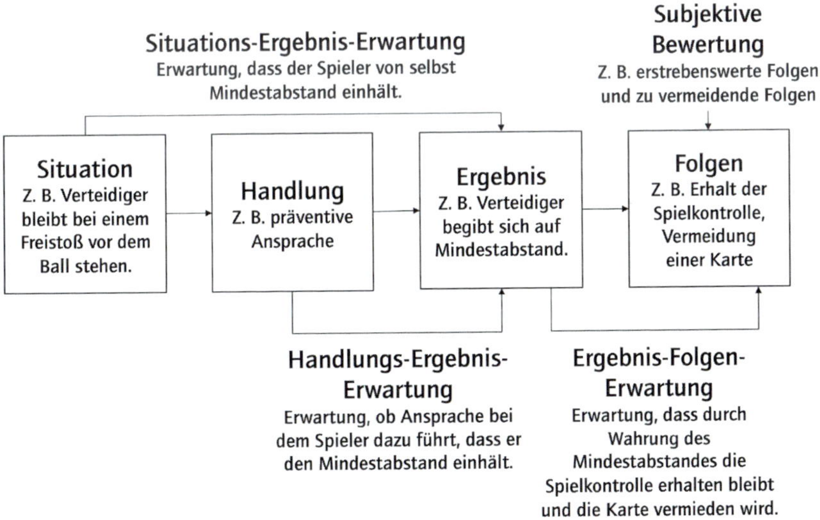

Abb. 6.2: Erweitertes kognitives Motivationsmodell

Es gibt verschiedene Erwartungskomponenten zwischen den Bestandteilen, die Einfluss auf die Motivation nehmen (Heckhausen & Rheinberg, 1980). Sie sind in Abb. 6.2 dargestellt.

Die **Ergebnis-Folgen-Erwartung** bezeichnet die Wahrscheinlichkeit, mit der wir erwarten, dass bestimmte Ergebnisse zu beabsichtigten Folgen führen. So mag ein Schiedsrichter die Erwartung haben, dass eine gute Saison zum Aufstieg führt, während ein anderer hier weniger Hoffnung hat. Jemand mit einer hohen Ergebnis-Folge-Erwartung ist eher motiviert als jemand mit einer niedrigen.

Meines Erachtens verlieren Schiedsrichter über die Zeit, wenn sie nicht aufsteigen, hier die Hoffnung. Sie geben ihr Bestes, doch am Ende bleibt der Aufstieg verwehrt. Dies führt paradoxerweise dazu, dass sie in den Folgejahren deutlich weniger motiviert sind, eher eine schlechtere Leistung zeigen und die Wahrscheinlichkeit sinkt, dass sie erneut aufsteigen. Motivationspsychologisch reduziert sich die Ergebnis-Folge-Erwartung.

In Einzelfällen führt gerade aber der Motivationsdämpfer dazu, dass Übermotivation (siehe Exkurs 6.1) vermieden wird und der Schiedsrichter entspannter – ohne Erfolgsdruck – herangeht. Die Ergebnis-Folgen-Erwartung ist jedoch nicht ausreichend für eine Motivation. Manchmal ist es nämlich so, dass die Situation selbst zum Ergebnis führt.

Die **Situations-Ergebnis-Erwartung** beschreibt die wahrgenommene Wahrscheinlichkeit, mit der eine Situation – ohne eigenes Handeln – zum gewünschten Ergebnis führt. Angenommen, ein Schiedsrichter absolviert in wenigen Tagen die Leistungsprüfung. Den Regeltest zu bestehen, ist wichtig, um die Klasse zu halten (hohe Ergebnis-Folge-Erwartung). Der Schiedsrichter ist jedoch regeltechnisch so fit, dass er erwartet, dass er ohne weitere Übung den Regeltest meistern wird. Er wird nicht motiviert sein, zu üben. Die Regelsicherheit ist also gegeben.

Die Situations-Ergebnis-Erwartung bezieht sich aber nicht nur auf die eigenen Kompetenzen: Wenn ein Schiedsrichter weiß, dass beide Mannschaften gewöhnlich in roten Trikots spielen, aber die Erwartung hat, dass sich die Situation ohne sein Handeln von selbst löst, weil sich die Betreuer absprechen, wird er erst einmal nicht motiviert sein, groß nachzufragen. Erwartet er jedoch, dass die Situation sich nicht ohne Weiteres von selbst löst, ist er motiviert, zu handeln – vorausgesetzt, dass er das Ergebnis „unterscheidbare Trikots" mit positiven Folgen wie Spielkontrolle verbindet.

Eine hohe Situations-Ergebnis-Erwartung geht also mit einem gewissen Optimismus und meist auch mit einer gewissen Gelassenheit einher. Eine geringe Situations-Ergebnis-Erwartung kann auf einem „gesunden" Misstrauen beruhen und begünstigt Eigeninitiative. Damit jedoch eine Handlung initiiert wird, bedarf es auch eines Selbstvertrauens in die eigenen Fähigkeiten.

Die **Handlungs-Ergebnis-Erwartung** beschreibt die subjektivwahrgenommene Wahrscheinlichkeit, mit der eine Person glaubt, durch eine Handlung ein gewünschtes Ergebnis zu erreichen.

Stelle dir einen Jungschiedsrichter vor, der ein Spiel pfeift, wobei der Trainer draußen lautstark agiert. Der Jungschiedsrichter strebt an, den Trainer ruhig zu stellen. Bei einem anderen Schiedsrichter hat er gesehen, dass ein Spruch hier den Trainer beruhigen könnte (hohe Ergebnis-Folge-Erwartung). Doch der Jungschiedsrichter glaubt nicht, dass er selbst einen Spruch derart authentisch rüberbringen kann, dass er die gewünschte Wirkung erzielt (geringe Handlungs-Ergebnis-Erwartung). Daher ist er nicht motiviert, einen Spruch zu bringen. Er ist aber motiviert, anders zu handeln und entscheidet sich für eine sichere Alternative und spricht den Trainer sachlich an, auch wenn er glaubt, dass dies nur die zweitbeste Variante ist, aber die Wahrscheinlichkeit größer ist, dass ihm dies gelingt.

Insbesondere die letzte Erwartungskomponente ist eine Schlüsselkomponente für unsere Motivation. Manchmal sind wir nicht motiviert, weil wir das Vertrauen in unsere Fähigkeiten verlieren oder uns gewisse Dinge nicht zutrauen. Ereignisse wie kritische Rückmeldungen können im schlimmsten Fall unser Selbstvertrauen untergraben und daher die Motivation nehmen.

Übung 6.4: Motivation für das Spiel aufbauen

Tab. 6.3: Motivation für das Spiel aufbauen

Was ist dir bei deiner nächsten Spielleitung besonders wichtig?	Durch welches (Handlungs-) Ergebnis erreichst du diese Folgen?	Wie wahrscheinlich tritt das Ergebnis von selbst ein? Von 0 % bis 100 %	Was kannst du tun, um das angestrebte Ergebnis zu erreichen?

Zwischen Gelassenheit und Eigeninitiative

Manche Dinge rund um die Spielleitung können Selbstläufer sein. Das kann die Terminabsprache mit den Assistenten sein, die sich selbst melden, die Absprache der Trikotfarben oder aber auch die Beachtung von Auswechslungsbestimmungen (z. B. Verlassen des Platzes an nächsten Punkt des Spielfeldes).

- Was „erledigt" sich in deinen Spielen oft von selbst (hohe Situations-Ergebnis-Erwartung), ohne dass du aktiv werden musst?

Auch wenn diese Dinge oft „Selbstläufer" sind, kann es von Spiel zu Spiel unterschiedlich sein.

- Woran erkennst du im Einzelfall, dass diese Dinge doch keine „Selbstläufer" sind?
- Was tust du dann konkret?

6.2 Persönlichkeit und Motivation

6.2.1 Zwei Arten der Leidenschaft

Leidenschaft für einen Sport resultiert aus einem hohen Wert, den der Sport für eine Person besitzt und führt zu einem hohen Engagement. Viele Schiedsrichter – wahrscheinlich auch du – sind mit Leidenschaft dabei (Johansen, 2015). Es gibt jedoch auch zwei Arten der Leidenschaft, die bei Schiedsrichtern beobachtet wurden (Philippe, Vallerand, Andrianarisoa & Brunel, 2009).

Eine harmonische Leidenschaft steht im Einklang mit anderen Aufgaben einer Person. Die Schiedsrichtertätigkeit ist dann Teil einer Identität einer Person. Die Person hat jedoch Kontrolle darüber, wie stark sie sich engagiert und inwieweit Misserfolge an einen herankommen. Dem gegenüber steht eine zwanghafte Leidenschaft (*Obsessive Passion*). Die Schiedsrichtertätigkeit gewinnt dann überhand im Leben einer Person. Erfolg und Misserfolg im Leben werden oft mit Erfolg und Misserfolg im Schiedsrichterwesen gleichgesetzt (Philippe et al., 2009)

Eine harmonische Leidenschaft führt zu mehr positiven Emotionen bei einer Spielleitung und zu einer besseren Verarbeitung von Stress. Eine zwanghafte Leidenschaft führt zu mehr negativen Emotionen bei einer Spielleitung und zu einem schlechteren Umgang mit Stresssituationen (Philippe et al., 2009).

Begründet wird dies damit, dass eine harmonische Leidenschaft es besser ermöglicht, sich auf Aufgaben zu konzentrieren, während eine zwanghafte Leidenschaft dazu führt, dass zu viel Aufmerksamkeit auf unwichtige Dinge gelenkt wird.

Die Leidenschaft hat also zwei Gesichter: ein schönes und ein eher hässliches. Die Unterscheidung dieser beiden Gesichter finde ich für die Praxis äußerst nützlich. Denn sie liefert eine Erklärung für ein verbreitetes Phänomen, das im Schiedsrichterbereich auftritt: Junge Schiedsrichter erleben sich als motiviert, sind mit Leidenschaft dabei und erbringen dennoch nicht die Leistungen auf dem Platz. Frustration macht sich breit und führt in der Folge zu noch schlechteren Leistungen. Die zwanghafte Leidenschaft ist eine Form der Übermotivation, die den Schiedsrichter auf dem Platz „verkrampfen" lässt. Sie führt zu einer paradoxen Psychologik: Mehr Motivation führt zu einer schlechteren Leistung.

(...) ***Exkurs 6.1: Choking under Pressure***

Eigentlich sollte man davon ausgehen, dass eine hohe Motivation immer zu mehr Leistung führt. Ist die Motivation null, ist auch die Leistung null. Doch ein Zuviel an Motivation kann das Können beeinflussen. Unter hohem Druck versagen selbst Profis bei Routinetätigkeiten. Dies wird auch als *Choking under Pressure* bezeichnet (Baumeister, 1984)

Spieler haben im Training selten das Problem, Strafstöße zu verwandeln. Im Spiel, vielleicht sogar beim „Elfmeterschießen", sieht es jedoch anders aus.

Es gibt verschiedene Erklärungsansätze für das Phänomen (Mesagno & Beckmann, 2017). Der erste geht davon aus, dass die Aufmerksamkeit falsch ausgerichtet ist: Der Spieler denkt zu viel an die möglichen Konsequenzen. Den Sieg vor Augen oder im Kopf bereits dabei zu scheitern, gelingt es dem Spieler nicht, seine Fähigkeiten abzurufen.

Eine andere Erklärung besteht darin, dass zu viel nachgedacht wird. Der Spieler überlässt das Handeln nicht dem Autopiloten, sondern versucht etwas,

was er eigentlich intuitiv beherrscht, durch Nachdenken besser zu machen. Die Leistung verringert sich jedoch paradoxerweise.

Bei Schiedsrichtern tritt dieses Phänomen oft unter Beobachtungen auf. Die Aufmerksamkeit wandert auf die Konsequenzen – das Hoffen auf eine gute Note oder die Befürchtung, sich eine schlechte Note zu „fangen" –, reduziert die Leistung und verhindert, dass sich der Schiedsrichter auf sein Gefühl verlässt.

6.2.2 Leistung, Macht und Anschluss

Im letzten Kapitel ging es um Leidenschaften, genauer gesagt, um zwei Arten von Leidenschaft, davor um Motivation allgemein. Dabei wurde bereits darauf eingegangen, dass Motivation ein Zusammenspiel von Person und Situation ist. Die Motivation äußert sich im Verhalten. Zugrunde liegen aber oft auch stabile Persönlichkeitsmerkmale, die überdauernd und situationsübergreifend unser Handeln beeinflussen.

Menschen unterscheiden sich hier hinsichtlich drei Motiven. Motive sind hier nicht die Motive einer einzelnen Handlung, sondern überdauernde Persönlichkeitseigenschaften. Diese wirken wie eine Brille, mit der wir auf die Welt schauen und durch gewisse Dinge motiviert werden. Es gibt drei universelle Motive, die bei Menschen unterschiedlich stark ausgeprägt sein (McClelland, 1985):

Leistungsmotiv: Jemand mit einem hohen Leistungsmotiv wird durch Situationen motiviert, in denen es um eine Verbesserung der eigenen Fähigkeiten geht. Situationen, in denen man sich beweisen muss, wie anspruchsvolle Spielleitungen oder Situationen, in denen es ein Leistungsfeedback gibt, haben einen hohen Anreizwert. Ob dieser Wert positiv oder negativ ist, hängt noch davon ab, ob eher ein „Hoffen auf Erfolg" oder eine „Furcht vor Misserfolg" überwiegt.

Überwiegt die Hoffnung auf Erfolg, wird ein Ziel aufgesucht und ein Annäherungsverhalten gezeigt. Überwiegt die Furcht vor Misserfolg, wird eine Situation gemieden. In letzterem Fall ist die Motivation auch hoch – nur auf Flucht ausgelegt.

Unabhängig von der Ausprägung – Hoffen auf Erfolg oder Furcht vor Misserfolg – neigen leistungsmotivierte Personen in vielen Aufgaben dazu, auch eine Herausforderung zu sehen. Schiedsrichter machen beispielsweise das Warmlaufprogramm zur Sporteinheit und optimieren ihre Abläufe. Dennoch brauchen diese Schiedsrichter auch die herausfordernden Spiele und sind von unterklassigen Spielen oft gelangweilt.

Machtmotiv: Menschen mit einem hohen Machtmotiv werden durch Situationen motiviert, in denen es darum geht, Einfluss auf andere auszuüben. Auch hier gibt es zwei Facetten: Hoffen auf Kontrolle und Furcht vor Kontrollverlust.

Machtmotivierte Menschen sehen auch schnell Situationen als Machtspiel und reagieren entsprechend durch Einflussnahme und „Gegenwehr". Wichtig ist mir, zu betonen, dass Macht nichts Negatives ist wie im Alltagssprachgebrauch. Wer als Schiedsrichter ein sehr geringes Machtmotiv hat, der sollte auf dem Platz erhebliche Motivationsprobleme haben und immer gegen sich ankämpfen müssen, sobald er sich durchsetzen muss. Solche Personen können aber mitunter sehr gute Assistenten sein.

Schiedsrichtern mit einem hohen Machtmotiv und Hoffnung auf Kontrolle dürfte es hingegen sogar Freude bereiten, auf die Durchsetzung von Anweisungen vor dem Spiel zu beharren.

Anschlussmotiv: Menschen mit einem hohen Anschlussmotiv werden durch Situationen motiviert, in denen soziale Beziehungen aufgebaut und gepflegt werden können. Auch hier gibt es zwei Facetten: Hoffen auf Anschluss und Furcht vor Zurückweisung.

Schiedsrichter mit einem hohen Anschlussmotiv und Hoffnung auf Anschluss sind gerne im Gespann unterwegs, bringen sich in die Schiedsrichtergemeinschaft ein und sind auch gesellig im Umgang mit Spielern und Offiziellen.

Die Motive haben eine starke biologische und emotionale Basis. Deshalb energetisieren sie uns besonders nachhaltig. Sie zeigen sich vor allem in Situationen, die unstrukturiert und offen sind und sagen vor allem langfristigen Erfolg voraus. Leider sind wir Menschen nicht alle gut darin, uns bezüglich unserer Motive gut einzuschätzen (Köllner & Schultheiss, 2014).

Die Folge ist, dass sich einige Menschen Ziele setzen, für die ihnen die Energie fehlt. Der Akku ist dann schnell leer. Einigen scheint dies besser zu gelingen. Sie setzen sich Ziele, die zu ihren Motiven passen. Wem dies gelingt, der lebt gesünder und ist erfolgreicher (Brunstein, Schultheiss & Grässman, 1998). Diese Passung zwischen Motiven und Zielen kann trainiert werden. Entscheidend ist dabei, dass Zugang zu den Motiven z. B. durch Vorstellungen und Erinnern von Situationen erzeugt wird. Auch können Ziele „motivational" angereichert werden.

Übung 6.4: Leistungsmotiv aktivieren

Erinnere dich an eine entscheidende positive Situation aus der Schiedsrichtertätigkeit, in der du **stolz** auf deine eigene Leistung warst. Erinnere die Situation ganz genau:

- Was siehst du?
- Was hörst du?
- Was spürst du?

Vielleicht riechst und schmeckst du sogar etwas. Spiele die Situationen in deinem inneren Auge immer wieder vor.

Erinnere nun eine Situation, in der du dich besonders **stark** und **mächtig** gefühlt hast. Erinnere die Situation wieder ganz genau:

- Was siehst du?
- Was hörst du?
- Was spürst du?

Vielleicht riechst und schmeckst du sogar etwas. Spiele die Situationen in deinem inneren Auge immer wieder vor.

Erinnere nun eine Situation, in der du dich besonders **gesellig** gefühlt hast. Lasse auch diese Situation vor deinem inneren Auge ablaufen.

Überlege dir nun zu den Situationen, was du tun kannst, um die angenehmen Zustände auch in zukünftigen Spielleitungen zu erzeugen.

Auch wenn die Motive sich nur schwer ändern lassen, lassen sich die Hoffen- und Furchtfacetten anpassen. Dies ist beispielsweise beim Leistungsmotiv gelungen (Rheinberg & Engeser, 2010). Furcht vor Misserfolg ist eher ungünstig. Dies führt zu Vermeidungsverhalten, reduziert die Leistung und verringert das Wohlbefinden. Hoffen auf Erfolg führt hingegen zu Leistungszuwächsen durch Lernerfahrungen und steigert den Selbstwert. Hier sind drei Komponenten wichtig:

- Setze dir realistische, mittelschwere Ziele. Zu leichte Ziele oder zu schwere Ziele geben dir zu wenig Aufschluss über deine wirkliche Leistungsfähigkeit!
- Im Erfolgsfall überlege dir, durch welche Anstrengungen du erfolgreich warst! Im Misserfolgsfall überlege dir: Was könntest du konkret anders machen, um künftig erfolgreich zu sein? Zweifle nicht an deinen eigenen Fähigkeiten, sondern überlege, welche Handlungen du verändern kannst.
- Eine zu einseitige Betrachtung von Erfolgen und insbesondere auch von Misserfolgen dämpft die Motivation. Ziehe eine Bilanz und schenke Erfolgs- und Misserfolgserlebnissen Beachtung. Beides gehört zum Leben dazu.

6.3 Motivationsdynamiken – hoch und tief

6.3.1 Vom Wünschen und Wollen

Motivation verläuft – wie im Fallbeispiel, das wir eingangs geschildert haben – dynamisch. Auch wenn du grundsätzlich motiviert bist, wirst du Tage haben, an denen die Motivation gering ist. Manchmal verbringen wir auch längere Zeit in einem Motivationstief. Ebenso gibt es Phasen und Momente, in denen wir besonders motiviert sind.

Wenn im Alltag von Motivationsproblemen die Rede ist, geht es jedoch eigentlich weniger um die Motivation im engeren Sinne: Wir können hoch motiviert sein und einen Zustand herbeiwünschen und dennoch ein Ziel nicht erreichen. Es gibt dabei zwei Kerngründe:

Schwierigkeit, eine Handlung zu initiieren: Wir fangen mit einer Handlung nicht an oder zögern diese heraus. Dies betrifft unangenehme Tätigkeiten wie den geplanten Dauerlauf, das Üben vor dem Regeltest, das Packen der Tasche vor dem Spiel. Aber auch im Spielverlauf kann es sein, dass wir die Absicht haben, einen Spieler auf etwas hinzuweisen, aber die Handlung noch nicht sofort ausführen, weil wir nach der passenden Gelegenheit suchen.

Zumeist treten solche Effekte vor allem bei der Verfolgung langfristiger Ziele auf, z. B. die Fitness steigern, die in Konkurrenz zu anderen Bedürfnissen stehen (z. B. Ruhe, Entspannung). Auch wenn wir angefangen haben, sind solche Verlockungen gefährlich.

Schwierigkeit, Handlung von Ablenkungen abzuschirmen: Es kann sein, dass wir eine Handlung durchführen, aber von der Erledigung abgelenkt werden. Manche Ablenkungen sind in unserem Alltag willkommene Abwechslungen. Andere lassen bei uns Selbstzweifel aufkommen. Sowohl die Verlockungen, andere Dinge zu tun, also auch aufkommende Zweifel, sorgen oft dafür, dass wir eine Handlung nicht beenden.

Um diesen Problemen zu begegnen, braucht es Willensstärke. Ein Modell, welches das Wünschen und das Wollen integriert, ist das Rubikon-Modell der Handlungsphasen (Gollwitzer, Heckhausen & Ratajczak, 1990).

Den Namen verdankt das Modell einem historischen Ereignis: Julius Caeser hatte 49 vor Christus den Fluss „Rubikon" mit seinem Heer überschritten und sich so für einen Bürgerkrieg mit Pompeius entschieden. Das Rubikon-Modell unterscheidet vier Phasen, bei denen der Übergang von der ersten in die zweite Phase dem Überschreiten des „Rubikons" gleichkommt.

Abwägen: In dieser Phase geht es darum, Wünsche gegeneinander abzuwägen und eine Auswahl aus mehreren Optionen zu treffen. Am Ende der Phase steht eine Absichtsbildung. Manchmal treten hier bereits Probleme auf. Soll ich heute laufen gehen oder doch nicht? Wir können uns nicht entscheiden. Auf dem Platz bleibt für die Phase des Abwägens nicht viel Zeit. Doch auch dort gibt es beispielsweise Absichten, wie das Ansprechen eines Spielers, der auffällig geworden ist.

Planen: Wenn eine Absicht gebildet wurde, dann bedarf es zumeist einer Planung. Nicht alle Absichten können wir sofort umsetzen. Andere Verpflichtungen stehen zunächst an und das Training muss auf den Abend verlegt werden. Die Phase des Planens mündet in Handlungsvorsätze und Handlungspläne. Oft scheitert es jedoch hieran. Die Ausführungsbedingungen sind unklar und trotzt bestehender Absicht wird nichts dafür getan, das geplante Verhalten, z. B. eine Laufrunde, umzusetzen.

Auf dem Platz ist auch für diese Phase wenig Zeit. Dies erfordert, dass Pläne vorbereitet werden. Es hat sich gezeigt, dass Wenn-dann-Pläne (Gollwitzer & Sheeran, 2006) die Handlungsausführung beschleunigen.

Die Wenn-dann-Struktur ist ähnlich wie im Regelwerk. Du baust dieses quasi für dich aus: „Wenn ein Spieler in den ersten 15 Minuten bei einem Freistoß nicht direkt weggeht, spreche ich ihn präventiv an." Du kannst selbstverständlich auch den Dann-Teil noch konkreter fassen (z. B. „Das sind noch keine 9,15 m. Da fangen wir erst gar nicht mit an.").

Wenn-dann-Formulierungen sind simpel und dennoch unglaublich hilfreich (Gollwitzer & Sheeran, 2006). Wir nutzen durch Wenn-dann-Formulierungen nämlich unseren Autopiloten. Dieser hilft uns, einen Plan schnell auszuführen, wenn eine zuvor festgelegte Situation eintritt. Das spart Zeit und Aufmerksamkeitsressourcen und am Ende steht die Durchführung.

Durchführen: Sind wir dabei, Handlungen auszuführen, müssen wir sie oft gegen äußere und innere Widerstände wie Zweifel oder Unlust abschirmen. Ein längerer Dauerlauf oder eine Generalprobe für einen High-Intensity-Test benötigen Willenskraft. Auf dem Fußballplatz können dem Schiedsrichter ebenfalls Zweifel begegnen. Dann sieht er von einer Verwarnung plötzlich ab, die eigentlich vorgesehen war.

Bewerten: Im Nachgang an die Handlung erfolgt eine Bewertung.

- Ist das Ziel erreicht?
- Wenn nein, ist das Ziel noch zu erreichen?
- Auch eine Kosten-Nutzen-Abwägung fällt in diese Phase.

Diese Phase hat somit etwas Reflexives und kann der Schlüssel für Optimierungen sein.

Das Modell lässt sich nutzen, um zu schauen, in welcher Phase man gerade steckt und welche Anforderungen es zu bewältigen gibt. So sind während der Durchführung erneute Abwägungsprozesse oder Planungsprozesse in der Regel dysfunktional. Und auf dem Platz erfordert der Zeitdruck schnelle Abwägungs- und Planungsprozesse. Dies gelingt, indem du Pläne vorbereitet hast, die du auf dem Platz schnell abrufen kannst. Dies sind insbesondere Wenn-dann-Pläne.

Übung 6.4: Wenn-dann-Pläne für deine Spielleitung

Überlege einmal, was sind deine Ziele in Bezug auf das Schiedsrichterwesen oder deine Absichten bei einer Spielleitung. Formuliere zu diesen Zielen auch Absichten!

Tab 6.4: Übung Wenn-dann-Pläne für deine Spielleitung

Ziel/Absicht	Wenn ...	Dann ...
Beispiel: Gut mit den Spielern ins Gespräch kommen	Ein Spieler sich in den ersten Minuten über einen Pfiff beschwert, ...	spreche ich ihn freundlich an.
...		
...		
...		
...		

6.3.2 Flow-Erleben

Pfeifen macht Spaß. Vielleicht empfindest du bei Spielen auch ein Flow-Erleben. Flow-Erleben ist ein mentaler Zustand, bei dem ein Mensch in einer Aufgabe aufgeht, trotz hoher Anforderungen besteht das Gefühl von Kontrolle und die Zeit vergeht wie im Flug.

Folgende Merkmale kennzeichnen das Flow-Erleben (Csikszentmihalyi, 2017; Rheinberg, 2018):

- Optimale Beanspruchung – die Balance zwischen Fähigkeiten und Anforderungen ist hoch.
- Die Anforderungen und die Rückmeldungen aus der Tätigkeit bedürfen keiner langfristigen Interpretation, der nächste Schritt erschließt sich aus der Situation.
- Der Handlungsablauf wird als glatt erlebt.
- Stunden vergehen wie Minuten, Minuten wie Sekunden.
- Man verschmilzt mit der Tätigkeit.

Flow ist der Ausdruck von Freude an der Tätigkeit. Intrinsische Motivation äußert sich im Flow-Zustand. Auch Schiedsrichter erleben Flow während einer Spielleitung, indem sie sich beispielsweise optimal beansprucht fühlen und eine hohe Spielkontrolle haben (Philippe et al., 2009). Meines Erachtens sind es gerade die Flow-Momente, die als Highlights in Erinnerung bleiben. Sie motivieren uns für Spielleitungen. Beuge Motivationstiefs vor, indem du dir regelmäßig Flow-Erfahrungen in Erinnerung rufst.

Übung 6.4: Erinnern eines Flow-Zustandes

Erinnere dich an eine Situation, in der du während einer Spielleitung im Flow warst.

- Welche Spielszene war das?
- Welche Aufgabe musstest du meistern?
- Wie hat sich der Zustand angefühlt?

Tipp: Tausche dich auch mit Schiedsrichterkollegen über die Flow-Erfahrungen aus.

Flow-Erleben gilt übrigens auch als leistungs- und lernförderlich (Rheinberg, 2018). Das heißt, wer im Flow ist, zeigt bessere Leistungen und lernt dazu. Doch leider bietet nicht jedes Spiel das Potenzial zum Flow-Erleben und du wirst wohl auch fast nie die komplette Spieldauer im Flow sein. Es wechseln sich verschiedene Zustände ab: Angst, Langeweile, Entspannung und Flow. Dies sollte in Abhängigkeit von der Passung von Anforderungen und Fähigkeiten geschehen.

Du musst jedoch nicht darauf warten, bis ein Spiel dir einen Flow-Zustand anbietet. Du kannst dich auch in einen Flow-Zustand bringen, indem du bspw. die Anforderungen hochschraubst, wenn diese niedrig sind. Suche dir in Phasen, in denen du wenig gefordert bist, neue Herausforderungen – z. B. in Bezug auf das Lauf- und Stellungsspiel.

Auch mentale Anforderungen kannst du erhöhen, indem du deine Aufmerksamkeit bewusst auf mehrere Details richtest. Sind die Anforderungen hingegen hoch, mobilisiere deine Stärken. Mache dir deine Stärken bewusst und steigere so dein Selbstvertrauen (siehe Übung 6.4). Gerade vor wichtigen Spielen ist ein Besinnen auf die eigenen Stärken mindestens genauso wichtig wie eine Auseinandersetzung mit den Anforderungen auf dem Platz.

7 Stress

Für Außenstehende erscheint der Job eines Schiedsrichters oft stressig. Entscheidungen unter Druck zu treffen, ist eine Anforderung, die Schiedsrichter fordert. Typische Auslöser für Stress sind strittige Entscheidungen, aufkommende Kritik oder Fehlentscheidungen.

Schiedsrichter erleben Stress vor, während und nach Spielleitungen. Stress ist eine unspezifische, individuelle Anpassungsreaktion auf äußere Ereignisse oder Zustände (vgl. Paulsen & Kortsch, 2020). Stress hat viele Gesichter und macht sich unterschiedlich bemerkbar. Jeder Mensch reagiert unterschiedlich auf Stress. Typischerweise zeigt sich Stress auf verschiedenen Ebenen (Kaluza, 2018; Paulsen & Kortsch, 2020):

- **körperliche Ebene:** erhöhter Puls, Anspannung, schwitzige Hände;
- **Ebene der Gedanken:** Grübeln, Gedankenkarussell, Konzentrationsschwierigkeiten;
- **Ebene der Gefühle:** Angst oder Niedergeschlagenheit;
- **Verhaltensebene:** gereiztes Auftreten oder Vermeidung von Kommunikation.

Übung 7.1: Woran erkennst du Stress bei dir?

Woran erkennst du, dass du im Stress bist:

- Welche körperlichen Beschwerden treten auf?
- Wie wirkt sich Stress auf deine Gedanken aus?
- Welche Gefühle treten bei dir bei Stress auf?
- Wie verhältst du dich unter Stress?

Übung 7.2: Woran erkennst du Stress bei Spielern und Trainern?

Nicht nur Schiedsrichter, auch Spieler und Trainer erleben Stress auf dem Platz.

- Welche Verhaltensweisen sind für dich Indikatoren, dass Spieler gestresst sind?
- Inwiefern konntest du Gemeinsamkeiten zwischen verschiedenen Spielern beobachten?
- Inwiefern hast du Unterschiede erlebt?
- Welche Verhaltensweisen sind für dich Anzeichen, dass Trainer gestresst sind?

Überlege auch hier, wo es Gemeinsamkeiten zwischen verschiedenen Trainern gibt und wo Unterschiede.

7.1 Stress – ein Zusammenspiel von Anforderungen und Bewältigungsmöglichkeiten

Doch nicht immer entsteht Stress. Schiedsrichter erleben oft sogar nur moderaten Stress (Anshel, Kang & Jubenville, 2013; Voight, 2009). Viele Spiele verlaufen ohne Stress, einzelne Spiele sind deutlich stressiger.

Stress entsteht im Zusammenspiel aus Anforderungen und Bewältigungsmöglichkeiten. Stress stellt ein Ungleichgewicht zwischen Anforderungen und Bewältigungsmöglichkeiten dar (Lazarus & Folkman, 2015; Paulsen & Kortsch, 2020). Bewältigungsmöglichkeiten sind alle physischen, mentalen und sozialen Ressourcen, die zur Bewältigung der Anforderungen infrage kommen. Wenn du als Schiedsrichter ein Derby, welches zudem ein Spitzenspiel ist, vor vielen Zuschauern leiten musst, jedoch körperlich angeschlagen, mental müde oder unerfahrene Assistenten an der Linie hast, gerät das Gleichgewicht aus Anforderungen und Bewältigungsmöglichkeiten schnell aus der Waage.

Symbolisch lässt sich Stress auch durch eine gekippte Waage darstellen (Abb. 7.1), die das Ungleichgewicht zwischen Anforderungen und Bewältigungsmöglichkeiten veranschaulicht (Paulsen & Kortsch, 2020). Die Stresswaage lässt sich auf eine aktuelle Lebensphase ebenso wie auf einzelne Situationen im Spiel anwenden.

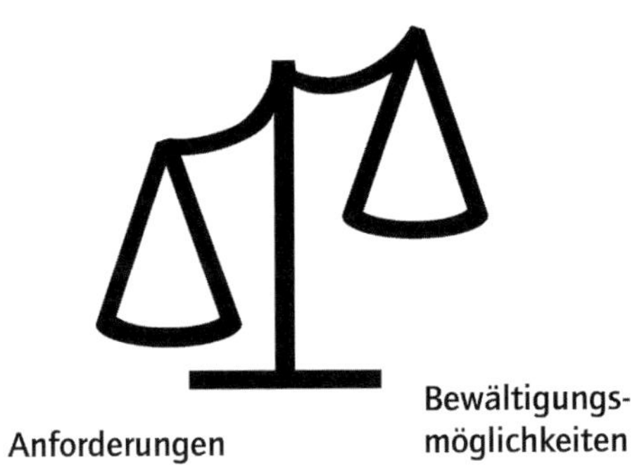

Abb. 7.1: Stresswaage

Schiedsrichter in Förderkadern, bei denen regelmäßige Lehrgangsteilnahmen erwartet werden, Leistungsüberprüfungen stattfinden und die in Spielen unter Beobachtung ihr Können unter Beweis stellen wollen, haben allein durch das Schiedsrichterwesen oft eine Fülle an Anforderungen zu bewältigen. Hinzu kommen Anforderungen aus dem Berufsleben wie hohe Arbeitsanforderungen oder Prüfungen. Auch Reisezeiten zum Spielort können Anforderungen darstellen.

Dies kann dazu führen, dass die Bewältigungsmöglichkeiten nicht mehr ausreichen. Die Folge ist Stress, der möglicherweise bereits vor der Spielleitung beginnt. Ältere Schiedsrichter müssen oft Beruf, Familie und Schiedsrichtertätigkeit unter einen Hut bringen (vgl. Hong, Jeong & Downward, 2019).

Ähnlich verhält es sich in akuten Spielsituationen. Hier können die Anforderungen in der konkreten Situation die Bewältigungsmöglichkeiten übersteigen. Beispielsweise kann es sein, dass ein Schiedsrichter zunächst einen Vollsprint einlegen muss, um dann dennoch aus großer Entfernung und ungünstigem Winkel eine unübersichtliche Strafraumszene bewerten zu müssen.

Möglicherweise kann der Schiedsrichter durch seine Fitness oder durch die Unterstützung des Assistenten, der einen besseren Blick auf das Geschehen hat, die Anforderungen bewältigen. Ist dies nicht der Fall – vielleicht weil durch den Spielverlauf der Schiedsrichter bereits körperlich ermüdet ist und auch der Assistent die Strafraumszene nicht erkennen kann und nur mit den Schultern zuckt - entsteht jedoch schnell Stress. Der Umgang mit Stress auf dem Platz ist eine wesentliche Anforderung, die Elite-Schiedsrichter aufbauen müssen (Slack et al., 2013).

Es gibt zwei grundlegende Strategien, um Stress zu begegnen. Die Anforderungen lassen sich reduzieren oder die Bewältigungsmöglichkeiten ausbauen. Dies geht jedoch nicht immer von heute auf morgen. In einer Lebensphase ist beides zumeist leichter möglich, da man Zeit hat, Anpassungen vorzunehmen, als in dem konkreten Moment auf dem Platz. Hier ist es erforderlich, dass im Vorfeld ausreichende Bewältigungsmöglichkeiten geschaffen werden (durch körperliches und psychologisches Training).

Auf dem Platz erfordert Stressbewältigung immer auch eine Stressprävention im Vorfeld. Bei der Entstehung von Stress sind jedoch nicht allein die objektiven Anforderungen und Bewältigungsmöglichkeiten von Relevanz. Vielmehr kommt es auch auf die subjektive Wahrnehmung und Interpretation von Ereignissen an.

7.1.1 Stress und die Rolle von Bewertungen

Ein Modell, welches die Entstehung von Stress erklärt, ist das transaktionale Stressmodell (Lazarus & Folkman, 2015). Demnach sind Stressoren potenzielle Auslöser von Stress. Ob Stress entsteht, hängt nun jedoch von zwei Bewertungen ab (Abb. 7.2).

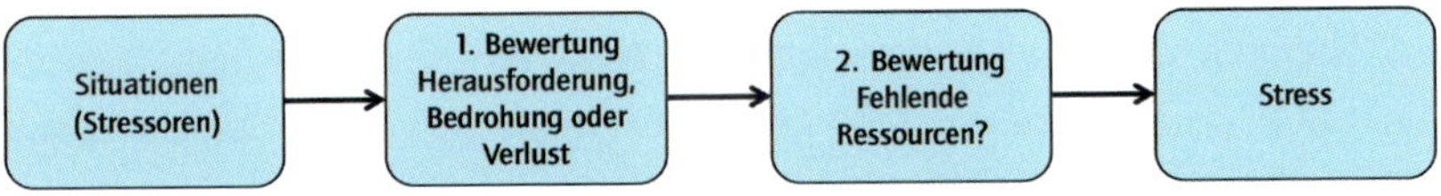

Abb. 7.2: Transaktionales Stressmodell

Die erste Bewertung erfolgt schnell in wenigen Sekunden. Sie erfolgt ohne bewusstes Nachdenken, sozusagen im mentalen Autopiloten. Stress setzt voraus, dass diese erste Bewertung eine Situation oder ein Ereignis als potenziell stressrelevant einschätzt. Dies ist der Fall, wenn eine Bedrohung vorliegt, eine Gefahr besteht, ein Verlust droht oder aber eine Herausforderung zu bewältigen ist.

In unserem Alltag ist selten das Leben bedroht. Bedroht werden jedoch unsere Selbstbilder. Auf dem Fußballplatz sind dies beispielsweise der Anspruch an sich, eine fehlerfreie Spielleitung abzuliefern oder alles im Griff zu haben. Verluste können sich auf einen erlebten Kontrollverlust beziehen. Wir haben dann das Gefühl, die Situation nicht mehr komplett im Griff zu haben. Auch kann sich ein Verlust auf einen Punktverlust in der Beobachtung beziehen.

Potenziell stressrelevant sind jedoch auch Herausforderungen. Dies können viele Zweikämpfe sein, eine unübersichtliche Strafraumszene oder eine Rudelbildung, die es aufzulösen gilt. Anders als Bedrohungen und Verluste können Herausforderungen auch mit positiven Gefühlen einhergehen.

Die Einordnung als potenziell stressauslösende Situation führt jedoch noch nicht zu Stress. Dies ist erst der Fall, wenn eine zweite etwas langsamere und oft auch bewusstere Bewertung zu dem Schluss kommt, dass die vorhandenen Bewältigungsmöglichkeiten, auch Ressourcen genannt, nicht ausreichen.

Veranschaulichen wir dies an einem Beispiel: Im Rücken des Schiedsrichters ereignet sich eine vermeintliche Tätlichkeit, die zu Aufregung führt. Der Schiedsrichter hat das Gefühl, die Kontrolle zu verlieren. Er hat die Situation selbst nicht beobachtet und schaut sich irritiert zu seinen Assistenten um. Nehmen wir nun an, dass jetzt der Assistent die Fahne hebt und die Funkfahne bedient. Es entsteht kein Stress beim Schiedsrichter, da er nun die Situation vermutlich bewältigen kann. Wenn nun allerdings der Assistent schulterzuckend an der Linie steht und auch der weiter entfernte Assistent kein Signal gibt, fehlen die Bewältigungsmöglichkeiten. Dann entsteht mit großer Wahrscheinlichkeit Stress.

Nicht jede Situation löst direkt Stress aus. Doch es gibt Situationen, die oft zu Stress führen. Diese werden als Stressoren bezeichnet. Stressoren sind also potenziell stressauslösende Situationen. Hier gibt es auf dem Platz eine ganze Reihe von Situationen. Eine Liste findest du in der Infobox.

Infobox 7.1: Stressoren für Schiedsrichter

Es gibt Situationen, die immer wieder vorkommen. Typische Stressoren für Schiedsrichter im Spiel sind – sortiert nach Stresserleben, beginnend mit der häufigsten Stressquelle nach einer Studie (Anshel et al., 2013):

- eine objektive Fehlentscheidung treffen;
- schlechtes Stellungsspiel in einer Situation;
- verbale Angriffe von Trainern;
- Probleme im Gespann;
- umstrittene Entscheidungen treffen;
- Gefahr, körperlich attackiert zu werden;
- verbale Angriffe von Zuschauern;
- Fehler bei der Zeichengebung bzw. Formalien;
- eigene Verletzung oder Schmerz;
- Verletzung einer anderen Person;
- Anwesenheit eines Beobachters;
- verbale Angriffe von Spielern.

Bislang haben wir den Stress beschrieben, wie Stress entsteht. Der Prozess ist jedoch nicht beendet, wenn Stress entstanden ist. Dann kann auch eine Stressspirale in Gang gesetzt werden, in der sich Stress hochschaukelt (vgl. Bakker & Demerouti, 2017).

7.1.2 Stressspirale – wenn sich Stress hochschaukelt

Eine Stressspirale entsteht durch eine Rückkopplung. Wenn wir im Stress sind, hat dies oft negative Folgen auf unsere Leistungsfähigkeit. Stress führt oft zu verringerter Konzentration, Gereiztheit oder hektischem Verhalten. Gerade dies ist für Schiedsrichter schwerwiegend. Eine fehlende Konzentration mündet möglicherweise in Fehlentscheidungen, durch Gereiztheit und hektisches Verhalten kommt Unruhe ins Spiel. Dies wiederum führt dann zu neuen Stresssituationen, wie zunehmende Kritik an einer tatsächlichen Fehlentscheidung.

Erschwerend kommt hinzu: Bei negativen Gefühlen wie Ängsten engt sich unsere Wahrnehmung ein. Wir Menschen haben dann einen „Tunnelblick", der die Sicht auf Lösungen einschränkt. Mit anderen Worten: Bei negativen Gefühlen verharren wir manchmal in einem Problemmodus und erkennen keinen Ausweg. Ein wenig ist das wie ein mentales Hyperventilieren: Wir versuchen, schneller zu atmen, bringen uns dadurch jedoch nur bewusst in Atemnot. Im Ergebnis sind wir schnell in der Stressspirale gefangen.

Für Schiedsrichter auf dem Platz kommen noch erschwerte Bedingungen hinzu. Zunächst ist da die körperliche Anstrengung, die durch das Laufen auf dem Platz entsteht. Diese körperliche Anstrengung frisst nicht nur körperliche, sondern auch mentale Kapazitäten. Unter hoher Belastung sind wir gedanklich nicht mehr so flexibel und können nur gewohnte Verhaltensprogramme abspulen. Die Schnelligkeit von Entscheidungsprozessen geht zulasten der Genauigkeit

Hinzu kommt, dass für sämtliche Entscheidungen die Zeitfenster sehr eng sind. Als Schiedsrichter werden grundsätzlich Entscheidungen auf dem Platz in Sekundenschnelle erwartet. Selbst die Zeitfenster für Entscheidungen beim Videobeweis im Profifußball sind – auch wenn Entscheidungen hier teilweise mehrere Minuten dauern – im Verhältnis zu den Anforderungen, die damit verbunden sind – klein.

Dieser Entscheidungsdruck ist an sich schon ein potenzieller Stressor. Zudem führt er dazu, dass der Schiedsrichter auf dem Platz nicht ewig über Lösungen nachdenken kann, sondern möglichst zügig zu einer Entscheidung kommt.

Welche Folgen hat dies für dich in der Praxis? Stress auf dem Platz wirst du nur dann bewältigen können, wenn du entsprechende Techniken und Routinen besitzt, die du im Vorfeld – außerhalb des Platzes sowie bei anderen Spielleitungen – trainiert hast.

7.2 Umgang mit Stress

Der Umgang mit Stress, auch als Coping bezeichnet, ist für Schiedsrichter von Bedeutung (Wolfson & Neave, 2007). In der Praxis zeigt sich, dass manchmal funktionale und manchmal weniger funktionale Ansätze gewählt werden.

Beispielsweise ist es zumeist kein guter Ratgeber, die negativen Gefühle nach Stress zu unterdrücken und die Situation mit sich allein auszumachen (Webb, Miles & Sheeran, 2012). Gespräche mit anderen Schiedsrichtern oder Funktionären können nützlich sein, sofern sie eine tatsächliche Unterstützung wie Tipps bieten.

Zusätzlichen Stress können sie dann auslösen, wenn wir das Gefühl haben, dass wir keine Schwächen zugeben können. Dies führt zu einem Vermeidungsverhalten, das sich in einer Beschönigung zeigt. Stress haben dann oft nur die anderen. Selbst gesteht man sich eine Überforderung nicht ein. Ebenso wenig funktional ist es jedoch, zu stark den Fokus auf negative Gefühle zu legen.

Doch was sind funktionale Strategien? Diese lassen sich in drei Ansätze klassifizieren: instrumentelle Ansätze, mentale Ansätze und regenerative Ansätze (Kaluza, 2018).

7.2.1 Instrumentelle Ansätze

Instrumentelle Ansätze setzen beim Verhalten an. Bei instrumentellen Ansätzen geht es darum, durch Planen und Handeln die Auftretenswahrscheinlichkeit von Stressoren zu reduzieren. Hierzu zählen beispielsweise die Organisation der Anreise, Abstimmungen vor Ort zu Trikots und Platzaufbau, die Absprachen im Gespann.

Auf dem Platz kannst du ebenfalls Stressoren vorbeugen. Wer frühzeitig Spieler anspricht, beugt Konflikten vor. Nach dem Spiel kannst du Situationen analysieren. Dies kann Ausgangspunkt für neue Strategien und Techniken sein, um bspw. Vorgehensweisen im Team zu optimieren. Auch kannst du nach dem Spiel den Rat von Kolleginnen und Kollegen einholen, um künftig Situationen, die einmal stressig waren, besser zu bewältigen.

In einer Studie zum Stress von Schiedsrichtern wurden für verschiedene Stressoren auch häufige Umgangsweisen erfragt (Voight, 2009). Eine häufige Umgangsweise sind Gespräche mit anderen Schiedsrichtern. Sich dort Rat zu holen oder aber auch über eigene Gefühle zu sprechen, die beispielsweise aufgrund von Kritik von Spielern und Zuschauern aufkommen, sind Wege, um Stress zu begegnen.

Instrumentelle Strategien sind oft auf eine Stressprävention ausgerichtet. Durch vorausschauendes Handeln soll Stress vorgebeugt werden. Doch es gibt auch Situationen, in denen sie der akuten Stressbewältigung dient. So kann ein Feldverweis ein Spiel beruhigen, sofern der betroffene Spieler oder Trainer eine erhebliche Unruhequelle darstellt. Dass Ruhe einkehrt, ist allerdings nicht garantiert – im Gegenteil, es besteht auch die Gefahr, dass die Emotionen hochkochen. Hier bedarf es also eines Gespürs für die Situationen – ein Aspekt des Game Managements (siehe Kap. 2.3)

Übung 7.3: Stress vorbeugen

Sammle einmal Verhaltensweisen, mit denen du Stress vorbeugen kannst.

Tab. 7.1: Übung Stress vorbeugen

	Durch welche Verhaltensweisen kannst du Stress vorbeugen?
Vor dem Spiel	
Während des Spiels	
Nach dem Spiel	

7.2.2 Mentale Ansätze

Mentale Ansätze setzen beim Erleben an. Diese zielen auf eine (Neu-)Bewertung der Situation und Bewältigungsmöglichkeiten ab. Mentale Ansätze führen idealerweise dazu,

- dass eine Situation als weniger bedrohlich oder gefährlich interpretiert wird;
- bedrohliche Situationen eher als Herausforderung uminterpretiert werden;
- das Ausmaß der Herausforderung bewältigbar erscheint;
- die eigenen Bewältigungsmöglichkeiten präsenter sind.

Mentale Ansätze bedienen sich dazu vor allem des „inneren Dialogs". Unter Stress drängen sich Gedanken auf, die oft wenig funktional sind. Diese Gedanken äußern sich in einem „inneren Dialog".

Verdeutlichen wir dies an einem Beispiel: Ein Schiedsrichter in der Bezirksliga, der im Beobachtungsranking vorne steht und nun zum dritten Mal um den Aufstieg in die nächsthöhere Spielklasse kämpft, leitet sein letztes Spiel unter Beobachtung. In dem Spiel muss alles glattgehen, damit er aufsteigt. Bei kleineren Fehlern wird er sehr wahrscheinlich wieder nicht aufsteigen.

Nach gut einer Stunde kommt es zu einer kritischen Szene, bei der sich die Frage stellte, ob der Ball im Tor war oder gerade so vom Verteidiger von der Linie gekratzt wurde. Der Schiedsrichter entscheidet auf Weiterspielen. Die angreifende Mannschaft protestiert. Nun kommen dem Schiedsrichter Zweifel: „So ein Mist. Wieso hast du dich nicht besser positionierst? Wieso hat der Assistent das nicht gesehen? Das war es wieder mit dem Aufstieg!"

Diese Zweifel des inneren Dialogs stellen auch Selbstgespräche dar. Diese lassen sich regulieren und trainieren (siehe Kap. 8.1). Im Beispiel oben sind die Gedanken nicht funktional. Im Gegenteil, sie verstärken den Stress, da die Gedanken den Aufstiegskampf für verloren erklären. Wenn der Schiedsrichter über mentale Ansätze der Stressbewältigung verfügt, wird er entweder von Beginn an funktionale Gedanken haben oder diese dem ersten Gedanken entgegensetzen: „Wenn du und dein Assistent den Ball nicht im Tor gesehen haben, war es auch keins. Das Spiel geht nun erst einmal weiter und ich bleibe im Rennen!"

Allgemein können Selbstgespräche eher auf die Schwächen oder eher auf die Stärken ausgerichtet sein. Gedankengänge wie: „Heute bin ich nicht wach und unkonzentriert", führen eher zu Stress als Gedankengänge wie: „Heute bin ich fit und aufmerksam!" Wichtig ist, dass die Gedankengänge sich verselbstständigen können – im negativen wie im positiven Sinne.

Ebenso wichtig ist es auch, dass die Gedankengänge von dir beeinflusst werden können. Gedankengänge können oft auch von Bildern im Kopf begleitet werden oder sind sogar die Folge davon. Auch die inneren Bilder brauchst du nicht dem Zufall zu überlassen. Dies ist ein Aspekt des mentalen Trainings im engeren Sinne und wird auch als Visualisierungstechnik bezeichnet (siehe Kap. 8.3).

Übung 7.4: Funktionale Gedanken entwickeln

Du findest zu typischen Situationen dysfunktionale Gedanken, die den Stress verschärfen können. Du kannst die Liste mit Situationen und Gedanken auch auf Grundlage deiner bisherigen Erwartungen erweitern.

Tab. 7.2: Übung funktionale Gedanken entwickeln

Situation	Dysfunktionale Gedanken	Funktionale Gedanken
Strafstoßentscheidung gegen die Heimmannschaft	War das wirklich ein Elfmeter? Die Spieler meckern so viel.	Es war ein Elfmeter, die Spieler wollen es nur nicht wahrhaben.
Verwarnung für Nummer 3 nach einem taktischen Foulspiel im Mittelfeld	Das war doch Nummer 3. Warum reagiert der jetzt nicht auf meine Rufe?	
Platzverweis wegen Notbremse nach 11 Minuten	Wenn ich hier Rot gebe, dann brennt die Hütte.	
Knappe Torerzielung	War der Ball im Netz? Der Assistent hat gar nicht reagiert.	
Wiederholte Entscheidung gegen eine Mannschaft	Der foult den, das wäre der zweite Strafstoß für den Gast. Ich verliere hier an Akzeptanz.	

7.2.3 Erholung

Stress mobilisiert anfänglich Energie und aktiviert den Organismus. Erfolgt jedoch keine Ruhepause, dann ist der Organismus permanent in Alarmbereitschaft. Irgendwann kann der Körper keine Energie mehr aufbringen. Dauerstress führt zu chronischem Stress mit negativen gesundheitlichen Folgen. Kein Marathonläufer würde auf die Idee kommen, jeden Tag einen Marathon zu laufen und dabei Bestzeiten anzustreben. Erholung ist eine wesentliche Komponente, um die körperliche und mentale Leistungsfähigkeit aufrechtzuerhalten.

Nach einem Spiel solltest du daher eine Regeneration einplanen. Für den Körper bedeutet dies keine Höchstleistung am nachfolgenden Tag. Auch der Kopf braucht eine Erholung. Hier ist vor allem das Detachement – die mentale Abkopplung – entscheidend (Sonnentag & Fritz, 2015).

Manchmal sind wir auch lange nach Abpfiff mental noch auf dem Platz. Insbesondere schwierige Situationen wirken oft nach. Im Kopf laufen diese noch einmal ab. Schnell ist das Gedankenkarussell in Fahrt gekommen. Bei besonders „stressigen" Spielen können wir auch gereizt reagieren.

Diese Phänomene sind Stressfolgen, die nicht zu verwechseln sind mit einer systematischen Reflexion. Eine mentale Abkopplung gelingt z. B., wenn wir einer anderen, angenehmen Beschäftigung nachgehen. Wenn du ein anstrengendes Fußballspiel hattest, kann ein gemütlicher Fernsehabend mit einem packenden Film erholsamer sein als die Recherche von Fußballergebnissen, bei der du dich gedanklich immer noch mit dem Thema Fußball beschäftigst.

Manchmal kann es hilfreich sein, durch ein Gespräch mit Schiedsrichterkollegen oder Notizen das Spiel mental abzuschließen. Eine bewusste Selbstreflexion kann von den negativen Gedanken befreien. Ebenso hilfreich können Rituale sein, bei denen wie bei einem Auslaufen bewusst das Fußballwochenende einen Abschluss findet. So kann nach einer Spielleitung ein Blick auf die Ergebnisse den Abschluss bilden, ehe dann ein gemeinsames Abendessen mit dem Partner oder Freunden ansteht.

Welche Routinen und Tätigkeiten helfen dir nach einem anstrengenden Spieltag, abzuschalten und den Kopf wieder frei zu bekommen?

Einen integrativen Ansatz zum Umgang mit Stress stellt das Einfach-weniger-Stress-Konzept dar (siehe Exkurs 7.1).

Exkurs 7.1: In fünf Schritten zu mehr Gelassenheit

Um Stress zu begegnen, haben ein ehemaliger Kollege und ich ein Konzept entwickelt. Das „Einfach-weniger-Stress"-Konzept (Paulsen & Kortsch, 2020). Aufbauend auf dem Konzept, haben wir unter anderem Trainingsprogramme und Coachingseinheiten für Fach- und Führungskräfte durchgeführt. Das Konzept lässt sich auch auf den Sport und Schiedsrichter im Speziellen übertragen. Es besteht aus fünf Schritten:

1. **Stress verstehen:** Um Stress zu begegnen, ist es förderlich, zu verstehen, wie Stress entsteht. Dieses Kapitel gibt dir einen Einblick.
2. **Stressoren erkennen:** In diesem Schritt geht es darum, die Anforderungen, die bei dir Stress auslösen, zu reflektieren.
   - Welche Stressoren sind gegenwärtig bei dir vorhanden?
   - Welche sind besonders beanspruchend?
3. **Ressourcen wecken:** Neben den Anforderungen sind die Bewältigungsmöglichkeiten für einen Umgang mit Stress zentral.
   - Welche Ressourcen hast du?
   - Was hilft dir, mit Stress umzugehen?
4. **Umsetzung planen:** Überlege dir, wie du Stresssituationen begegnest und mache dir konkrete Pläne.
5. **Gelassen handeln:** Bleibe geduldig, wenn du dennoch in Stress gerätst und versuche, dich in kleinen Schritten zu verbessern. Frage dich, was dir hilft, gelassen zu bleiben.

8 Training im Kopf: Psychologisches Training

Als Schiedsrichter wirst du vermutlich regelmäßig trainieren. Dazu gehört die Auseinandersetzung mit dem Regelwerk und die Arbeit an der körperlichen Fitness. Beides erfreut sich unterschiedlicher Beliebtheit. Der eine liebt es, der andere hasst es.

Folglich unterscheiden sich Schiedsrichter darin, wie systematisch und effektiv sie Regelkenntnisse üben und ihre Fitness trainieren. Beides gehört jedoch für Schiedsrichter dazu. Ab einem gewissen Leistungslevel führt kein Weg daran vorbei, intensiv an der körperlichen Fitness zu arbeiten und selbst die kniffligsten Regelfragen wie aus der Pistole geschossen zu beantworten.

Neben der Regelkenntnis oder Fitness kannst du jedoch auch die Psyche trainieren. Dies geschieht mit psychologischem Training. Vielleicht hast du einmal etwas von „mentalem Training" gehört oder zumindest eine Vorstellung davon, was psychologisches Training sein kann. Vermutlich werden dir einige Prinzipien und Methoden auch bekannt vorkommen.

Sehr gute Schiedsrichter trainieren – ohne dass es ihnen bewusst ist – oft im Kopf und beeinflussen durch Training psychische Prozesse. Dazu zählt beispielsweise die Regulation von Gedanken, das Vorstellungstraining, die Entwicklung von Routinen im Vorfeld von Spielleitungen, die Optimierung der Aufmerksamkeit, die Erhöhung von Motivation oder der Umgang mit Fehlern und Misserfolgen.

Im Schiedsrichterbereich gibt es jedoch insgesamt wenig Wissen über psychologisches Training. In der Folge wird es weniger genutzt. Dieses Kapitel soll dir einen Überblick und Ideen geben, wie du auch psychische Prozesse trainieren kannst.

Was ist psychologisches Training? Psychologisches Training dient der Optimierung von Gedanken, Gefühlen sowie Motivation und anderen psychischen Prozessen, um Handlungen zu optimieren (Baumann, 2018).

8.1 Grundsätze und Ziele des psychologischen Trainings

Übergeordnete Ziele des psychologischen Trainings sind (Baumann, 2018; Eberspächer, 2011):

- Selbstvertrauen aufbauen;
- deine eigene Aufmerksamkeit zu fokussieren und
- die Förderung des optimalen Leistungszustandes.

Das Vertrauen in die eigenen Fähigkeiten – in der Psychologie als Selbstwirksamkeit bezeichnet, im Alltag als Selbstvertrauen bekannt – ist etwas, was souverän handeln lässt. Oft entstehen Misserfolge, weil das Selbstvertrauen in die Fähigkeiten verloren geht. Menschen verlieren nicht von heute auf morgen ihre Fähigkeiten. Doch manchmal kommt es zum Blackout und die eigenen Potenziale können nicht abgerufen werden. Dies kann in einem Regeltest ebenso wie in einer Spielleitung geschehen. Auch Profis passiert es.

Vielleicht erinnerst du dich an das Halbfinale der Champions League 2019/20. Der FC Bayern fertigte den FC Barcelona mit dem Weltstar Lionel Messi 8:2 ab. Die Katalanen werden nicht das Fußballspielen verlernt haben. Sie haben aber vermutlich im Spiel das Vertrauen in ihre Fähigkeiten verloren.

Ähnliches dürfte auch bei dem Halbfinale der Weltmeisterschaften 2014 zwischen Deutschland und Brasilien der Fall gewesen sein. Binnen weniger Minuten war das Spiel zugunsten des späteren Weltmeisters entschieden. Die Brasilianer waren völlig von der Rolle. Psychologisches Training hilft, das Selbstvertrauen aufzubauen, zu fördern und auch in kritischen Situationen zu behalten.

Ein weiteres Ziel ist die Fokussierung der Aufmerksamkeit auf Relevantes. Auf uns Menschen strömen permanent unzählige Informationen ein. Aus diesen müssen wir eine Auswahl treffen. Je nach Situation und Handlungsziel sind es andere Informationen, die wir fokussieren müssen. Problematisch ist es, wenn unsere Gedanken abschweifen. Im Spiel kann dies beispielsweise der Gedanke daran sein, dass draußen ein Beobachter sich ein Urteil macht. Das Verhalten der Ersatzspieler oder die möglicherweise mangelhafte Ausrüstung kann ebenfalls einen Schiedsrichter während des Spiels beschäftigten – und möglicherweise ablenken.

Im Beispiel des WM-Halbfinales zwischen Brasilien und Deutschland 2014 war die Aufmerksamkeit der Spieler bei ihrem verletzten Mannschaftskameraden und Weltstar Neymar. Dieser hatte sich zuvor verletzt und konnte nicht spielen. Mit Fotos gedachten die Spieler beim Abspielen der Nationalhymne ihres Stars.

Auch wenn ich nicht in die Köpfe der Spieler schauen kann, liegt die Vermutung doch nahe, als sei die Aufmerksamkeit zu Spielbeginn nicht voll ausgerichtet gewesen. Psychologisches Training hilft dir, deine Aufmerksamkeit gezielt auszurichten und dich wieder schneller zu fokussieren, falls du abschweifst.

Exkurs 8.1: Aufmerksamkeitsprozesse

Es lassen sich vier Subprozesse der Aufmerksamkeit unterscheiden (Memmert, 2019): Aufmerksamkeitsorientierung, selektive Aufmerksamkeit, Konzentration, geteilte Aufmerksamkeit.

Selektive Aufmerksamkeit: Aufmerksamkeit ist selektiv. Die Scheinwerfer sind auf ein bestimmtes Objekt gerichtet. Dies führt dazu, dass andere Dinge ausgeblendet werden. Für die Schiedsrichterpraxis ist es wichtig, sich dessen bewusst zu sein. Als Schiedsrichter triffst du eine Entscheidung, was du fokussierst und riskierst somit immer auch blinde Flecken.

Gefährlich ist es, wenn die Aufmerksamkeit zu Nebenkriegsschauplätzen abwandert und das Wesentliche nicht wahrgenommen wird. Im Schiedsrichterteam lassen sich die blinden Flecken korrigieren, indem die Assistenten andere Dinge fokussieren als der Schiedsrichter.

Aufmerksamkeitsorientierung: Diese bezeichnet die Orientierung zu einem Stimulus oder von einem Stimulus weg. Dies kann beispielsweise die Orientierung auf einen Zweikampf und dort speziell den Armeinsatz sein oder die Orientierung hin zum Geschehen hinter dem Torhüter (Nideffer, 1976).

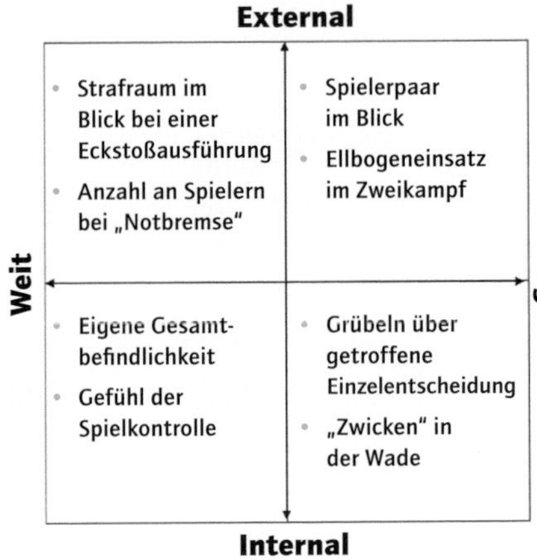

Abb. 8.1: Aufmerksamkeitsorientierung

Bei der Aufmerksamkeitsorientierung lassen sich zwei Dimensionen unterscheiden (Abb. 8.1). Die Aufmerksamkeit kann nach außen gerichtet sein (z. B. Spieler) oder nach innen (z. B. eigener Körper) und eng (z. B. Ellbogeneinsatz im Zweikampf, eigene Wade, die zwickt) oder weit (z. B. Spieler im Strafraum; eigene Stimmung) ausgerichtet sein.

Konzentration: Diese bezeichnet das Aufrechterhalten der Aufmerksamkeit auf einen spezifischen Stimulus über eine längere Zeitspanne. Manchmal ist es eine Herausforderung, die Konzentration auf das Spielgeschehen aufrechtzuerhalten und nicht über ganz andere Dinge nachzudenken. Oft schweift die Aufmerksamkeit vom Hier und Jetzt in die Vergangenheit oder Zukunft ab. Insbesondere Spiele, die wenig fordern, sind dafür prädestiniert.

Geteilte Aufmerksamkeit: Die Aufmerksamkeit kann auch geteilt werden. Eine gute, geteilte Aufmerksamkeit kann darin bestehen, sich auf eine Situation zu fokussieren und gleichzeitig die Situation als Ganzes im Blick zu haben, sodass Unerwartetes schneller auffällt.

Zentral ist die Größe des Aufmerksamkeitsfensters. Bildlich gesprochen, unterscheiden sich Menschen in der Größe des Monitors, mit dem sie bspw. ein Spiel verfolgen. Bei Schiedsrichterassistenten ist die Breite dieses „Monitors" ein Faktor, der die Genauigkeit bei Abseitsentscheidungen vorhersagt (Hüttermann et al., 2018)

Neben diesen Grundvoraussetzungen besteht auch die Möglichkeit, zwischen verschiedenen Aufmerksamkeitsorientierungen schnell hin und her zu wechseln. Oft geschieht dies unbewusst und nicht immer ist die Aufmerksamkeitsorientierung für die momentane Aufgabe zielführend.

Um eine sehr gute Leistung zu erbringen, brauchst du einen optimalen inneren Zustand. Du musst auf Betriebstemperatur sein. So, wie das Aufwärmen dazu dient, dass deine Muskeln warm sind, musst du auch mental in einem Zustand sein, der es dir erlaubt, von Sekunde eins an deine Leistung abzurufen. Lampenfieber gehört dazu. Wenn du zu aufgeregt bist, wirst du hektisch und dir wird es schwerfallen, dich auf das Wesentliche zu fokussieren. Bist du zu gelassen, gar „chillig", ist dies ebenfalls abträglich. Psychologisches Training hilft dir, diese optimale Zone schneller herbeizuführen oder wiederzufinden, falls du sie einmal verlassen haben solltest.

Damit diese Ziele wirksam werden, gilt es, Prinzipien zu beachten. Psychologisches Training ist Training. Dies bedeutet, dass du dir beim psychologischen Training ebenso wie beim Training deiner Fitness Ziele setzt. Ohne Ziel verpuffen die Effekte schnell. Lege konkret fest, was du mit dem psychologischen Training erreichen willst. Möchtest du deine Körpersprache z. B. bei der Aussprache von Verwarnungen verbessern, innere Sicherheit in kritischen Situationen gewinnen oder deine Aufmerksamkeitsausrichtung bei Standardsituationen optimieren?

Ein weiteres Prinzip besteht in einer systematischen und wiederholten Durchführung. Du machst das Training nicht nur nebenbei beim Autofahren, sondern nimmst dir Zeit dafür. Du kannst dies beispielsweise routiniert im Vorfeld oder Nachgang eines Dauerlaufs einbauen. Ebenfalls bedeutsam ist die Wiederholung. Von einem Liegestütz wirst du keine Muskeln aufbauen. Training ist nur dann wirksam, wenn du es wiederholt machst. Mental trainieren kannst du nahezu täglich für ein paar Minuten.

Exkurs 8.2: Ein Bundesliga-Schiedsrichter über Aufmerksamkeit und Konzentration

(...)

Frederick Assmuth, Jahrgang 1977, hat sich als Schiedsrichter-Assistent spezialisiert, assistiert seit über 10 Jahren in der Bundesliga.

„Frederick, welche Anforderungen stellen heutige Spiele an die Aufmerksamkeitsfähigkeit eines Schiedsrichter-Assistenten?"

Frederick Assmuth: *„Konzentration ist sicherlich neben körperlicher Leistungsfähigkeit die wichtigste Voraussetzung für die Tätigkeit als Assistent. Die Geschwindigkeit der Spiele hat in den vergangenen exponentiell zugenommen, und damit auch die Anforderungen an das Schiedsrichter-Team. Oft sind in Sekundenbruchteilen mehrere enge Entscheidungen zu treffen – das funktioniert nur mit 100%gier Aufmerksamkeit. Auch die Entscheidungen selbst – insbesondere Abseits – sind durch die höhere Geschwindigkeit und perfektionierte Spielzüge anspruchsvoller geworden."*

„Gibt es Techniken, die du auf oder neben dem Platz anwendest, um mit den Anforderungen besser umzugehen?"

Frederick Assmuth: *„Ich nutze die Aufwärmphase und die letzten Sekunden vor dem Spiel in der Kabine, um die Konzentration hochzufahren. Vorher bin ich sehr locker, aber das sind wichtige Punkte für mich, um den Schalter umzulegen. Beispielsweise nehme ich mir während des Warmlaufens ein paar Sekunden, um ruhig auf einer Stelle zu stehen und dann den Blick auf die vordere, mittlere und hintere Seite des Spielfeldes zu fokussieren. Das ist ein Moment, der neben den Augen auch die Konzentration schärft."*

„Wie trainierst du deine Konzentrationsfähigkeit?"

Frederick Assmuth: *„Konzentration zu trainieren, ist sicherlich schwierig. Die Arbeit mit einem Sportpsychologen hat mir vor einigen Jahren sehr geholfen, insgesamt an die Spiele anders heranzugehen – und die Assistententätigkeit besser (psychologisch gesehen) in Einklang mit Familie und Beruf zu bringen. Wenn das nicht im Gleichgewicht ist, leidet automatisch die Aufmerksamkeit bei den Spielen. Grundsätzlich ist es für mich wichtig, die optimale Vorbereitung auf jedes Spiel zu haben. Dazu gehört eben neben der nötigen Lockerheit auch der Fokus zum richtigen Zeitpunkt."*

8.2 Selbstgesprächsregulation

Im Alltag führst du Selbstgespräche am laufenden Band. Du denkst, ich denke, dass du verrückt bist? Nein, ganz und gar nicht. Selbstgespräche sind ein natürlicher Prozess, der dazu dient, unsere Handlungen zu koordinieren.

„Jetzt bloß nicht die Pfeife und die Spielnotizkarte vergessen", erinnern wir uns beispielsweise in der Halbzeit, alle Arbeitsmaterialien wieder mit auf das Spielfeld zu nehmen. Selbstgespräche helfen uns, Handlungsschritte im Kopf zu behalten: „Jetzt erst die Tornetze kontrollieren, dann die Coachingzone checken." Auch können Selbstgespräche uns motivieren: „Das habe ich wirklich sehr gut gesehen. Ich bin wach."

Doch nicht immer sind Selbstgespräche nur rein funktional. Manchmal erinnern sie uns an Dinge, die wir vergessen haben und schon lenken wir unsere Aufmerksamkeit auf Probleme und sorgen für ein schlechtes Gefühl: „Mist, ich habe vergessen, mir das Torwarttrikot noch einmal zeigen zu lassen. Ob das gut geht?"

Besonders problematisch sind Selbstgespräche, die sich auf die Vergangenheit beziehen und bei denen wir nichts mehr tun können. „Ich glaube, das war doch ein Strafstoß. Hätte ich bloß gepfiffen." Manchmal ziehen uns die Selbstgespräche auch richtig runter. „Heute ist nicht mein Tag. Heute geht alles schief und dann ist auch noch ein Beobachter da."

Gedankengänge, die sich auf die eigenen Handlungen beziehen, äußern sich zumeist in Selbstgesprächen. In Selbstgesprächen gehen wir Pläne durch, geben uns Anweisungen, ordnen unsere Gedanken, bewerten und kommentieren jedoch auch unsere Handlungen und unsere Verfassung (Eberspächer, 2011). Die Selbstgespräche beeinflussen weitere Handlungen. Manchmal kommt es dann zu selbsterfüllenden Prophezeiungen.

(...) *Exkurs 8.3: Selbstgespräche und selbsterfüllende Prophezeiungen*

Felix denkt vor seiner Spielleitung: „Heute ist nicht mein Tag. Hoffentlich passiert mir kein schwerer Fehler", und fühlt sich unsicher. Nach einer Entscheidung kommt es gleich zu Beginn zu Kritik. Felix denkt darüber nach: „Der Stürmer hat vorhin gemeckert. Ich glaube, da hätte ich einen Elfmeter geben müssen", und während er darüber nachdenkt, schaut er nicht ganz hin und stellt für sich fest: „Mist, jetzt habe ich nicht aufgepasst. Schon wieder ein Fehler." Schließlich fühlt er sich bestätigt: „Ich sage ja, heute ist nicht mein Tag."

Selbstgespräche beeinflussen nicht nur unmittelbar eine Handlung, sondern unsere gesamte Verfassung. Wenn sich negative Gedanken auftun, die sich in Befürchtungen und Sorgen äußern, kann dies paradoxerweise die damit verbundenen Erwartungen durch die eigenen Gefühle und das Verhalten bestätigen.

Gedankenspiralen, die uns hinunterziehen, gilt es zu unterbrechen. Psychologisches Training kann bei den Selbstgesprächen ansetzen. Durch eine Selbstgesprächsregulation lassen sich die positiven Effekte von Selbstgesprächen zunutze machen. Die negativen Effekte werden abgepuffert oder gar eliminiert.

Das Kernprinzip bei der Selbstgesprächsregulation besteht darin, negative Gedanken nicht ohne Weiteres hinzunehmen, sondern steuernd einzugreifen. Dies geschieht, indem du den negativen Gedanken, die sich in Selbstgesprächen äußern, positive Gedanken entgegensetzt.

Im Spiel gelingt dir das vermutlich nur dann, wenn du bereits über Kompetenzen in der Selbstgesprächsregulation verfügst. Mit anderen Worten: Du musst hier mental auf einem hohen Fitnesslevel sein, damit du negative Gedanken zu positiven umwandeln kannst. Daher ist es wichtig, dies zu trainieren. Die nächste Übung zielt darauf ab, typische negative Gedanken, die im Spielverlauf entstehen können, durch positive Gedanken zu ersetzen.

Übung 8.1: Positives Reframing

Eine Übung besteht darin, Sachverhalte neu zu bewerten und so zu einem positiven Reframing zu gelangen. Du findest eine Liste mit negativen Gedanken. Zu einigen Gedanken sind bereits alternative, positive Umformulierungen eingetragen. Diese dienen jedoch nur als Anregung. Letztendlich musst du deine eigenen Worte finden. Du kannst die Liste auch beliebig um typische Gedankengänge erweitern, die während einer Spielleitung aufkommen können.

Tab. 8.1: Übung Positives Refraiming

Negativer Gedankengang	Positive Umformulierung	Deine eigenen Worte
„Ich bin gerade nicht bei der Sache."	„Ich bin nicht wach. Jetzt ist der richtige Zeitpunkt, aufmerksam zu werden. Jetzt kommt es auf ... an."	
„Das war vorhin ein Fehler von mir."	„Das war vielleicht ein Fehler. Vielleicht aber auch richtig. Das kann ich nun nicht beeinflussen. Stärke zeigt sich, indem ich nun fokussiert bleibe."	
„Hoffentlich hat der Beobachter das nicht gesehen."	„Mich interessiert, was der Beobachter gesehen hat. Ich erfahre das später. Jetzt gibt es Wichtigeres zu tun."	
„Heute akzeptiert mich gar kein Spieler."	„Aktuell ist meine Akzeptanz nicht so, wie ich sie gerne hätte. Ich versuche, diese wiederherzustellen, indem ich ..."	

Negativer Gedankengang	Positive Umformulierung	Deine eigenen Worte
„Ich komme nicht ins Spiel."	„Bislang habe ich nicht ins Spiel gefunden. Das ändere ich jetzt..."	
„Jetzt habe ich schon zwei Karten, wenn ich so weitermache, habe ich eine Kartenflut. Dann verliere ich komplett die Kontrolle über das Spiel."	„Zwei Karten sind viel. Jetzt muss ich meine Kommunikationsfähigkeit einsetzen."	
„Mein Assistent ist total unsicher. Hoffentlich baut der keinen Mist."	„Mein Assistent braucht heute meine Unterstützung."	
„Meine Beine sind schwer. Heute ist definitiv nicht mein Tag."	„Das Laufen ist heute schwer. Jetzt muss ich meine Willensstärke unter Beweis stellen."	
„Ist das ein langweiliger Gurkenkick heute, da schläft man ja ein."	„Ein entspannter Sonntag bislang. Gelegenheit, Routinen zu testen..."	
„Heute schauen andere Schiedsrichter zu. Hoffentlich denken die nichts Schlimmes über mich."	„Ich bin ganz gespannt, was die anderen Schiedsrichter sich von mir abschauen werden."	

Neben den allgemeinen Gedankengängen hilft es, konkrete Erfahrungen zu reflektieren. Damit kannst du jetzt beginnen, indem du dich an dein letztes Spiel erinnerst (Übung 8.1). Hilfreich ist es jedoch, kontinuierlich „am Ball" zu bleiben und nach den Spielleitungen förderliche und hinderliche Gedankengänge zu analysieren, die Einfluss auf das Spielgeschehen haben.

Übung 8.2: Förderliche und hinderliche Gedanken

Erinnere dich nun an dein letztes Spiel.

- Welche Gedanken kamen auf?
- Welche Gedanken waren förderlich für die Spielleitung, welche eher hinderlich?

Formuliere die hinderlichen Gedanken um!

Ein paar Beispiele zur Anregung sind eingetragen.

Tab. 8.2: Übung Förderliche und hinderliche Gedanken

Gedankengang im Spiel	War der Gedanke förderlich oder hinderlich?	Alternative
Ich komme ohne Karten aus.	Der Gedanke war hinderlich, weil ich dadurch nicht konsequent war.	Ich komme mit wenigen Karten aus, im Zweifel bin ich jedoch entschlossen, Karten zu zeigen.
Das Spiel ist vielleicht entschieden, aber noch nicht vorbei. Ich muss weiter aufmerksam sein.	Der Gedanke war förderlich, weil es noch einmal zur Sache ging.	

Letztendlich liegt die Wahrheit auch auf dem Platz. Doch wie bereits erwähnt, in einem Spiel, welches dich fordert, wirst du wenig Zeit haben, über deine Gedanken bewusst nachzudenken. Von daher musst du hier eine Fitness entwickeln. Dies kannst du auch während der Belastung üben und Schritt für Schritt die mentale Fitness in Sachen „Selbstgesprächsregulation" trainieren. Dazu eigenen sich intensive Lauftrainingseinheiten (siehe Übung 8.3) ebenso wie Spiele, in denen du nur moderat gefordert bist (siehe Übung 8.4).

Übung 8.3: Willensstärke

Wenn du ein intensives Training, z. B. einen Helsen- oder HIT-Test, planst, überlege vorher einmal, welche Gedanken während der Durchführung aufkommen können. Einige dieser Gedanken motivieren und spornen an. Andere hindern dich.

Formuliere nun einen Satz, der dich besonders motiviert. Schreibe ihn nieder:

____

____

____

____

Sprich ihn laut und leise aus. Sprich ihn leise zu dir, ohne dass der Satz für jemanden hörbar ist! Teste nun während der Trainings diesen Satz aus. Insbesondere dann, wenn negative Gedanken aufkommen, bringe diesen Satz.

Hinweis für Fortgeschrittene: Du kannst dir auch mehrere Sätze einprägen und diese je nach Fortschritt passend einbringen.

Übung 8.4: Motivierende Gedanken

Denke einmal darüber nach, welche Gedanken dich besonders motivieren. Formuliere nun einen Leitspruch, der dir hilft, die Aufmerksamkeit zurückzugewinnen und dich zu fokussieren. Schreibe ihn nieder:

____

____

____

____

Sprich ihn laut aus und präge ihn dir ein.

Selbstgespräche sind so alltäglich, dass es immer wieder Gelegenheit gibt, sie zu üben. Für den Trainingserfolg ist – wie beim Sport auch – Wiederholung notwendig. Übung macht den Meister!

Ein weiteres Erfolgsprinzip ist es, Gedankengänge, die stark von Übertreibungen durchdrungen sind und von negativen Gefühlen wie Befürchtungen begleitet werden, mit einem nüchternen, rationalen, eher positiven Blick zu begegnen. Die Aufmerksamkeit kann dann in einem weiteren Schritt durch Selbstinstruktion auf die anstehenden Anforderungen gelenkt werden.

8.3 Vorstellungstraining

Ein weiterer Ansatzpunkt für das psychologische Training liegt in der Vorstellung. Wir Menschen besitzen eine Vorstellungskraft, die Einfluss auf unsere Leistungsfähigkeit nimmt. Große Erfindungen wie die des Flugzeugs basieren auf der Vorstellung, dass der Mensch fliegen kann. Vorstellungen betreffen oft solche positiven Visionen, die zu einem Kopfkino führen. Vorstellungen eröffnen – oder beschränken – die Leistungsgrenzen (siehe Exkurs 8.4 Meilenweltrekord).

Exkurs 8.4: Meilenweltrekord 1954

Im Jahr 1954 passierte für die Sportwelt etwas Unverstellbares. Der Brite Roger Bannister lief am 6. Mai jenes Jahres in Oxford die Meile in 3:59,04 Minuten. Damit unterbot er die 4:00,00-Minuten-Marke. Zuvor hielten es Experten für unmöglich, dass dies je ein Mensch schaffen würde. Doch Bannister verfolgte dieses Ziel weiter. Er hielt es für machbar und schaffte es.

In der Folge geschah etwas, was die Experten noch mehr verblüffte: Keine 12 Monate später wurde der Weltrekord unterboten. In kurzer Zeit liefen mehrere Läufer unter 4:00,00 Minuten. Die Grenze des Vorstellbaren war endgültig verrückt worden.

Das Kopfkino kann auch negativ sein. Manchmal malen wir uns Katastrophenszenarien aus. Bilder des Scheiterns wandern dann über die innere Leinwand. Wer für ein bedeutsames Spiel angesetzt ist, wird sich möglicherweise ausmalen, dass es nicht so gut laufen wird. Gerade Drucksituationen wie eine entscheidende letzte Partie unter Beobachtung, die über den Aufstieg entscheidet, können Bilder von Misserfolgen in uns hervorrufen. Neben den Ergebnissen von Handlungen wie Erfolg und Misserfolg bilden wir auch eine Vorstellung von unseren Handlungs- und Bewegungsabläufen.

Im Spiel ist dies beispielsweise eine Vorstellung des Laufens anhand flexibler Diagonalen oder die Aussprache von persönlichen Strafen. Auch Taktiken für ungewisse Situationen wie das Verhalten bei Rudelbildungen lassen sich mental vorwegnehmen. Bevor wir näher auf unterschiedliche Facetten des Vorstellungstrainings eingehen, findest du folgende Übung, die die Macht der Vorstellung veranschaulicht.

Übung 8.5: Vorstellung einer Zitrone

Stelle dir eine Zitrone vor.

- Wie sieht die Zitrone aus?
- Wie fühlt sie sich in deinen Händen an?

Stelle dir nun vor, wie du die Zitrone mit einem Messer in Scheiben schneidest.

- Was spürst du?
- Wie riecht die Zitrone?

Stelle dir nun vor, wie du eine Zitronenscheibe in die Finger nimmst und reinbeißt.

- Wie schmeckt die Zitrone?
- Was spürst du in deinem Mund?

Vermutlich wirst du eine konkrete Vorstellung von der Zitrone haben. Die Vorstellung weckt Erinnerungen, die einem konkreten Erleben sehr ähneln. Diese Übung der Zitrone wird gerne genutzt, um die Macht der Vorstellung zu veranschaulichen (z. B. mit Fußballern – Rhodes, May, Andrade & Kavanagh, 2018).

8.3.1 Vorstellung einfacher Bewegungen

Eine besondere Form des Vorstellungstrainings – auch als mentales Training im engeren Sinne bezeichnet – ist die Bewegungsvorstellung. Viele Sportler, wie beispielsweise Turner oder Eiskunstläufer, müssen Bewegungsabläufe lernen, konkretisieren oder stabilisieren, um in ihren Sportarten erfolgreich zu sein. Lernen, Konkretisieren und Stabilisieren sind die Ziele des mentalen Trainings. Dieses Als-ob-Training wirkt. Besonders wirksam sind die Effekte, wenn es mit richtigem Training kombiniert wird (vgl. Mayer & Hermann, 2015).

(...) *Exkurs 8.5: Stärkere Bizeps dank mentalem Training*

Du bekommst dickere – oder besser gesagt – stärkere Muckis durch Vorstellen im Kopf? Klingt zunächst abenteuerlich und nach Hokuspokus. Eine Studie von Smith, Romano-Smith, Wright, Deller-Rust und Wakefield (2020) zeigt jedoch, dass mentales Training sich auf die Leistung beim Gewichtheben auswirkt. Dazu wurde eine spezielle Technik des mentalen Trainings, die sogenannte *PETTLEP-Methode* (Holmes & Collins, 2001), verwendet. Diese steht für die englischen Begriffe Physical Component, Environment, Task, Time, Learning, Emotion und Perspective.

Physical Component: Hier geht es um das körperliche Empfinden. Die Studienteilnehmer wurden aufgefordert, sich vorzustellen, wie sie auf einem Stuhl sitzen und einen Bizeps Curl vollziehen und wie sich der Muskel dabei anfühlt.

Environment: Hier geht es um das Umfeld, in dem die spätere Leistung vollzogen wird. Hier sollten sich die Studienteilnehmenden z. B. Beleuchtung und Temperatur im Fitnessstudio, in dem vorher und nachher tatsächliche Tests durchgeführt wurden, vorstellen.

Task: Hier geht es um die Aufgabe. Hier sollten sich die Teilnehmenden z. B. vorstellen, wie sie den Griff der Hantel fassen und welche Handlungsschritte notwendig sind.

Time: Hier geht es um die zeitliche Dimension. Hier stellten sich die Teilnehmenden die Übung in der Durchführungsgeschwindigkeit von ca. drei Sekunden vor – also weder in Zeitlupe noch im Zeitraffer.

Learning: Hier geht es um die Optimierung der Vorstellung. Die Teilnehmenden verbesserten das innere Drehbuch der Vorstellung zwischendurch.

Emotion: Hier geht es um die Gefühle bei der Durchführung. Die Teilnehmenden sollten sich vorstellen, wie sie sich vor, während und nach der Durchführung fühlen. Dies war bei einem Teilnehmer Zufriedenheit, bei einem anderen war es Erleichterung.

Perspective: Hier geht es um die Perspektive, aus der die Vorstellung erfolgt. Diese erfolgte aus der Innenansicht (ähnlich wie bei einem Ego-Shooter-Computerspiel).

Die Teilnehmenden trainierten acht Wochen je dreimal mit 6-8 Wiederholungen. Jede Woche wurde der Fortschritt in einem echten Test gemessen. Es zeigte sich, dass das Vorstellungstraining die Leistung verbesserte.

Du fragst dich gerade vielleicht, was Schiedsrichter mit Eiskunstläufern gemeinsam haben. Auf den ersten Blick mag es nur wenige Gemeinsamkeiten geben. Doch schaue einmal genauer hin.

Auch der Schiedsrichter bewegt sich. Die Gestik ist ein wesentlicher Bestandteil der Kommunikation. Hinzu kommt die Bewegung im Raum – ein schneller Sprint, um Tatortpräsenz zu schaffen oder ein ruhiger, aufrechter Stand, um Souveränität zu unterstreichen. Eine Zeichengebung mit gewünschter Außenwirkung oder der Einsatz der Gestik bei Ermahnungen sind Bewegungen, die sich mental trainieren und optimieren lassen. Auch Bewegungsabläufe bei der Aussprache von persönlichen Strafen.

Infobox 8.1: Warum wirkt Bewegungsvorstellung?

Es gibt zwei konkrete Ansätze zur Erklärung des mentalen Trainings, für die es wissenschaftliche Belege gibt (vgl. Mayer & Hermann, 2015).

Die erste Erklärung betont, dass vor allem die gedanklichen Prozesse, die bei Handlungen eine Rolle spielen, trainiert werden. Bewegungen sind im Kopf abgespeichert – oder anders gesagt, „mental repräsentiert". Bewegungen liegen bewusste gedankliche Prozesse zugrunde, die ein Abbild der Bewegungen darstellen. Beim mentalen Training werden diese mentalen Bewegungsabbilder gefestigt bzw. optimiert.

Der zweite Erklärungsansatz geht weiter. Bewegungen liegen im Kopf als gespeicherte Bewegungsprogramme vor. Bei einer Durchführung werden dann Nerven angesteuert, die zur tatsächlichen Bewegung führen. Bei einer Bewegungsvorstellung wird dasselbe Programm abgespielt und lediglich in seiner Ausführung am Ende blockiert. Durch die Übung wird das Programm mit bewussten und unbewussten Anteilen gefestigt oder verfeinert.

Die Ziele der Bewegungsvorstellung – Lernen, Konkretisieren und Stabilisieren (Baumann, 2018) – lassen sich in der Folge auch auf Schiedsrichter übertragen. Durch mentales Training lassen sich neue Bewegungsabläufe erlernen, bestehende verfeinern und bereits nahezu ideale Abläufe beibehalten, indem sie im Kopf immer wieder durchgespielt werden.

Tab. 8.3: Ziele des mentalen Trainings

Ziel	Funktion	Beispiele bei Schiedsrichtern
Lernen	Erwerb neuer Bewegungen	Neue Form der Ermahnung mit außenwirksamer Gestik Neues Lauf- und Stellungsspiel bei Regeländerung in Bezug auf Abstoßausführung Nutzung des Freistoßsprays in neuer, höherklassiger Spielklasse
Konkretisieren	Verfeinern von Bewegungen	Verhalten nach einem Strafstoßpfiff, insbesondere Laufrichtung, Bewegungsgeschwindigkeit und Einsatz der Arme
Stabilisieren	Beibehalten von bereits nahezu idealen Bewegungen	Aussprache von persönlichen Strafen mit Außenwirkung

Mentales Training der Bewegungsabläufe fördert das Vertrauen in die eigenen Fähigkeiten, schafft eine Konzentration auf wesentliche Abläufe und verbessert die Leistung auf dem Platz.

Um sich eine Bewegung vorzustellen, braucht es ein Abbild dieser – idealerweise ein gutes Beispiel. Eine Vorstellung kannst du entwickeln, indem du sie beschreibst und genau beobachtest. Folgende Schritte sind hilfreich (Mayer & Hermann, 2015):

- Eine Bewegungsbeschreibung erstellen. Fasse in Worte, wie die Bewegung abläuft!
- Die Bewegungsbeschreibung durch die systematische Beobachtung von Videomaterial verfeinern. Schaue dir Videos von anderen Schiedsrichtern

oder, wenn vorhanden, von dir selbst an. Konkretisiere die Schritte der Beobachtungsbeschreibung. Welchen kleineren Bewegungsschritten hast du bislang wenig Aufmerksamkeit geschenkt, die aber für die Außenwirkung wichtig sind?

- Kontenpunkte erarbeiten. Du zergliederst die Bewegung in wenige, zentrale Knotenpunkte und nutzt für jeden Knotenpunkt ein Schlagwort. Bringe diese in einen Rhythmus!
- Die zeitliche Abfolge prüfen. Prüfe noch einmal, ob die vorgestellte Bewegung und der Rhythmus zur Geschwindigkeit auf dem Platz passen. Eine zu schnelle Bewegung im Kopfkino kann dazu führen, dass du auf dem Platz plötzlich hektischer wirst.

Vorstellungstraining ist systematisch. Bei der Umsetzung gibt es Variationsmöglichkeiten:

- **Innere Visualisierung:** Diese Ansicht nenne ich die „Ego-Shooter"-Ansicht. Man versetzt sich in die Situation hinein und die Perspektive wird aus der „Ich"-Perspektive gewählt. Zu sehen sind eigene Arme und Hände oder Spieler, die auf einen zugestürmt kommen.
- **Äußere Visualisierung:** Diese Ansicht entspricht der Filmansicht. Wie bei einem Erzähler in Büchern ist man in der Rolle eines außenstehenden Beobachters und schaut sich selbst zu. Gut vorstellbar sind beispielsweise Laufwege, zum Beispiel in der Diagonalen.
- **Kinästhetische Vorstellung** – auch ideomotorisches Training genannt. Hier geht es nicht nur um eine visuelle Vorstellung, sondern um eine kinästhetische Vorstellung, also eine Vorstellung der Bewegung des Körpers. Beispielsweise das Gefühl, wie es sich in den Fingern anfühlt, zur Brusttasche zu greifen, wie die Pfeife sich im Mund anfühlt oder wie der Arm sich anfühlt, wenn du auf Strafstoß entscheidest. Auch das Empfinden von schwerer werdenden Beinen im Spielverlauf, welches zu einer mentalen Hürde beim Auslaufen der Diagonale werden kann, zählt hierzu.

Vielleicht fragst du dich, was hier die beste Methode ist. Diese Frage ist nicht global zu beantworten. Ein Mix macht es. Vielen fällt es leicht, extern zu visualisieren. Man sieht sich selbst beim Handeln zu. Interessanterweise speichern wir viele unserer Erinnerungen auch so ab. Videomaterial von eigenen Spielleitungen verstärkt dies. Bewegungen auf dem Platz sind so leicht vorstellbar.

Doch genau hier liegt der Haken. Sie entsprechen nicht den Gegebenheiten auf dem Platz. Anwendungsnähe ist bei Trainingsprogrammen in der Arbeitswelt wie Kommunikationstrainingseinheiten für Führungskräfte ein wesentlicher Erfolgsfaktor, damit das Gelernte auch in der Praxis genutzt wird (vgl. Grossman & Salas, 2011). So mag es sein, dass sich aus der Vogelperspektive die flexible Diagonale einprägen lässt. Auf dem Platz fehlen jedoch Ankerpunkte, die eine Orientierung geben, ob man weit genug rausgelaufen ist.

Ein Vergleich: Auf der Landkarte des Navigationssystems mag die Route einfach aussehen. Doch aus dem Auto die richtige Kreuzung zu wählen, ist manchmal gar nicht so leicht. Meint das Navi diese oder muss ich eine Abfahrt später runter?

Selbst wenn die visuellen Knotenpunkte vorhanden sind, kann es sich im Spiel ganz anders anfühlen. Die Beine sind schwer. Der Kopf ist voll und dennoch muss die Diagonale ausgelaufen werden. Das ist ähnlich wie der Elfmeter im Spiel. Während des Trainings ist es ein Leichtes, den Elfmeter sicher zu verwandeln. Im Spiel herrscht hier jedoch Erwartungsdruck und schnell läuft es nicht rund beim Anlauf und Schuss. Hast du dich gedanklich im Rahmen des kinästhetischen Trainings bereits damit auseinandergesetzt, wird dich dies seltener überraschen und du erhältst innere Sicherheit.

Ein weiterer Ansatz, der das mentale Training strukturiert, ist der PETTLEP-Ansatz (siehe Infobox 8.2).

Infobox 8.2: PETLEPP

Eine weitere Methode leitet sich aus dem Akronym PETTLEP ab (Holmes & Collins, 2001). Dieses steht für die englischen Begriffe: Physical Component, Environment, Task, Time, Learning, Emotion und Perspective.

Die Vorstellung umfasst demnach das Körperempfinden bei der Bewegung (Physical Component), die Rahmenbedingungen der Situation (Environment), die Aufgabe und ihre Schritte (Task), die Zeitdauer der Bewegung (Time), die Optimierung des Vorstellungstrainings bei wiederholter Durchführung (Learning), die Vorstellung eigener Emotionen (Emotion) und eine Beachtung der Perspektive, z. B. der Ich-Ansicht.

Übung 8.6: Bewegungsablauf bei der Aussprache einer Verwarnung

Stelle dir einmal vor, wie du eine Verwarnung aussprichst. Es kommt zu einem Tackling vor der Trainerbank. Du stehst etwa 20 m entfernt in der Diagonalen.

- Welche Bewegung musst du ausführen?
- Was spürst du?
- Wie gestaltet sich das Szenario konkret?

Spiele ruhig mehrere verschiedene Szenarien im Kopf durch. Stelle dir dabei die Anzahl anwesender Personen und ihr Verhalten vor.

- Wie ist das Wetter und die Beschaffenheit des Platzes?
- Wie ist die Atmosphäre auf dem Sportplatz bzw. im Stadion?
- Welche Schritte umfasst das Zeigen der Verwarnung?

Unterteile die Aussprache in verschiedene kleine Teilschritte, die für eine effektive Außenwirkung von Bedeutung sind!

- Wie lange dauert die Szene?

Stelle dir den zeitlichen Ablauf vor.

- Welche Schritte erfolgen nach wie vielen Sekunden?
- Wie kannst du die Bewegung optimieren?

Wiederhole die Aussprache der Verwarnung in deinem Kopf und optimiere den Prozess.

- Was könntest du besser machen?
- Wie fühlst du dich dabei?
- Bist du energiegeladen oder gelassen?
- Woran erkennst du dieses Gefühl?
- Welches Gefühl hilft dir bei der Aussprache?
- Gibt es je nach Situation Unterschiede?

Wähle unterschiedliche Perspektiven! Stelle dir diese Szene aus der Vogelperspektive vor und versetze dich dann „live" in die Situation, als wärest du live im Spiel!

Bei der Aussprache einer Verwarnung gibt es unterschiedliche Situationen. Mal geht es um eine schnelle und energische Aussprache, mal um eine ruhige, besonnene, durch Separierung geprägte Außenwirkung. Durch mentales Training kannst du dein Repertoire erweitern.

Die Leitfragen der Übung eignen sich auch für andere Standardsituationen. Hierzu zählt beispielsweise das Stellen der Mauer, das Aussprechen einer Ermahnung, das Verhalten nach einem Strafstoßpfiff.

In vielen Sportarten wie beim Turnen und Eiskunstlaufen sind einige Bewegungen standardisiert. Manchmal gibt es Varianten. In Ballsportarten wie im Fußball kommt die Interaktion mit anderen Sportlern hinzu. Zu starre Bewegungsabläufe würden hier zu schematisch wirken und vielen Anforderungen nicht gerecht werden. Mentales Training kann jedoch auch auf komplexe Handlungen übertragen werden.

8.3.2 Vorstellung komplexer Handlungen

Stelle dir vor, du pfeifst ein Spiel. Nach anfänglicher Ruhe kommt Anfang der zweiten Halbzeit etwas Hektik auf. Der Ball ist im Aus und zwei Spieler streiten sich vor der Trainerbank der Gäste um den Ball. Der eine versucht, dem anderen den Ball zu entreißen. Der andere hält dagegen und fällt plötzlich theatralisch zu Boden, um eine Tätlichkeit vorzutäuschen. Du gehst hin und verwarnst beide Spieler.

Du stehst etwa 10 m auf dem Feld und plötzlich hörst du die Bank schreien. Der Spielführer der Heimmannschaft liegt auf dem Boden. Ein Betreuer der Gäste, der vorher nicht auf dem Feld stand, verlässt das Spielfeld. Nun kommt es zur Rudelbildung. Die Spieler der Heimmannschaft gehen auf die Gästespieler los und die Bänke mischen mit. Was machst du?

Solche Situationen hast du sehr selten. Jede Situation ist auch in ihrer Entstehung und in ihrem Ablauf einmalig. Dennoch kannst du dich darauf vorbereiten. Du musst sogar auf solche Momente vorbereitet sein, auch dann, wenn du sie nie zuvor erlebt hast. Dies ist wie bei einem Piloten, der auch im Notfall handlungsfähig sein muss. Da es weder für den Piloten noch für einen Schiedsrichter eine Option ist, Beinahekatastrophen herbeizuführen, um zu trainieren, bleibt nur eins: das Vorstellungstraining. Du brauchst ein Handlungsdrehbuch im Kopf, welches dir im Moment, in dem es darauf ankommt, hilft, handlungsfähig zu bleiben.

Bei derartigen komplexen Handlungen stehen weniger die konkrete Bewegungsvorstellung und die Gefühle im Muskel im Vordergrund. Je komplexer das Drehbuch ist, desto weniger anschaulich ist es (vgl. Baumann, 2018). Im Vordergrund stehen taktische Überlegungen, bei denen es um Antizipation und Handlungsschnelligkeit geht.

Das Vorstellungstraining zielt darauf ab, schneller Veränderungen in Situationen, z. B. in Angriffsbewegungen oder im Spielcharakter, zu erkennen, um sich in eine Handlungsbereitschaft zu versetzen. Dies kann dann helfen, 1-2 Sekunden früher zum Sprint anzusetzen, eine bessere Position einzunehmen oder Tatortpräsenz zu zeigen.

Übung 8.7: Spielbeginn

Stelle dir den Beginn deines nächstens Spiels vor (die ersten 15 Minuten):

- Welche Szenarien könnten auftreten?
- Welche Handlungsoptionen hast du jeweils in den Szenarien?
- Spiele im Kopf unterschiedliche Szenarien und Handlungsoptionen durch.
- Welche Handlungsoptionen findest du als Strategie sinnvoll?
- Was sind für dich Erkennungszeichen zum Wechsel einer Strategie?

9 Teamarbeit

9.1 Merkmale der Teamarbeit – wie Teams sich unterscheiden

Nur in unteren Klassen ist der Schiedsrichter allein unterwegs. In mittleren Amateurklassen gesellen sich zwei Assistenten zum Schiedsrichter und bilden ein Gespann. In der Bundesliga kam vor knapp zwei Jahrzehnten später der vierte Offizielle hinzu. Mittlerweile sind es sogar deutlich mehr Akteure: ein Videoschiedsrichterassistent, dessen Assistent und zwei Operatoren. Dies macht dann zusammen acht Personen. Anhand des Videoschiedsrichterassistenten wird immer wieder eines besonders deutlich: Das Zusammenspiel muss stimmen, damit nach außen auch der Eindruck entsteht, dass ein Schiedsrichterteam als Team funktioniert (Kolbinger, 2019).

Teams sind Gruppen und bestehen aus mindestens drei Personen. Sie haben ein gemeinsames Ziel bzw. eine gemeinsame Aufgabe zu bewältigen. Teams unterscheiden sich dabei von Gruppen dadurch, dass die Teammitglieder stark voneinander abhängen (Kauffeld, 2001). Schiedsrichter und Assistenten ergänzen sich.

Eine reine Gruppe – zum Beispiel eine Trainingsgruppe, die regelmäßig joggen geht – hat ein oft gemeinsames Ziel, doch nicht notwendigerweise so starke Abhängigkeiten untereinander wie ein Team. Wenn eine Person fehlt, können die anderen dennoch laufen. Ein zentrales Kriterium ist also die Aufgabenabhängigkeit (Schmidt et al., im Druck).

In der Praxis zeigt sich das darin, dass die schlechte Leistung eines Assistenten sich auf die Beurteilung des Schiedsrichters auswirken kann. Mit steigenden Anforderungen in den Spielklassen steigt auch die Anforderung an das Teamplay. Dabei kommen zunehmend auch in unteren Spielklassen technische Hilfsmittel zum Einsatz. Das ganze Teamplay wird dann zum Zusammenspiel zwischen Menschen, Technik und Organisation, also Strukturen und Abläufen im Team (siehe Exkurs 9.1).

Exkurs 9.1: Das Zusammenspiel von Menschen, Technik und Organisation

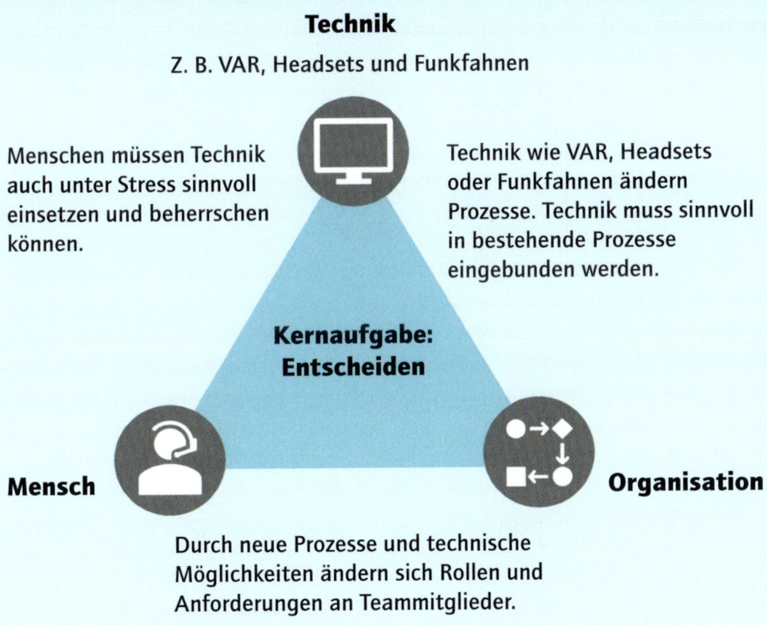

Abb. 9.1: Mensch-Technik-Organisation

Mit der Einführung des Videoschiedsrichterassistenten wurde nicht nur eine neue Technik, umgangssprachlich als Videobeweis bezeichnet, eingeführt. Es gab Veränderungen im gesamten Teamgefüge.

Arbeitswissenschaftler würden von Veränderungen im soziotechnischen System sprechen (Pasmore, Winby, Mohrman & Vanasse, 2019; Paulsen et al., 2020). Dieses besteht aus den Komponenten Mensch, Technik und Organisation und deren Wechselspiel (Abb. 9.1). Mit Organisation sind Arbeitsstrukturen wie Zuständige und Abläufe gemeint. Die Technik erfordert neue Rollen im Team: den Videoschiedsrichterassistenten, dessen Assistenten und die Operatoren, die Bildmaterial schnell zur Verfügung stellen. Die Kompetenzen, die der Videoschiedsrichterassistent benötigt, sind andere als die, die ein Schiedsrichter auf dem Platz braucht.

Auch werden neue Prozesse und Abläufe erforderlich. Beispielsweise lässt der Assistent öfter die Fahne unten, um abzuwarten, ob ein Tor erzielt wird und hebt erst dann die Fahne, wenn er eine Abseitsstellung wahrgenommen hat. Diese Abläufe gibt das Protokoll vor.

Allerdings können auch nur die wesentlichen Eckpunkte im Protokoll vorgegeben werden. Prozesse müssen sich einspielen. Sie entstehen durch Erfahrungen. Gute gelöste Situationen sowie Optimierungen von Prozessen, die Missverständnisse nach sich zogen, sind hier der Ausgangspunkt für Lernprozesse.

Die Betrachtungsweise Mensch, Technik und Organisation lässt sich auch auf andere technische Hilfsmittel wie Funkfahnen oder Headsets anwenden. Die technischen Hilfsmittel erfordern kompetente Nutzer, die wissen, wann und wie sie die Technik korrekt bedienen. Auch bedarf es Absprachen zu Aufgabenteilung und Abläufen.

Bei der Nutzung von Headsets können Assistenten viel schneller und reichhaltiger dem Schiedsrichter Informationen vermitteln als mit einer Funkfahne. Dadurch verändert sich auch ihre Rolle. Sie werden viel mehr in Entscheidungsprozesse eingebunden als ohne Sprechverbindung. Diese veränderte Aufgabe kann dann mehr oder weniger mit Persönlichkeitseigenschaften der Assistenten korrespondieren. Ein kommunikativer Mensch wird möglicherweise auch mehr von den Kommunikationsmöglichkeiten Gebrauch machen, als ein zurückhaltender Mensch.

Dies kann das richtige Maß sein oder aber auch zu viel des Guten und der Schiedsrichter hat eine potenzielle Stressquelle im Ohr. Doch selbst Funkfahnen bieten mehr Möglichkeiten für Assistenten, Einfluss auf Entscheidungen zu nehmen – hier liegen ja gerade die Vorteile. Dabei kann es vorkommen, dass die Technik das Zusammenspiel im Team massiv beeinflusst.

Stelle dir einen jungen Schiedsrichter vor, der einen erfahrenen, deutlich älteren Assistenten bei sich hat und bei nahezu jeder Entscheidung vom „Pieper" Gebrauch macht. In diesem Fall verändert die Technik das Zusammenspiel im Team.

Wenn du also neue technische Hilfsmittel, ob Funkfahnen oder Headsets, künftig nutzen willst und wirst, empfiehlt es sich, dass du dir nicht nur Gedanken über die Bedienung dieser Technik machst, sondern auch die Aufgabenverteilung und Abläufe im Team anpasst. Wenn du bereits Headsets nutzt, wirst du hier wahrscheinlich über Erfahrungen berichten können – vielleicht gibt es aber auch bei der Betrachtung des Zusammenspiels von Menschen, Technik und Organisation noch Optimierungspotenzial.

Im Arbeitskontext wird oft diskutiert, ob Teamarbeit bei einer Aufgabe Vorteile gegenüber Einzelarbeit hat. Im Fußball stellt sich diese Frage ab einer gewissen Spielklasse nicht, da der Schiedsrichter schließlich nicht entscheiden kann, ob er allein oder im Gespann ein Spiel leitet. Die Frage ist eher, was Teamarbeit erfolgreich macht und was nicht. Dazu ist eine Betrachtung von Prozessen erforderlich.

9.2 Teamprozesse – was die Leistung fördert, was sie reduziert

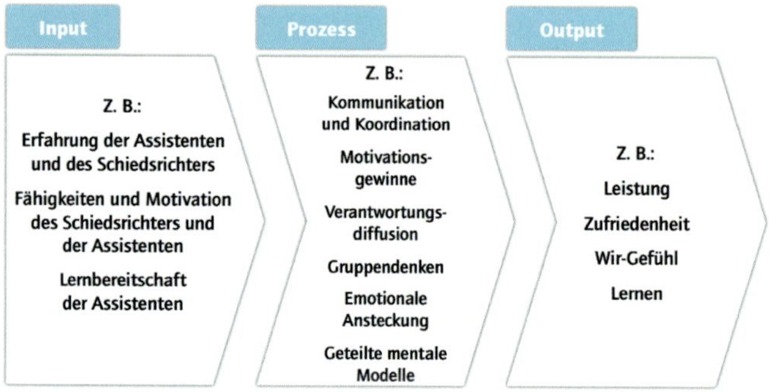

Abb. 9.2: Input-Prozess-Output

Teamarbeit lässt sich anhand eines Input-Prozess-Output-Modells beschreiben (McEwan & Beauchamp, 2014). Es gibt Eingangsbedingungen, die vermittelt über Prozesse Resultate wie die Leistung, aber auch die Zufriedenheit der Teammitglieder oder die Teammitglieder beeinflussen (Abb. 9.2). Das Resultat kann auch ein starkes Wir-Gefühl sein. Das Gespann fühlt sich dann miteinander verbunden und hält zusammen. Auch das Lernen im Sinne einer Weiterentwicklung kann ein Resultat sein.

Die Qualität der Assistenten ist in unteren Ligen oft ein ausschlaggebender Punkt für die Gesamtleistung des Schiedsrichterteams und somit auch für die Beobachtungsnote. Wer hat nicht gerne kompetente Assistenten an der Linie? In unteren Amateurklassen gibt es gelegentlich einen Kampf um die Talente an der Linie. Neben der Kompetenz ist auch die Motivation entscheidend. Allen Assistenten fehlt zu Beginn natürlich Erfahrung.

Bei der Motivation unterscheiden sich jedoch viele Assistenten in unteren Spielklassen erheblich. Vorhandene Motivation kann fehlende Erfahrung zwar nicht ersetzen, aber mit Blick auf die Leistung kompensieren. Mit der Zeit entwickeln sich die motivierten Assistenten im Gespann und die Leistung steigt gleichermaßen.

Doch selbst Kompetenz und Motivation sind keine Garantie für gewünschte Ergebnisse. Hier kommen Teamprozesse ins Spiel. Es gibt eine Reihe von Teamprozessen, die die Leistung und andere erwünschte bzw. unerwünschte Effekte der Teamarbeit beeinflussen. Für alle Schiedsrichter, die im Team unterwegs sind, ist es hilfreich, diese Prozesse zu kennen. So kannst du sie nutzen und fördern, sofern die Prozesse funktional sind oder ihnen etwas entgegensetzen, wenn sie dysfunktional sind.

Wesentliche Prozesse betreffen die Kommunikation und Koordination. Hier lassen sich Prinzipien, die wir in Kap. 3 kennengelernt haben, auch auf das Schiedsrichtergespann übertragen. So besteht beispielsweise die Gefahr, dass ein Schiedsrichter als Empfänger von versteckten Zeichen, die ein Assistent sendet, diese nicht richtig entschlüsseln kann.

Ein fehlendes Zeichen (z. B. fehlende Fahne, fehlende Unterstützung bei Karten) ist ebenfalls eine Botschaft, sodass auch im Gespann gilt: Man kann nicht nicht kommunizieren. Die Kommunikation im Vorfeld sowie während des Spiels dient auch einer Koordination. Die Koordination umfasst die zeitliche Abfolge von aufeinander abgestimmten Aufgaben. Ohne Headset sind die Kommunikationsmöglichkeiten während des Spiels eingeschränkt. Neben den Vorabsprachen bedarf es hier vor allem eines gemeinsamen, intuitiven Verständnisses von den Abläufen – sogenannte geteilte mentale Modelle.

Geteilte mentale Modelle: Ein Erfolgsfaktor bei der Teamarbeit ist es, ein gemeinsames Verständnis von Anforderungen und Verhalten zu schaffen (Mohammed, Ferzandi & Hamilton, 2010).

- Was ist gerade Sache?
- Wer tut was?

In eingespielten Teams herrscht ein gemeinsames Verständnis davon, ohne dass lange gesprochen wird. Assistenten und Schiedsrichter entwickeln ein Gespür dafür, wie die anderen Situationen einordnen und antizipieren Verhaltensweisen (Aragão e Pina, Passos, Maynard & Sinval, 2021).

Der Assistent weiß daher, wann er eingreifen muss, weil es zur Linie des Schiedsrichters passt. Dies hilft insbesondere auch dann, wenn der Schiedsrichter den Sachverhalt selbst gar nicht wahrgenommen hat.

Darüber hinaus gibt es eine Reihe von dynamischen Prozessen, die sich auf Ergebnisse auswirken können.

Motivationsgewinne: Es gibt beeindruckende Studien, die zeigen, dass Sportler in der Staffel bessere Leistungen zeigen (Hüffmeier & Hertel, 2011; Osborn, Irwin, Skogsberg & Feltz, 2012). Dies ist der Fall, wenn eine Person das Ergebnis für wichtig hält und einen Beitrag leisten kann.

Dies dürfte auf Fußballspiele im Gespann zutreffen. Die Assistenten haben durch ihre zentrale Aufgabe, Beurteilungen von Abseitssituationen, bereits einen entscheidenden Beitrag, den sie leisten. Doch es gibt Potenzial nach oben. Dies beginnt vor der Spielleitung. Haben die Assistenten hier Aufgaben, die wichtig sind und zum Gesamtergebnis beitragen? Auch über die Kernaufgaben hinaus gibt es Unterschiede darin, wie viel Kompetenzen Assistenten von ihren Schiedsrichtern übertragen bekommen.

Verantwortungsdiffusion: Teamarbeit ist bei einigen in Verruf, weil es auch zu negativen Effekten kommen kann. Team wird zynisch übersetzt als „Toll, ein anderer macht's" (Oelsnitz & Busch, 2014). Am Ende macht es oft aber keiner. Es kommt zur Verantwortungsdiffusion oder gar zum sozialen Faulenzen (Høigaard, Säfvenbom & Tønnessen, 2006). Sind Verantwortlichkeiten nicht geklärt, kann es schnell dazu kommen.

Gerade bei unerwarteten Ereignissen kann es passieren, dass keiner die Verantwortung übernimmt und jeder denkt, irgendwer wird es schon machen. Auf dem Fußballplatz ist hierfür eigentlich wenig Platz. Dennoch kommt es immer wieder vor, dass sich Schiedsrichter und Assistent die Verantwortung gegenseitig zuschieben. Das muss auch keine böse Absicht sein, sondern kann einfach auf dem Irrglauben beruhen, dass der andere die Situation anders bewertet hat.

Tatsächlich hat er vielleicht jedoch die Situation gar nicht beurteilen können. Ich erinnere mich an eine Szene, als der Ball direkt vor dem Assistenten für mich einen ins Spielfeld ragenden Ast mit Blättern streifte. Ich war jedoch nicht 100%ig sicher und schob die Verantwortung dem Assistenten zu, der wiederum annahm, dass ich dies als Schiedsrichter entscheide. Verantwortungsdiffusion während des Spiels kann hinterher zu Schuldzuschreibungen und Konflikten im Gespann führen. Denn keiner trägt die Verantwortung für eine Fehlentscheidung. Der andere war schließlich schuld. Derartige Prozesse sind hochgradig dysfunktional. Sie schaden der Leistung und dem Wir-Gefühl im Team.

Gruppendenken: Gruppen bilden oft ein Wir-Gefühl aus. Dieser Zusammenhalt wird auch als Kohäsion bezeichnet (vgl. Pescosolido & Saavedra, 2012). Auf dem Fußballplatz kann man eine hohe Kohäsion bei Spielern beobachten. Zumeist kommen mehrere Spieler einer Mannschaft angelaufen, legen ein Wort für ihren Spieler, der gerade verwarnt werden soll, ein oder fordern zum Schutz des Mitspielers eine härtere Strafe für den Täter. Einer für alle, alle für einen. Dieser Zusammenhalt hat viele Vorteile. Er hat jedoch auch Nachteile. Es kann sich ein Gruppendenken entwickeln (Janis, 1972).

Es gibt keine abweichenden Meinungen und Außenstehende werden schnell zu „Feinden". Die Sichtweise anderer ist falsch. Nur die eigene ist die richtige. So etwas gibt es auch in Schiedsrichterteams. Feedback von außen, welches nicht die eigene Sichtweise bestätigt, wird abgelehnt. Kritik ist ein Angriff auf das positive Selbstbild des Teams. Im Team verstärkt man sich hingegen selbst, dass man das schon richtig gesehen hat und der Beobachter eine verzerrte Wahrnehmung hatte.

Auch dieser Prozess ist dysfunktional. Das Team kapselt sich ab und wird sich nicht entwickeln, weil es gegenüber Impulsen immun ist.

Emotionale Ansteckung: Emotionen sind ansteckend (Hatfield et al., 1993; Paulsen & Kauffeld, 2016). Dies ist im Fußball an vielen Stellen zu beobachten. Emotionen von außen schwappen auf das Spielfeld über und färben den Spielcharakter.

Auch im Schiedsrichterteam gibt es emotionale Ansteckungsprozesse. Gelingt es, dass positive Emotionen geteilt werden, entsteht mehr als ein Wir-Gefühl. Es entsteht geteilte Begeisterung und Freude. Dies geht oft mit einer besseren Leistung, mehr Unterstützung und kreativeren Lösungen bei Problemen einher.

Doch Vorsicht: Negative Emotionen können ebenfalls ansteckend sein. Dann können Konflikte entstehen. Manchmal kommen sie auch von außen rein und schweißen erst einmal zusammen (z. B. schlechtes Beobachtungsergebnis). Dauert eine negative Stimmung im Team jedoch an, schwindet zumeist auch der Teamzusammenhalt. Als Teil eines Gespanns solltest du dir bewusst sein, dass deine Emotionen ansteckend sind. Bei negativen Emotionen ist hier Vorsicht geboten, damit diese nicht die ganze Stimmung vermiesen.

Dieses vertiefte Verständnis zeigt sich zumeist in der Halbzeitpause und im Nachgang durch eine gemeinsame Sprache, die für Außenstehende nicht immer klar ist. Dort wird Rückbezug auf vergangene Erfahrungen genommen und Vergleiche werden angestellt. Schritt für Schritt wächst so etwas zusammen. Die Teamprozesse können Gegenstand der Teamentwicklung sein. Dort lassen sich die Stärken von Teamarbeit stärken und die Schwächen schwächen.

9.3 Teamentwicklung – zusammenwachsen und zusammen wachsen

Bei Teamentwicklung denken viele ans Teambuilding. Maßnahmen wie der Besuch eines Hochseilgartens oder der Bau eines Floßes. Solche Maßnahmen können zum Wir-Gefühl beitragen und Vertrauen fördern. Ihr Erfolg ist jedoch nicht garantiert. Wichtig ist, dass die positiven Effekte auf den Platz übertragen werden (McEwan & Beauchamp, 2014).

Teamentwicklung kann auch anders gestaltet werden. Zumeist ist dies weniger unterhaltsam und mehr Arbeit, lässt sich jedoch auch mit Spielpraxis verbinden.

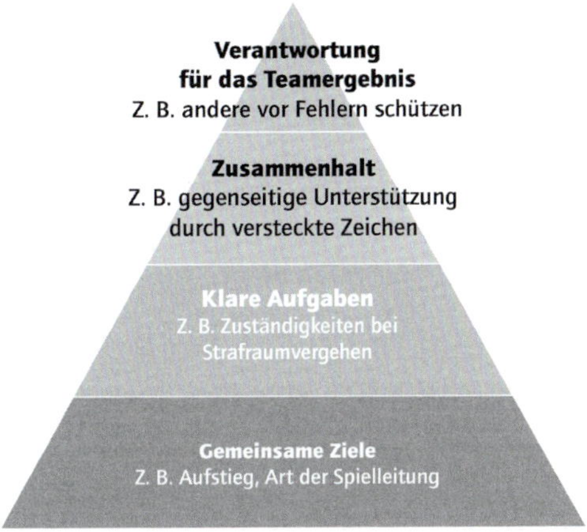

Abb. 9.3: Teampyramide (in Anlehnung an Kauffeld, 2001)

Teamentwicklung lässt sich anhand einer Pyramide beschreiben (Kauffeld, 2001, siehe Abb. 9.3) und sollte darauf abzielen, dass die

- gemeinsamen Ziele verfolgt werden;
- Aufgaben klar verteilt sind;
- Unterstützungsbedarf gewährleistet ist und jeder
- die Verantwortung für das Gesamtergebnis trägt.

Die Pyramide ergibt sich dabei aus der Rangfolge.

Gemeinsame Ziele: Es gibt Schiedsrichter, die wollen aufsteigen. Es gibt Assistenten, die wollen das auch. Manchmal wollen Assistenten jedoch auch eher einen gemütlichen Sonntag verbringen. In kritischen Momenten kann dies dazu führen, dass Schiedsrichter und Assistenten sprichwörtlich in unterschiedliche Richtungen laufen. Dann wirkt das Vorgehen unkoordiniert und der Ärger ist hinterher umso größer.

Neben Unterschieden in den Karrierezielen kann es auch Unterschiede bezüglich der Zielsetzung in einem bestimmten Spiel geben. Manchmal geht es für den Schiedsrichter um viel, das Spiel ist wichtig und er hat sich einen Plan zurechtgelegt. Für Assistenten kann es um weniger gehen und sie sind vielleicht nicht gleichermaßen motiviert. Nicht in jedem Gespann wird darüber explizit geredet.

Gerade junge, motivierte Schiedsrichter gehen manchmal auch davon aus, dass Assistenten gleichermaßen mitziehen und werden hinterher enttäuscht. Transparenz hilft hier. Auch kann es von Vorteil sein, auf die Assistenten einzugehen und ihre Ziele zu berücksichtigen.

Es kann jedoch auch Situationen geben, in denen ein Gespann nicht zusammenpasst, weil die Ziele nicht kompatibel sind. Auch die Grundeinstellung und die damit verbundenen Ziele (z. B. Laufenlassen vs. engere Linie) können sich unterscheiden.

Aufgabenverteilung: Es gibt Aufgaben, die sind laut Regelwerk verteilt. Darüber hinaus hat jedes Team jedoch Freiräume, um Aufgabenfelder festzulegen. In Teams unterer Amateurklassen mit neuen Assistenten sind die Aufgabenbereiche der Assistenten eher klein. Sie wachsen dann mit den Erfahrungen. Wichtig ist hier, dass diese Aufgabenbereiche besprochen und reflektiert werden. Ansonsten kommt es schon einmal vor, dass der Assistent dem Schiedsrichter eine Strafstoßentscheidung mit offener Fahne aufzwingt oder der erste Assistent das Geschehen auf der Bank vernachlässigt.

Unterstützung sicherstellen: Trotz klarer Aufgabenverteilung kann es immer sein, dass einem Teammitglied gewisse Dinge entgehen. Dann ist es wichtig, dass es eine Unterstützung gibt. Der Assistent gibt verdeckte Zeichen an den Schiedsrichter und umgekehrt. Zu beachten ist dabei, wie die Unterstützung erfolgen kann, ohne eine negative Außenwirkung zu erzielen.

Verantwortungsübernahme: Es kann zu Situationen kommen, die das Gesamtergebnis der Teamleistung gefährden können. Der Klassiker ist sicherlich ein Vergehen hinter dem Rücken des Schiedsrichters, welches als Tätlichkeit zu werten ist. Hier sind die Assistenten gefordert. Dabei kann es vorkommen, dass ein Assistent auch dann aktiv werden muss, wenn er deutlich schlechter positioniert war, das Vergehen jedoch für alle (bis auf die anderen Teammitglieder) glasklar ist.

Übung 9.1: Ziele entwickeln

Um die Teamarbeit zu optimieren, hilft es, die Zusammenarbeit zu reflektieren. Bearbeite die Fragen zunächst allein und dann mit deinen Assistenten.

- Was sind deine Ziele? Was sind geteilte Ziele?
- Welche Aufgaben hat wer (Schiedsrichter, Assistent 1, Assistent 2)?
- In welchen Situationen bedarf es häufig Unterstützung? Wie erfolgt diese konkret?
- In welchen Situationen müssen Schiedsrichter-Assistenten die Verantwortung übernehmen? Wie tun sie das?

Teamentwicklung kann im Vorfeld der Saison geschehen – zum Beispiel, wenn ein neues, festes Gespann gebildet wird. Für die vertieften Auseinandersetzungen eignen sich auch Schlüsselszenen aus eigenen sowie fremden Spielleitungen, die analysiert werden. Wenn hier Videomaterial zur Verfügung steht, ist dies besonders hilfreich. Die Logik dieser Vorbereitung ist dann, Vorsätze zu bilden, wenn gewisse Ereignisse eintreten, die aufeinander abgestimmt sind. Wenn X passiert, dann macht der SR Y und der in der Nähe stehende Assistent Z.

Teamentwicklung ist jedoch auch ein kontinuierlicher Prozess. Die vier Aspekte erfolgreicher Teamarbeit: gemeinsame Zielsetzung, Aufgabenverteilung, Unterstützung sicherstellen und Verantwortungsübernahme können auch Bestandteil einer Ansprache und Absprache vor dem Spiel sein. Die Nachbesprechung kann im Sinne eines After Action Reviews gestaltet werden (siehe Übung 9.2).

Übung 9.2: After Action Review – systematische Nachbesprechung

Eine effiziente Methode der systematischen Nachbesprechung, der sogenannte After Action Review (AAR), wurde ursprünglich vom Militär entwickelt und auf andere Arbeitsbereiche übertragen (Tannenbaum & Cerasoli, 2013). Dabei werden folgende Fragen beantwortet:

1. Was waren erwünschte Ergebnisse?
2. Was waren tatsächliche Ergebnisse?
3. Welches Verhalten führte zu erwünschten Ergebnissen?
4. Welches Verhalten hat nicht zu erwünschten Ergebnissen geführt?
5. Welche Ergebnisse werden in der Zukunft beabsichtigt?
6. Welches Verhalten kann angewendet werden, um angestrebte Ergebnisse zu erreichen?

AAR stellen also eine strukturierte Nachbesprechungsmethode dar, die eine Möglichkeit gibt, Lernerfahrungen zu reflektieren, Feedback zu erhalten und Lernabsichten sowie Handlungspläne für die Zukunft zu entwickeln. Probiere diese Methode doch einmal in deinem Team aus.

10 Psychologie der Beobachtung

Kaum ein Thema im Schiedsrichterwesen führt zu so viel Emotionen wie das der Beobachtungen. Die meisten Schiedsrichter, die schon einmal beobachtet wurden, können vermutlich von Erlebnissen berichten, in denen sie sich ungerecht beurteilt fühlten. Frust, Ärger und Wut begleiten oft Beobachtungen – zumindest, wenn sie schlechter als erwartet ausfallen. Einige verfallen auch nach Jahren noch in Rage, wenn sie auf schlechte Noten zu sprechen kommen.

Anders als in anderen Sportarten ist die Leistung von Schiedsrichtern nicht durch exakte Messinstrumente messbar. Es gibt weder eine Stoppuhr noch ein Maßband, geschweige denn eine Waage, welche die Leistung auf dem Platz von Schiedsrichtern erfassen kann. Menschliche Beobachtung erfolgt nicht in Sekunden, Metern oder Kilogramm (Döring & Bortz, 2016).

10.1 Beobachtung als Prozess der Urteilsbildung

Beobachtungen im Schiedsrichterwesen sind im engeren Sinne nicht nur Beobachtungen. Sie stellen eine Leistungsbeurteilung dar, wie sie auch in vielen Berufen - mit ebenso viel Gesprächsstoff – vorkommt. Diese Leistungsbeurteilungen erfolgen durch Menschen. Ähnlich wie auf dem Platz bei der Beurteilung von Spielszenen liegen dieser Leistungsbeurteilung auch verschiedene psychische Prozesse zugrunde (vgl. Heidemeier & Moser, 2009):

1. **Sammeln von Hinweisen:** Der Beobachter sammelt Indikatoren für die Leistung während der Spielleitung. Dies stellt die eigentliche Beobachtung dar. In vielen Beobachtungsbögen sind Indikatoren angegeben, anhand derer man die Leistung festmachen kann. Einige davon sind leichter zu beobachten, wie bspw. das Lauf- und Stellungsspiel, als das Vorhandensein von Persönlichkeit. Letzteres ist so abstrakt, dass hier wiederum der Beobachter Indikatoren nutzt. Mit anderen Worten: Persönlichkeit ist nicht direkt beobachtbar, sondern muss aufgrund von Indikatoren erschlossen werden. Dabei greift jeder Beobachter auf seine Erfahrungen und Vorstellungen zurück. Dies kann bereits dazu führen, dass sich die Einschätzung einer Leistung zwischen zwei Beobachtern unterscheidet. Für den einen ist ein energisches Auftreten Teil einer starken Persönlichkeit, der andere schätzt eher ein bescheideneres Auftreten in der gleichen Situation. Eine Voraussetzung ist, dass der Beobachter relevante Szenen als solche erkennt. Eine Spielbeobachtung erfordert ebenso wie eine Spielleitung eine hohe Aufmerksamkeit und Ablenkungen (z. B. durch Sitznachbarn auf der Tribüne) sind zu vermeiden. Beobachtern in unteren Klassen steht oft kein Videomaterial zur Verfügung, sodass ähnlich wie in der Spielleitung die Momentaufnahme entscheidend ist.

2. **Selektion und Integration der Hinweise zu einem Gesamtbild:** Nicht alle Hinweise sind für die Leistungseinschätzung relevant. Es gibt einige Dinge, die sind zu vernachlässigen oder nicht wichtig. Einige Hinweise ergeben hingegen erst mit anderen ein Gesamtbild. Wer wiederholt leise pfeift, den Kontakt zu Spielern meidet, und wenn, sehr leise spricht, der hinterlässt einen konsistent zurückhaltenden Eindruck. Beobachter können sich dahin gehend unterscheiden, welche Hinweise sie auswählen und welche sie vernachlässigen. Auch unterscheiden sich Beobachter dahin gehend, welche Muster sie erkennen und wie sie Schiedsrichterverhalten und Spielerverhalten in Beziehung zueinander setzen.

3. **Kommunikation der Note:** Neben den mentalen Prozessen kommt nun eine soziale Komponente hinzu. Der Beobachter kann verschiedene Ziele

verfolgen, die für die Notenvergabe entscheidend sind. So kann er versuchen, einen Schiedsrichter zu motivieren, indem er sich für eine bessere oder schlechtere Note entscheidet. Das Vermeiden von Konflikten oder Betonen der eigenen Macht kann ebenfalls Einfluss auf die Notenvergabe haben und sich auch in der Kommunikationsdynamik in der Nachbesprechung äußern. Bei der Kommunikation sind zwei Stufen zu beachten: Zunächst erfolgt eine direkte, mündliche Kommunikation in der Nachbesprechung, danach eine indirekte, schriftliche Kommunikation mit der Beobachtung. In der schriftlichen Kommunikation müssen Sachverhalte auf den Punkt gebracht werden. Für ausführliche Erklärungen und Erläuterung fehlt oft der Platz.

Die Prozessschritte stellen Herausforderungen an die Beobachter, die sie bewältigen müssen. Von außen mag die Aufgabe leicht erscheinen. Wie die Aufgabe des Schiedsrichters ist sie jedoch ähnlich anspruchsvoll. Schiedsrichter, die nach ihrer aktiven Karriere als Beobachter anfangen, erkennen dann die Schwierigkeit der einzelnen Prozessschritte.

Sehr guten Beobachtern gelingt es hingegen gut, die Herausforderungen in den einzelnen Prozessschritten zu meistern. Diese setzen bewusst oder unbewusst verschiedene Techniken ein und folgen, ohne es zu wissen, einer sehr guten „Psychologik" (siehe Infobox 10.1).

Infobox 10.1: Empfehlungen für Beobachtungen

Die einzelnen Prozessschritte stellen an den Beobachter Herausforderungen. Aus den verschiedenen Prozessschritten lassen sich Optimierungen ableiten, die sehr gute Beobachter oft bereits intuitiv beachten. Dies könnte man auch als Psychologik der Beobachtung beschreiben.

Tab. 10.1: Empfehlungen für Beobachtungen

Prozessschritt	Herausforderung	Empfehlung
Sammeln von Hinweisen	• Relevante Indikatoren dokumentieren	• Detaillierte Dokumentation von Ereignissen • Verhaltensanalyse anhand der Beschreibung der Situation, des SR-Verhaltens und der Reaktion der beteiligten Akteure
Selektion der Hinweise und Integration in ein Gesamtbild	• Wichtiges von Unwichtigem unterscheiden • Prägnante Analyse	Muster erkennen: • Wiederholtes Verhalten • Verhaltensweisen als Indikator für tieferen Kern • Muster unter bestimmten Bedingungen • Interaktionsdynamik und Rolle des SR
Kommunikation der Note	• Klarheit in der Kommunikation • Konsistenz zwischen Nachbesprechung und Beobachtungstext	• Hart in der Sache, weich im Kern • Verhalten beschreiben, WWW-Feedback • Fokussierung auf das Wesentliche • Alle wesentlichen Punkte in der Nachbesprechungen nennen. • Im Text auf kritische Hinweise, für die in der Nachbesprechung keine Zeit war, verzichten.

- Eine Leistungseinschätzung muss anhand konkreter Szenen festgemacht werden. Dies erfordert eine detaillierte Dokumentation von Einzelszenen mit Spielminuten. Eine kurze Beschreibung der Spielsituation, des Schiedsrichterverhaltens und der Spielerreaktion bilden eine Sequenz vollständig ab. Gerade, wenn es um eine Verhaltensanalyse geht, können die folgenden Fragen hilfreich sein: Wie war die Ausgangssituation? Was hat der Schiedsrichter gemacht? Wie war die Reaktion der Beteiligten?
- Mehrere Einzelszenen können Muster ergeben (Konsistenz) oder in Kombination widersprüchlich sein (inkonsistente Linie). Diese Muster aufzudecken, ist förderlich. Einfache Muster bestehen aus mehrmaligem Verhalten. Der Schiedsrichter pfeift wiederholt leise oder läuft mehrfach die Diagonale nicht aus. Verschiedene Verhaltensweisen können zudem auf einen gemeinsamen Kern hindeuten. So kann der Schiedsrichter unsicher wirken, indem er leise pfeift, unklare Gestik zeigt, Ansprachen meidet. Komplexere Muster bestehen darin, dass nur unter gewissen Bedingungen immer wieder ein Verhalten auftritt. Beispielsweise kann ein Schiedsrichter grundsätzlich eine klare und ruhige Körpersprache haben, in Stresssituationen jedoch hektisch wirken. In ruhigen Phasen ist die Körpersprache jedoch ganz anders. Ein Muster ergibt sich auch aus der Interaktionsdynamik. Ein Fußballspiel ist fortwährend eine Art Pingpongspiel. Spieler und Schiedsrichter wirken aufeinander ein und beeinflussen sich positiv wie negativ durch ihr Verhalten (Russell et al., 2019). Eine sehr gute Beobachtung deckte diese Interaktionsdynamiken auf und erkennt den Anteil des Schiedsrichters an dieser Dynamik. Grundlegende Fragen sind: War das Verhalten des Schiedsrichters Auslöser für Konflikte oder Unruhe oder wirkte der Schiedsrichter beruhigend auf die Akteure ein?
- In der Nachbesprechung kann der Beobachter zu streng oder zu milde wirken. Eine gesunde Mischung besteht darin, hart in der Sache und weich zum Menschen zu sein. Dem Schiedsrichter sollte mit Respekt und Wertschätzung begegnet werden. Dies bedeutet, dass keine über das Spiel hinaus geltenden Generalisierungen getroffen werden. Die Rückmeldung

sollte sich auf Verhalten beziehen. Dies geschieht idealerweise durch die WWW-Regel im Feedback (siehe Infobox 10.2). Für die Ausarbeitung der Beobachtung ist es wichtig, dass sich alle wesentlichen Punkte der Nachbesprechung wiederfinden und keine neuen Sachverhalte auftauchen. Wenn neue kritische Punkte auftauchen, wirkt dies wie eine Salamitaktik: Die Kritik erfolgt nur scheibchenweise.

Infobox 10.2: Feedback geben anhand der WWW-Regel

Zunächst wird die Wahrnehmung wie im Film geschildert („Als du in der 31. Minute auf Strafstoß entschieden hast, kam der Pfiff erst nach wenigen Sekunden und war sehr leise"), dann die Wirkung („Dies wirkte auf mich sehr unsicher") und dann der Wunsch („Ich würde mir in solchen Szenen eine schnelle Entscheidung mit einem deutlicheren Pfiff wünschen") umgesetzt werden.

Gelegentlich kommt als Einwand, dass die WWW-Regel zum Wischiwaschifeedback führt. Das Gegenteil ist möglich. Konkrete Kritikpunkte können gezielt angesprochen werden. Dies erfordert vom Beobachter natürlich auch die Bereitschaft, dies zu tun. Die WWW-Methode kann helfen, hart in der Sache und weich zum Menschen zu sein.

10.2 Akzeptanz von Beobachtungen

Sehr gute Beobachtungen führen oft dazu, dass Emotionen nicht schnell hochkommen, wenn die Rückmeldung kritisch ist. Die Akzeptanz der Beobachtung ist dann hoch. Insgesamt gibt es jedoch eine große Spannweite bei der Akzeptanz von Beobachtungen.

Neben der Art der Beobachtung spielt hier die Glaubwürdigkeit der Quelle eine entscheidende Rolle (Lechermeier & Fassnacht, 2018). Von einem erfahrenen Beobachter, der höherklassig gepfiffen hat und selbst noch vor wenigen Jahren auf dem Platz stand, lassen sich zumeist Schiedsrichter mehr sagen als von einem Beobachter, der nicht hoch gepfiffen hat und schon seit Jahrzehnten nicht mehr selbst gepfiffen hat.

Die Akzeptanz einer Beobachtung hängt auch vom Schiedsrichter, seiner Persönlichkeit und seiner aktuellen Situation ab. Auch wenn sich viele Schiedsrichter gerne als kritikfähig darstellen, gibt es hier – wie auch sonst im Leben – erhebliche Unterschiede. Einige lügen sich hier in die Tasche, indem sie leugnen, dass sie jede Form der Kritik gerne annehmen. Es ist zutiefst menschlich, negatives Feedback nicht gerne anzunehmen (London, 2003).

Letztendlich ist es vor allem eine Sache der Einstellung. Hier gibt es grundsätzlich Unterschiede in der Persönlichkeit. Wer emotional gefestigt ist, wird eher mit kritischen Rückmeldungen umgehen. Darüber hinaus spielen auch die aktuellen Gegebenheiten eine Rolle. Ein Schiedsrichter, der um den Aufstieg kämpft, befindet sich zumeist in einem mentalen Zustand, bei dem es darauf ankommt, Leistung zu zeigen und besser zu sein als andere. Hier ist eine schlechte Note schnell ein Dämpfer. Frustration und Aggression können die Folge sein (siehe Exkurs 10.1 „Motivationale Orientierung").

Zusammenfassend gibt es verschiedene Faktoren, die die Akzeptanz von Beurteilungen beeinflussen (DeNisi & Murphy, 2017). Auf das Thema Beobachtungen angewandt, sind dies:

- Beobachtungsmerkmale, wie z. B. Note und Qualität der Beobachtung;
- Beobachtermerkmale, wie z. B. Spielklasse, Nähe zur Praxis, Alter, Motivation;
- Schiedsrichtermerkmale, wie z. B. aktuelle Zielorientierung, Motivation.

(…) *Exkurs 10.1: Motivationale Orientierung*

Wenn Menschen Aufgaben bearbeiten, können sie dabei verschiedene Zielorientierungen aufweisen (Dweck, 1986; Vandewalle, Nerstad & Dysvik, 2019). Sie können eine niedrige oder hohe Leistungszielorientierung haben. Eine hohe Leistungszielorientierung geht damit einher, seine Leistung zu demonstrieren und vor allem andere zu übertreffen oder nicht von anderen übertroffen zu werden.

Gleichzeitig kann die Lernzielorientierung niedrig oder hoch ausgeprägt sein. Eine hohe Lernzielorientierung geht damit einher, bei der Aufgabe etwas dazuzulernen und sich gegenüber vorherigen Aufgaben zu verbessern. Verschiedene Schiedsrichter unterscheiden sich grundsätzlich in ihrer Ausprägung der Zielorientierungen.

Je nach Saisonverlauf und -stadium werden eher Leistungsziele oder Lernziele getriggert. Ein Aufstiegskandidat ist im Leistungsmodus. Wer neu in einer Klasse ist und vielleicht auch nichts von den Beobachtungen zu fürchten hat, hat vermutlich eine höhere Lernzielorientierung. Für die Akzeptanz von Beobachtungen sind Lernzielorientierungen förderlicher. In dieser mentalen Verfassung wird eher Feedback akzeptiert und als Geschenk angenommen, um sich zu verbessern.

Bei einer hohen Leistungszielorientierung ist kritisches Feedback hingegen für das Selbstbild bedrohlich und wird eher abgelehnt. Eine niedrige Punktzahl gefährdet den Erfolg, frustriert und macht schnell auch wütend. Die Dynamik von Leistungs- und Lernzielorientierungen wird oft auch in Nachbesprechungen mit Schiedsrichtern deutlich.

Hier gibt es schnell einen Zielkonflikt. Der Schiedsrichter ist bemüht, seine Leistung ins rechte Licht zu rücken und geht nicht intensiv in eine Reflexion der Spielleitung, die für das Lernen förderlich ist. Kritische Situationen in der Spielleitung werden in der Folge kaschiert, beschönigt und gerechtfertigt.

Kurzfristig kann dies von Nutzen sein, um eine bessere Note zu ergattern. Langfristig werden sich jedoch Lerngelegenheiten genommen, um die tatsächliche Leistung zu verbessern. Schiedsrichter sind gut beraten, hier einen gesunden Mittelweg zu finden.

Strukturell wird dieser Problematik durch den Einsatz von Coaches begegnet, die einen geschützten Raum für das Lernen zur Verfügung stellen. Somit wird die Leistungsbeurteilung durch die Beobachter und die Entwicklung mithilfe von Coachings getrennt und der Zielkonflikt aufgehoben.

Neben den Einflussfaktoren, die zur Akzeptanz beitragen, gibt es grundsätzliche psychologische Phänomene, die bei der Psychologie der Beobachtung von Bedeutung sind.

Die Unterschiede in Selbst- und Fremdbild sind maßgeblich. Menschen schätzen ihre Leistung oft als besser ein als andere (Heidemeier & Moser, 2009). Dies liegt daran, dass gesunde Menschen oft ein gesundes Selbstvertrauen haben. Dieses gesunde Selbstvertrauen ist jedoch davon geprägt, dass wir glauben, besser zu sein als der Durchschnitt. Der Better than Average Effect (Alicke & Govorun, 2005) beschreibt dies.

In verschiedenen Kontexten wurden mehrere Menschen gefragt, wie sie ihre Leistung im Vergleich zu anderen einschätzen. Weit mehr als die Hälfte hält sich für überdurchschnittlich gut. Faktisch ist dies unmöglich.

Dies trifft auch auf Schiedsrichter zu: Die Wissenschaftler Wolfson and Neave (2007) haben in einer Studie 42 Schiedsrichter befragt. Diese schätzten ihre Leistung im Vergleich zu anderen ein. Über die Hälfte schätzte ihre Leistung beispielsweise bezüglich des „Lesens des Spiels" (67 %), Menschenkenntnis (64 %) oder Selbstvertrauen (76 %) als überdurchschnittlich ein.

Ein weiterer Effekt – der Dunning-Kruger-Effekt – zeigt auf, dass vor allem Personen, die schlechte Leistungen bringen, ihre Leistung überschätzen (Dunning, Johnson, Ehrlinger & Kruger, 2003). Eine Erklärung ist, wer nicht weiß, wie es geht, der weiß auch nicht, worauf es ankommt. Ein Schiedsrichter, der nie gelernt hat, die Vorteilsregel sinnvoll einzusetzen, wird die eigene Leistung schnell überschätzen, auch wenn er viel zu oft auf Vorteil entscheidet.

Die Akteurs-Beobachter-Divergenz (Nisbett, Caputo, Legant & Marecek, 1973) erklärt, warum Menschen unterschiedliche Erklärungen für eigenes Verhalten und von anderen beobachtetes Verhalten finden. Wenn wir Menschen unsere eigenen Handlungen erklären, dann sehen wir vor allem Zwänge in der Situation als Gründe für unser Handeln an. Außenstehende Beobachter tendieren jedoch eher dazu, das Verhalten einer Person, ihren Fähigkeiten und ihrer Motivation zuzuschreiben. Der Effekt tritt nicht immer auf – doch insbesondere bei negativen Ereignissen kommt er zum Vorschein (Malle, 2006).

Ein Schiedsrichter berichtete beispielsweise, dass er wiederholt im Spiel angeschossen wurde. Er erklärte, dass er in der Situation ja richtig stand und nicht wegkonnte. Der Beobachter hat dies aber dem Schiedsrichter angelastet.

Die Effekte oben erklären, warum auch in Zukunft Beobachtungen ein emotionales Thema bleiben werden. Es gibt keine einfachen Lösungen, Unterschiede in Wahrnehmungen immer zur Akzeptanz aufzulösen. Jedoch gibt es Umgangsweisen, die helfen.

10.3 Umgang mit Beobachtungen

Als Schiedsrichter möchte ich dich ermuntern, dich kritisch zu reflektieren. Eine kritische Selbstreflexion ist ein wesentlicher Charakterzug von höherklassigen Schiedsrichtern (Slack et al., 2013) Die Kenntnisse der Prozesse einer Beobachtung und der Phänomene können helfen, Beobachtungen besser einzuordnen und die Erwartungen einzuschränken. Im Folgenden möchte ich dir auch noch Anregungen geben, wie du den Umgang mit Beobachtungen optimieren kannst.

10.3.1 Vor dem Spiel

Spiele unter Beobachtungen sind mal mehr, mal weniger ein Stressor. Dies ist auch wieder zutiefst menschlich, denn Bewertungssituationen stellen zumindest Herausforderungen dar. Mit zunehmender Erfahrung wirst du dich jedoch daran gewöhnen, beurteilt zu werden. Um dich vorzubereiten, solltest du daher Ressourcen mobilisieren. Gewöhnlich ist dies die Ansetzung von Assistenten und eine gute Vorbesprechung mit diesen.

Auch ist es förderlich, sich die eigenen Stärken zu vergegenwärtigen. Bei der Zielsetzung sollte auf Handlungspläne geachtet werden (siehe Kap. 6 Motivation). Eine bestimmte Note anzustreben, liegt außerhalb des Einflussbereichs. Handlungspläne haben den Vorteil, dass der Schiedsrichter sie kontrollieren kann und sich auf die Spielleitung fokussiert.

10.3.2 Während des Spiels

Ein Beobachter braucht Hinweise für deine Leistung. Einige Dinge springen sofort ins Auge. Andere sieht der sehr gute Beobachter auch. Wichtig ist es, in einer Spielleitung unter Beobachtung zu beachten, dass der Beobachter die Leistung nur anhand des gezeigten Verhaltens beurteilen kann. Viele Schiedsrichter agieren hier manchmal ohne Außenwirkung.

Dies ist insbesondere bei Ansprachen und Ermahnungen der Fall. Beiläufige Ansprachen sind oft ein Erfolgsfaktor, um Vertrauen und Akzeptanz bei Spielern aufzubauen (vgl. Schnyder & Hossner, 2016; Slack et al., 2013). Doch einige Spielsituationen erfordern eine konsequente Außenwirkung. Mit anderen Worten: Man muss auch zeigen, was man kann und dem Beobachter anbieten, sich ein Bild zu machen.

10.3.3 Nach dem Spiel

Bei Nachbesprechungen kann es zu unterschiedlichen Irritationen kommen. Manchmal ist die Rückmeldung unklar. Doch viele Schiedsrichter trauen sich hier nicht, nachzufragen. Nutze die Nachbesprechung, um gerade bei kritischen Rückmeldungen Fragen zu stellen. Das WWW-Feedback kannst du quasi umdrehen (siehe Infobox 10.2). Lasse dir zunächst die Situation neutral beschreiben? Frage dann nach der Wirkung und hole dir schließlich Anregungen ein. Konkret kann dies über folgende Fragen geschehen:

- Was konntest du sehen?
- Wie habe ich auf dich in der Situation gewirkt? Woran machst du das genau fest?
- Was könnte ich deiner Meinung nach anders machen?

Noch stärker ist die Irritation, wenn es um ein Ringen um die Wahrheit geht. Kein Schiedsrichter ist gut beraten, wenn er dem Beobachter sagt, dass dieser falsch liegt und die Situation ganz anders war. Dann entsteht schnell ein Tauziehen über den Spielverlauf und einzelne Szenen.

Über subjektive Wahrnehmungen lässt sich nicht streiten. Es lassen sich jedoch Sichtweisen austauschen. In solchen Fällen ist Zuhören wichtig. Ein aktives Zuhören besteht darin, das Verständnis zu überprüfen, um Missverständnissen vorzubeugen. So kann man gezielt nachfragen, z. B.: „Verstehe ich dich richtig, dass du die Situation nicht gut gelöst fandest?" Im Anschluss eignen sich dann auch offene Fragen, z. B.: „Was hätte ich anders machen sollen?"

Manchmal ist es schwer, bei einem Beobachter zu Wort zu kommen. Hier kann ein freundliches Angebot in Form einer Frage helfen, seine eigene Sichtweise zu schildern. „Darf ich einmal kurz einhaken? Ich würde gerne meine Wahrnehmung schildern." Zumeist wird ein Beobachter darauf eingehen. Dann kannst du deinen Standpunkt schildern. Natürlich ist dann nicht garantiert, dass der Beobachter deiner Argumentation folgt, zumindest ist die Chance aber gegeben, dass er deine Sichtweise beachtet.

Es kann hilfreich sein, Beobachtungen mit anderen Schiedsrichterkollegen oder einem Funktionär aus einem Ausschuss zu besprechen. Vielleicht hast du auch einen Coach, mit dem du offen reden kannst. Wichtig ist dabei, dass du eine neutrale und nüchterne Perspektive erhältst. Gefühle färben die Wahrnehmung, sodass du mitunter etwas anderes aus dem Text liest als ein neutraler Betrachter (Forgas, 2008). Wenn du Schiedsrichterkollegen auswählst, achte darauf, dass sie dir konstruktives Feedback geben und nicht nur deine Meinung bestätigen.

Exkurs 10.2: Ein erfahrener Beobachter im Interview (…)

Jens Goldmann war von 2003 bis 2020 für das Beobachtungswesen im Niedersächsischen Fußballverband zuständig und ist seit 2003 im Bezirk Braunschweig in der gleichen Funktion. Er verfügt zudem über umfangreiche Erfahrungen als Beobachter, davon unter anderem über ein Jahrzehnt in den Junioren-Bundesligen.

„Welche Funktion erfüllen Beobachtungen?"

Jens Goldmann: *„Beobachtungen wirken in verschiedene Richtungen. Individuell sollen sie dem Schiedsrichter eine Rückmeldung zum eigenen Leistungsstand geben, seine Stärken betonen, um sie auszubauen, seine Potenziale erkennen, um Entwicklungen anzustoßen und seine Defizite aufzeigen, um Optimierungen zu erreichen.*

Für die Schiedsrichtergremien sollen sie einzeln das Geschehen auf dem Platz nachzeichnen, Handlungsfelder für die Lehrarbeit identifizieren und alle zusammengenommen eine Leistungsreihenfolge der Schiedsrichter bilden, die Grundlage von Personalentscheidungen ist. In Richtung der Vereine wirken sie als Nachweis, dass auch die Schiedsrichter und die Gremien an einer Leistungskontrolle und einer Leistungsentwicklung interessiert sind."

„Welche Herausforderungen siehst du gerade bei jüngeren Schiedsrichtern?"

Jens Goldmann: *„Jüngere Schiedsrichter fordern in der Regel viel Feedback ein. Fällt es aber nicht wie gewünscht aus, dann wird schnell resigniert. Feedback ist erst mal nur ein Angebot. Was der Schiedsrichter davon annimmt, muss er entscheiden.*

Beobachter dürfen aber auch nicht überfordern. Sie müssen ihre Impulse dosieren. Wenn ich einem Schiedsrichter nach dem Spiel 10 Änderungsvorschläge unterbreite, dann wird er sich im nächsten Spiel nicht fokussieren können. Am besten erarbeitet man gemeinsam Lösungen, die zum Charakter des Schiedsrichters passen und die er schrittweise umsetzen kann, nicht mehr als 1-2 Änderungen pro Spiel."

„Jüngere Schiedsrichter hadern oft mit Beobachtungen. Welche Tipps hast du für sie?"

Jens Goldmann: *„Der natürliche Reflex auf Kritik ist die Verteidigung des eigenen Verhaltens. Als Schiedsrichter muss man das Zuhören und das Verarbeiten lernen. Viele setzen sich dabei zu sehr unter Druck, weil sie sich an Idolen orientieren und kurzfristig in höhere Spielklassen aufsteigen wollen. Das ganze Schiedsrichterwesen darf man aber nicht vom Profifußball aus betrachten. Dahin schaffen es ohnehin nur die wenigsten Schiedsrichter. Die Beobachtung ist ein Angebot für den Schiedsrichter, neben sein Selbstbild ein Fremdbild gelegt zu bekommen. Mit diesem sollte er sich auseinandersetzen, am besten mit etwas Abstand zum Spiel.*

Könnte der Beobachter vielleicht doch recht haben und mein Verhalten bei den Spielern etwas ausgelöst haben, was ich gar nicht wollte? Meine Erfahrung zeigt mir, dass die Schiedsrichter der Junioren-Bundesligen sehr reflektiert sind. Die können in einer Besprechung oft selbst die kritischen Punkte benennen. Die sind in diese Spielklasse gekommen, weil sie sich zu reflektieren gelernt haben und nicht, weil sie sich immer schon toll fanden."

„Was macht eine sehr gute Beobachtung aus?"

Jens Goldmann: *„Eine sehr gute Beobachtung beschreibt die relevanten Spielszenen korrekt, ordnet die Entscheidungen des Schiedsrichters von der Regelanwendung, dem Disziplinarkonzept bis hin zur Spielintelligenz richtig ein. Sie kaschiert keine festgestellten Defizite, bleibt aber in einer sachbezogenen*

Sprache, wenn es mal nicht gut lief und greift nicht die Person des Schiedsrichters an. Eine sehr gute Beobachtung enthält keine Floskeln, sondern konkrete spielbezogene Feststellungen und konkrete Empfehlungen für das Team. Und am Ende kommt sie zu einer transparenten Bewertung."

Anhang

1 Literaturverzeichnis

Adams, J. S. & Freedman, S. (1976). Equity theory revisited: Comments and annotated bibliography. *Advances in Experimental Social Psychology, 9*, 43-90. https://doi.org/10.1016/S0065-2601(08)60058-1

Ajzen, I. (1985). From intentions to actions: A theory of planned behavior. In J. Kuhl & J. Beckmann (Eds.), *Action control* (pp. 11–39). Springer.

Alicke, M. D., & Govorun, O. (2005). The better-than-average effect. In M. D. Alicke, D. A. Dunning & J. Krueger (Eds.), *The self in social judgement* (pp. 85-106). Psychology Press.

Anderson, C. A. & Bushman, B. J. (2002). Human aggression. *Annual Review of Psychology, 53* (1), 27-51.

Anshel, M. H., Kang, M. & Jubenville, C. (2013). Sources of acute sport stress scale for sports officials: Rasch calibration. *Psychology of Sport and Exercise, 14* (3), 362-370. https://doi.org/10.1016/j.psychsport.2012.12.003

Aragão e Pina, J., Passos, A. M., Maynard, M. T. & Sinval, J. (2021). Self-efficacy, mental models and team adaptation: A first approach on football and futsal refereeing. *Psychology of Sport and Exercise, 52*, 101787. https://doi.org/10.1016/j.psychsport.2020.101787

Axelrod, R. (2009). *The evolution of Cooperation: Revised edition.* New York: Basic Books.

Bakker, A. B. & Demerouti, E. (2017). Job demands-resources theory: Taking stock and looking forward. *Journal of Occupational Health Psychology, 22* (3), 273-285. https://doi.org/10.1037/ocp0000056

Baumann, S. (2018). *Psychologie im Sport* (7. überarbeitete Auflage). Aachen: Meyer & Meyer Verlag.

Baumeister, R. F. (1984). Choking under pressure: Self-consciousness and paradoxical effects of incentives on skillful performance. *Journal of Personality and Social Psychology, 46* (3), 610-620. https://doi.org/10.1037/0022-3514.46.3.610

Bem, D. J. (1972). Self-perception theory. *Advances in Experimental Social Psychology, 6* (1), 1-62.

Berkowitz, L. (1989). Frustration-aggression hypothesis: Examination and reformulation. *Psychological Bulletin, 106* (1), 59-73. https://doi.org/10.1037/0033-2909.106.1.59

Bloß, N., Schorer, J., Loffing, F. & Büsch, D. (2020). Physical load and referees' decision-making in sports games: A scoping review. *Journal of Sports Science & Medicine, 19* (1), 149-157.

Blumberg, M. & Pringle, C. D. (1982). The missing opportunity in organizational research: Some implications for a theory of work performance. *Academy of Management Review, 7* (4), 560-569. https://doi.org/10.5465/AMR.1982.4285240

Brand, R. & Neß, W. (2004). Regelanwendung und Game-Management. *Zeitschrift Für Sportpsychologie, 11* (4), 127136. https://doi.org/10.1026/1612-5010.11.4.127

Brand, R., Plessner, H. & Schweizer, G. (2009). Conceptual considerations about the development of a decision making training method for expert soccer referees. In D. Araujo, H. Ripboll & M. Raab (Eds.). *Perspectives on cognition and action in sport* (pp. 181-190). New York: Nova Science.

Brunstein, J. C., Schultheiss, O. C. & Grässman, R. (1998). Personal goals and emotional well-being: The moderating role of motive dispositions. *Journal of Personality and Social Psychology, 75* (2), 494-508. https://doi.org/10.1037/0022-3514.75.2.494

Brunswik, E. (1952). *The conceptual framework of psychology.* Chicago: Chicago University Press.

Catteeuw, P., Gilis, B., Wagemans, J. & Helsen, W. (2010). Perceptual-cognitive skills in offside decision making: Expertise and training effects. *Journal of Sport and Exercise Psychology, 32* (6), 828-844.

Clough, P., Earle, K. & Sewell, D. (2002). Mental toughness: The concept and its measurement. In I. Cockerill (Ed.), *Solutions in sport psychology* (pp. 32-46). London: Thomson Learning.

Cobb-Clark, D. A. & Schurer, S. (2012). The stability of big-five personality traits. *Economics Letters, 115* (1), 11-15. https://doi.org/10.1016/j.econlet.2011.11.015

Costa, P. T. & McCrae, R. R. (1992). Four ways five factors are basic. *Pesonality and Individual Differences, 13* (6), 653-665. https://doi.org/10.1016/0191-8869(92)90236-I

Csikszentmihalyi, M. (2017). Flow: *Das Geheimnis des Glücks* (A. Charpentier, Trans.). Stuttgart: Klett-Cotta.

Cunningham, I., Simmons, P., Mascarenhas, D. & Redhead, S. (2014). Skilled interaction: Concepts of communication and player management in the development of sport officials. *International Journal of Sport Communication, 7* (2), 166-187.

Cunningham, I., Simmons, P., Mascarenhas, D. & Redhead, S. (2015a). Exploring player communication in interactions with sport officials. *Movement & Sport Sciences – Science & Motricité,* (87), 79-89. https://doi.org/10.1051/sm/2014021

Cunningham, I., Simmons, P., Mascarenhas, D. & Redhead, S. (2015b). Exploring player communication in interactions with sport officials. *Movement & Sport Sciences-Science & Motricité,* (87), 79-89.

Deci, E. L. & Ryan, R. M. (2008). Self-determination theory: A macrotheory of human motivation, development, and health. *Canadian Psychology/Psychologie Canadienne, 49* (3), 182-185. https://doi.org/10.1037/a0012801

Decius, J., Schaper, N. & Seifert, A. (2019). Informal workplace learning: Development and validation of a measure. *Human Resource Development Quarterly, 30* (4), 495-535. https://doi.org/10.1002/hrdq.21368

DeNisi, A. S. & Murphy, K. R. (2017). Performance appraisal and performance management: 100 years of progress? *The Journal of Applied Psychology, 102* (3), 421-433. https://doi.org/10.1037/apl0000085

Deutsch, R. & Strack, F. (2006). Duality models in social psychology: From dual processes to interacting systems. *Psychological Inquiry, 17* (3), 166-172. https://doi.org/10.1207/s15327965pli1703_2

Dodge, K. A., Price, J. M., Bachorowski, J. A. & Newman, J. P. (1990). Hostile attributional biases in severely aggressive adolescents. *Journal of abnormal psychology, 99*(4), 385.

Döring, N. & Bortz, J. (2016). *Forschungsmethoden und Evaluation.* Wiesbaden: Springerverlag.

Dorsch, F., Häcker, H. & Becker-Carus, C. (Hrsg.) (2004). *Dorsch Psychologisches Wörterbuch: 15000 Stichwörter, 800 Testnachweise* (14., vollst. überarb. und erw. Aufl.). Bern: Huber.

Dunning, D., Johnson, K., Ehrlinger, J. & Kruger, J. (2003). Why people fail to recognize their own incompetence. *Current Directions in Psychological Science, 12* (3), 83-87. https://doi.org/10.1111/1467-8721.01235

Dweck, C. S. (1986). Motivational processes affecting learning. *American Psychologist, 41* (10), 1040.

Eberspächer, H. (2011). *Gut sein, wenn's drauf ankommt: Von Top-Leistern lernen* (3., überarbeitete Auflage). München: Hanser.

Erdmann, N. (2016). *Führungspersönlichkeiten auf dem Fußballplatz? Zum Persönlichkeitsprofil und Selbstverständnis von Fußballschiedsrichtern* (unveröffentlichte Bachelorarbeit). Ruhr-Universität Bochum, Bochum.

Forgas, J. P. (2008). Affect and cognition. *Perspectives on Psychological Science: A Journal of the Association for Psychological Science, 3* (2), 94-101. https://doi.org/10.1111/j.1745-6916.2008.00067.x

Fruchart, E. & Carton, A. (2012). How do amateur soccer referees destabilize a match? *Psicólogica: International Journal of Methodology and Experimental Psychology, 33* (3), 435-449.

Furley, P. & Schweizer, G. (2016). Nonverbal communication of confidence in soccer referees: An experimental test of Darwin's leakage hypothesis. *Journal of Sport & Exercise Psychology, 38* (6), 590-597. https://doi.org/10.1123/jsep.2016-0192

Furley, P., Schweizer, G. & Bertrams, A. (2015). The two modes of an athlete: Dual-process theories in the field of sport. *International Review of Sport and Exercise Psychology, 8* (1), 106-124. https://doi.org/10.1080/1750984X.2015.1022203

Ghasemi, A., Momeni, M., Rezaee, M. & Gholami, A. (2009). The difference in visual skills between expert versus novice soccer referees. *Journal of Human Kinetics, 22* (1). https://doi.org/10.2478/v10078-009-0018-1

Glasl, F. (2020). *Konfliktmanagement: Ein Handbuch für Führung, Beratung und Mediation* (12., aktualisierte und erweiterte Auflage). Stuttgart: Verlag Freies Geistesleben & Urachhaus.

Goldberg, L. R. (1990). An alternative „description of personality": The Big-Five factor structure. *Journal of Personality and Social Psychology, 59* (6), 1216-1229. https://doi.org/10.1037/0022-3514.59.6.1216

Gollwitzer, P. M., Heckhausen, H. & Ratajczak, H. (1990). From weighing to willing: Approaching a change decision through pre- or postdecisional mentation. *Organizational Behavior and Human Decision Processes, 45* (1), 41-65. https://doi.org/10.1016/0749-5978(90)90004-S

Gollwitzer, P. M. & Sheeran, P. (2006). Implementation intentions and goal achievement: A meta analysis of effects and processes. *Advances in Experimental Social Psychology Volume 38* (Vol. 38, pp. 69-119). Elsevier. https://doi.org/10.1016/S0065-2601(06)38002-1

Grossman, R. & Salas, E. (2011). The transfer of training: what really matters. *International Journal of Training and Development, 15* (2), 103-120. https://doi.org/10.1111/j.1468-2419.2011.00373.x

Guillén, F. & Feltz, D. L. (2011). A conceptual model of referee efficacy. *Frontiers in Psychology, 2*, 25. https://doi.org/10.3389/fpsyg.2011.00025

Hatfield, E., Cacioppo, J. T. & Rapson, R. L. (1993). Emotional contagion. *Current Directions in Psychological Science, 2* (3), 96-100. https://doi.org/10.1111/1467-8721.ep10770953

Heckhausen, H. & Rheinberg, F. (1980). Lernmotivation im Unterricht, erneut betrachtet. *Unterrichtswissenschaft, 8* (1), 7-47.

Heidemeier, H. & Moser, K. (2009). Self other agreement in job performance ratings: A meta-analytic test of a process model. *Journal of Applied Psychology, 94* (2), 353.

Helsen, W. & Bultynck, J.-B. (2004). Physical and perceptual-cognitive demands of top-class refereeing in association football. *Journal of Sports Sciences, 22* (2), 179-189. https://doi.org/10.1080/02640410310001641502

Høigaard, R., Säfvenbom, R. & Tønnessen, F. E. (2006). The relationship between group cohesion, group norms, and perceived social loafing in soccer teams. *Small Group Research, 37* (3), 217-232. https://doi.org/10.1177/1046496406287311

Hollander, E. P. (1958). Conformity, status, and idiosyncrasy credit. *Psychological Review, 65* (2), 117-127. https://doi.org/10.1037/h0042501

Holmes, P. S. & Collins, D. J. (2001). The PETTLEP approach to motor imagery: A functional equivalence model for sport psychologists. *Journal of Applied Sport Psychology, 13* (1), 60-83. https://doi.org/10.1080/10413200109339004

Hong, E., Jeong, Y. & Downward, P. (2019). Perceived organizational support, internal motivation, and work–family conflict among soccer referees. *Managing Sport and Leisure, 24* (1-3), 141-154. https://doi.org/10.1080/23750472.2019.1593049

Houssein, M., Lopes, P., Fagnoni, B., Ahmaidi, S., Yonis, S. M. & Leprêtre, P.-M. (2016). Hydration: The new FIFA World Cup's challenge for referee decision making? *Journal of Athletic Training, 51* (3), 264-266. https://doi.org/10.4085/1062-6050-51.3.04

Hüffmeier, J. & Hertel, G. (2011). When the whole is more than the sum of its parts: Group motivation gains in the wild. *Journal of Experimental Social Psychology, 47 (2)*, 455-459. https://doi.org/10.1016/j.jesp.2010.12.004

Hüttermann, S., Helsen, W. F., Put, K. & Memmert, D. (2018). Does visual attention impact on decision making in complex dynamic events? *Journal of Sport & Exercise Psychology, 40* (3), 163-166. https://doi.org/10.1123/jsep.2017-0169

Hüttermann, S., Noël, B., & Memmert, D. (2017). Evaluating erroneous offside calls in soccer. *PloS One, 12* (3), e0174358. https://doi.org/10.1371/journal.pone.0174358

Ittrich, P. & Nickelsen, M. (2020). *Die richtige Entscheidung: Warum ich es liebe, Schiedsrichter zu sein* (1. Auflage). Hamburg: Edel Books – Ein Verlag der Edel Germany GmbH.

Janis, I. L. (1972). *Victims of groupthink: A psychological study of foreign-policy decisions and fiascoes.* Boston: Houghton Mifflin Harcourt.

Johansen, B. T. (2015). Reasons for officiating soccer: the role of passion-based motivations among Norwegian elite and non-elite referees. *Movement & Sport Sciences – Science & Motricité,* (87), 23-30. https://doi.org/10.1051/sm/2014012

John, O. P., Angleitner, A. & Ostendorf, F. (1988). The lexical approach to personality: A historical review of trait taxonomic research. *European Journal of Personality, 2* (3), 171-203. https://doi.org/10.1002/per.2410020302

Kahneman, D. & Tversky, A. (1972). Subjective probability: A judgment of representativeness. *Cognitive Psychology, 3* (3), 430-454. https://doi.org/10.1016/0010-0285(72)90016-3

Kaluza, G. (2018). *Stressbewältigung: Trainingsmanual zur psychologischen Gesundheitsförderung* (4., korrigierte Auflage). Psychotherapie. Berlin, Heidelberg: Springer Berlin Heidelberg. https://doi.org/10.1007/978-3-662-55638-2

Kauffeld, S. (2001). *Teamdiagnose*. Göttingen: Verl. für Angewandte Psychologie.

Kauffeld, S. & Paulsen, H. F. K. (2018). *Kompetenzmanagement in Unternehmen: Kompetenzen beschreiben, messen, entwickeln und nutzen* (1. Auflage). Arbeits-, Organisations- und Wirtschaftspsychologie. Stuttgart: Verlag W. Kohlhammer.

Kebeck, G. (1997). *Wahrnehmung: Theorien, Methoden und Forschungsergebnisse der Wahrnehmungspsychologie (2. Aufl.).* Grundlagentexte Psychologie. Weinheim: Juventa-Verl.

Kellett, P. (2002). Football-as-war, coach-as-general: Analogy, metaphor and management implications. *Football Studies, 5* (1), 60-76.

Kelly, G. (1955). *Personal construct psychology.* Nueva York: Norton.

Kolbinger, O. (2019). VAR experiments in the Bundesliga. In M. Armenteros, A. J. Benítez & M. Á. Betancor (Eds.), *The use of video technologies in refereeing football and other sports* (pp. 228–245). Routledge.

Kolbinger, O. & Stöckl, M. (2019). Misbehavior during penalty kicks and goalkeepers holding the ball too long as trivial offenses in football. *Frontiers in Psychology, 10*, 844. https://doi.org/10.3389/fpsyg.2019.00844

Köllner, M. G. & Schultheiss, O. C. (2014). Meta-analytic evidence of low convergence between implicit and explicit measures of the needs for achievement, affiliation, and power. *Frontiers in Psychology, 5*, 826. https://doi.org/10.3389/fpsyg.2014.00826

Kuhl, J. (2001). *Motivation und Persönlichkeit: Interaktionen psychischer Systeme.* Göttingen: Hogrefe Verl. für Psychologie.

Lai, W. (2020). *Fußball: 80 schmutzige Tricks auf dem Platz: Zeitspiel, Dirty Tricks, Karten provozieren* (1. Auflage). Aachen: Meyer & Meyer.

Lazarus, R. S. & Folkman, S. (2015). *Stress, appraisal, and coping* (11. [print.]). New York: Springer.

Lechermeier, J. & Fassnacht, M. (2018). How do performance feedback characteristics influence recipients' reactions? A state-of-the-art review on feedback source, timing, and valence effects. *Management Review Quarterly, 68* (2), 145-193. https://doi.org/10.1007/s11301-018-0136-8

Lex, H., Pizzera, A., Kurtes, M. & Schack, T. (2015). Influence of players' vocalisations on soccer referees' decisions. *European Journal of Sport Science, 15* (5), 424-428. https://doi.org/10.1080/17461391.2014.962620

Livingston, L., Forbes, S. L., Wattie, N. & Cunningham, I. (2020). *Sport officiating: Recruitment, development, and retention*: Routledge.

Loghmani, M., Taylor, T. & Ramzaninejad, R. (2017). Job characteristics and psychological states of football referees: implications for job enrichment. *Managing Sport and Leisure, 22* (5), 342-357. https://doi.org/10.1080/23750472.2018.1426488

London, M. (2003). *Job feedback: Giving, seeking, and using feedback for performance improvement:* Psychology Press.

Luis del Campo, V., Canelo Fariñas, A., Domínguez Márquez, F. J. & Morenas Martín, J. (2018). The influence of refereeing experiences judging offside actions in football. *Psychology of Sport and Exercise, 37*, 139-145. https://doi.org/10.1016/j.psychsport.2018.03.004

MacMahon, C., Mascarenhas, D., Plessner, H., Pizzera, A., Oudejans, R. & Raab, M. (2015). *Sports officials and officiating. Science and practice:* Routledge.

Malle, B. F. (2006). The actor-observer asymmetry in attribution: A (surprising) meta-analysis. *Psychological Bulletin, 132* (6), 895-919. https://doi.org/10.1037/0033-2909.132.6.895

Mascarenhas, D. R., Collins, D. & Mortimer, P. (2002). The art of reason versus the exactness of science in elite refereeing: Comments on Plessner and Betsch (2001). *Journal of Sport Exercise Psychology, 24*, 328-333.

Mascarenhas, D. R., Collins, D. & Mortimer, P. (2005). Elite refereeing performance: Developing a model for sport science support. *The Sport Psychologist, 19* (4), 364-379. https://doi.org/10.1123/tsp.19.4.364

Mayer, J. & Hermann, H.-D. (2015). *Mentales Training: Grundlagen und Anwendung in Sport, Rehabilitation, Arbeit und Wirtschaft* (3., korrigierte und aktualisierte Auflage). Berlin: Springer Science and Business Media. Retrieved from http://search.ebscohost.com/login.aspx?direct=true&scope=site&db=nlebk&AN=1102773

McCarrick, D., Brewer, G., Lyons, M., Pollet, T. V. & Neave, N. (2020). Referee height influences decision making in British football leagues. *BMC Psychology, 8* (1), 4. https://doi.org/10.1186/s40359-020-0370-4

McCarrick, D., Wolfson, S. & Neave, N. (2019). Personality characteristics of UK Association Football referees. *Journal of Sport Behavior, 42* (4), 493-508.

McCarrick, D. J., Bilalic, M., Neave, N. & Wolfson, S. (2020). *Home advantage during the COVID-19 pandemic in European football.* https://doi.org/10.31234/osf.io/2gkht

McClelland, D. C. (1985). *Human motivation.* Glenview, Ill.: Scott Foresman and Co.

McEwan, D., & Beauchamp, M. R. (2014). Teamwork in sport: A theoretical and integrative review. *International Review of Sport and Exercise Psychology, 7* (1), 229-250. https://doi.org/10.1080/1750984X.2014.932423

Mellick, M. C., Fleming, S., Bull, P. & Laugharne, E. J. (2005). Identifying best practice for referee decision communication in association and rugby union football. *Football Studies, 8* (1), 42-57.

Memmert, D. (2019). *Fußballspiele werden im Kopf entschieden: Kognitives Training, Kreativität und Spielintelligenz im Amateur- und Leistungsbereich.* Meyer & Meyer: Aachen.

Mesagno, C. & Beckmann, J. (2017). Choking under pressure: Theoretical models and interventions. *Current Opinion in Psychology, 16*, 170-175. https://doi.org/10.1016/j.copsyc.2017.05.015

Mohammed, S., Ferzandi, L. & Hamilton, K. (2010). Metaphor no more: A 15-year review of the team mental model construct. *Journal of Management, 36* (4), 876-910. https://doi.org/10.1177/0149206309356804

Nevill, A. M., Balmer, N.J. & Mark Williams, A. (2002). The influence of crowd noise and experience upon refereeing decisions in football. *Psychology of Sport and Exercise, 3* (4), 261-272. https://doi.org/10.1016/S1469-0292(01)00033-4

Nideffer, R. M. (1976). Test of attentional and interpersonal style. *Journal of Personality and Social Psychology, 34* (3), 394-404. https://doi.org/10.1037/0022-3514.34.3.394

Nisbett, R. E., Caputo, C., Legant, P. & Marecek, J. (1973). Behavior as seen by the actor and as seen by the observer. *Journal of Personality and Social Psychology, 27* (2), 154-164. https://doi.org/10.1037/h0034779

Oelsnitz, D. von der & Busch, M. W. (2014). *Team: Toll, ein anderer macht's!: Die Wahrheit über Teamarbeit* (2. Auflage). Zürich: Orell Füssli.

Osborn, K. A., Irwin, B. C., Skogsberg, N. J. & Feltz, D. L. (2012). The Köhler effect: Motivation gains and losses in real sports groups. *Sport, Exercise, and Performance Psychology 1* (4), 242-253. https://doi.org/10.1037/a0026887

Oudejans, R. R., Verheijen, R., Bakker, F. C., Gerrits, J. C., Steinbrückner, M. & Beek, P. J. (2000). Errors in judging ‚offside' in football. *Nature, 404* (6773), 33. https://doi.org/10.1038/35003639

Oudejans, R. R. D., Bakker, F. C., Verheijen, R., Gerrits, J. C., Steinbrückner, M. & Beek, P. J. (2005). How position and motion of expert assistant referees in soccer relate to the quality or their offside judgements during actual match play *International Journal of Sport Psychology., 36*, 3-21.

Pasmore, W., Winby, S., Mohrman, S. A. & Vanasse, R. (2019). Reflections: Sociotechnical systems design and organization change. *Journal of Change Management, 19* (2), 67-85. https://doi.org/10.1080/14697017.2018.1553761

Paulsen, H. & Decius, J. (2020). *Ergebnisbericht. Wissenschaftliche Studie. Lernen bei Schiedsrichtern.* Zugriff am 01.01.2021, verfügbar unter https://www.researchgate.net/publication/339850645_Lernen_bei_Schiedsrichtern

Paulsen, H. & Kauffeld, S. (2019). Kompetenzmanagement in Organisationen: Ein Beitrag zur Laufbahnentwicklung. In S. Kauffeld & D. Spurk (Hrsg..), *Springer Reference Psychologie. Handbuch Karriere und Laufbahnmanagement* (S.. 511-542). Berlin, Heidelberg: Springer Berlin Heidelberg. https://doi.org/10.1007/978-3-662-48750-1_21

Paulsen, H. & Kortsch, T. (2020). *Stressprävention in modernen Arbeitswelten: Das „Einfach weniger Stress"-Manual* (1. Auflage). Göttingen: Hogrefe.

Paulsen, H., Zorn, V., Inkermann, D., Reining, N., Baschin, J., Vietor, T. & Kauffeld, S. (2020). Soziotechnische Analyse und Gestaltung von Virtualisierungsprozessen. *Gruppe. Interaktion. Organisation. Zeitschrift Für Angewandte Organisationspsychologie (GIO), 51* (1), 81-93. https://doi.org/10.1007/s11612-020-00507-z

Paulsen, H. F. K. & Kauffeld, S. (2016). Ansteckungsprozesse in Gruppen: Die Rolle von geteilten Gefühlen für Gruppenprozesse und -ergebnisse. *Gruppe. Interaktion. Organisation. Zeitschrift Für Angewandte Organisationspsychologie (GIO), 47* (4), 357-364. https://doi.org/10.1007/s11612-016-0340-8

Pescosolido, A. T. & Saavedra, R. (2012). Cohesion and sports teams. *Small Group Research, 43* (6), 744-758. https://doi.org/10.1177/1046496412465020

Philippe, F. L., Vallerand, R. J., Andrianarisoa, J. & Brunel, P. (2009). Passion in referees: Examining their affective and cognitive experiences in sport situations. *Journal of Sport & Exercise Psychology, 3* 1(1), 77-96. https://doi.org/10.1123/jsep.31.1.77

Pietraszewski, P., Roczniok, R., Maszczyk, A., Grycmann, P., Roleder, T., Stanula, A. Ponczek, M. (2014). The elements of executive attention in top soccer referees and assistant referees. *Journal of Human Kinetics, 40*, 235-243. https://doi.org/10.2478/hukin-2014-0025

Pizzera, A. & Raab, M. (2012). Perceptual judgements of sports officials are influenced by their motor and visual experience. *Journal of Applied Sport Psychology, 24* (1), 59-72. https://doi.org/10.1080/10413200.2011.608412

Plessner, H. & MacMahon, C. (2013). The sport official in research and practice. In D. Farrow, J. Baker & C. MacMahon (Eds.), *Developing sport expertise: Researchers and coaches put theory into practice* (pp. 71-95). Routledge.

Plessner, H. & Raab, M. (1999). Kampf-und Schiedsrichterurteile als Produkte sozialer Informationsverarbeitung. *Psychologie & Sport, 6* (4), 130-145.

Plessner, H., Schweizer, G., Brand, R. & O'Hare, D. (2009). A multiple-cue learning approach as the basis for understanding and improving soccer referees' decision making. In *Progress in Brain Research. Mind and Motion: The Bidirectional Link between Thought and Action* (Vol. 174, pp. 151-158). Elsevier. https://doi.org/10.1016/S0079-6123(09)01313-2

Put, K., Wagemans, J., Jaspers, A. & Helsen, W. F. (2013). Web-based training improves on-field offside decision-making performance. *Psychology of Sport and Exercise, 14* (4), 577-585. https://doi.org/10.1016/j.psychsport.2013.03.005

Put, K., Wagemans, J., Spitz, J., Williams, A. M. & Helsen, W. F. (2016). Using web-based training to enhance perceptual-cognitive skills in complex dynamic offside events. *Journal of Sports Sciences, 34* (2), 181-189. https://doi.org/10.1080/02640414.2015.1045926

Raab, M. (2012). Simple heuristics in sports. *International Review of Sport and Exercise Psychology, 5*(2), 104-120. https://doi.org/10.1080/1750984X.2012.654810

Raab, M., Avugos, S., Bar-Eli, M. & MacMahon, C. (2020). The referee's challenge: A threshold process model for decision making in sport games. *International Review of Sport and Exercise Psychology*, Advanced online publication. https://doi.org/10.1080/1750984X.2020.1783696

Rantanen, J., Metsäpelto, R.-L., Feldt, T., Pulkkinen, L. & Kokko, K. (2007). Long-term stability in the Big Five personality traits in adulthood. *Scandinavian Journal of Psychology, 48* (6), 511-518. https://doi.org/10.1111/j.1467-9450.2007.00609.x

Rheinberg, F. (2004). *Motivation*. Stuttgart: Kohlhammer.

Rheinberg, F. (2018). Intrinsische Motivation und Flow-Erleben. In J. Heckhausen & H. Heckhausen (Hrsg.), *Springer-Lehrbuch. Motivation und Handeln* (fünfte Auflage, S.. 423-450). Berlin, Heidelberg: Springer.

Rheinberg, F. & Engeser, S. (2010). Motive training and motivational congruence. In O. C. Schultheiss & J. C. Brunstein (Eds.), *Implicit motives* (pp. 510-548). New York: Oxford University Press.

Rhodes, J., May, J., Andrade, J. & Kavanagh, D. (2018). Enhancing grit through functional imagery training in professional soccer. *The Sport Psychologist, 32*(3), 220-225. https://doi.org/10.1123/tsp.2017-0093

Riiser, A., Andersen, V., Sæterbakken, A., Ylvisaker, E. & Moe, V. F. (2019). Running performance and position is not related to decision-making accuracy in referees. *Sports Medicine International Open, 3* (2), E66-E71. https://doi.org/10.1055/a-0958-8608

Russell, S., Renshaw, I. & Davids, K. (2019). How interacting constraints shape shape emergent decision-making of national-level football referees. *Qualitative Research in Sport, Exercise and Health, 11* (4), 573-588. https://doi.org/10.1080/2159676X.2018.1493525

Samuel, R. D., Tenenbaum, G. & Galily, Y. (2020). The 2020 Coronavirus pandemic as a change-event in sport performers' careers: Conceptual and applied practice considerations. *Frontiers in Psychology, 11*, 567966. https://doi.org/10.3389/fpsyg.2020.567966

Schiffbauer, B. (2018). Die Bekanntgabe von Disziplinarmaßnahmen durch Fußball-Schiedsrichter und deren Wirksamkeit. *SpuRt.* (3), 90-95.

Schmidt, J., Oelsnitz, D. von der & Rose, R. (im Druck). Was können Führungskräfte von Fußballschiedsrichtern lernen? *Wirtschaftswissenschaftliches Studium.*

Schnyder, U. & Hossner, E.-J. (2016). Psychological issues in football officiating: An interview study with top-level referees. *Current Issues in Sport Science (CISS).* Advance online publication. https://doi.org/10.15203/CISS_2016.004

Schnyder, U., Koedijker, J. M., Kredel, R. & Hossner, E.-J. (2017). Gaze behaviour in offside decision-making in football. *German Journal of Exercise and Sport Research, 47* (2), 103-109.

Schulz von Thun, F. (2011). *Störungen und Klärungen: Allgemeine Psychologie der Kommunikation* (1. Auflage). Reinbek bei Hamburg: Rowohlt Taschenbuch Verlag.

Schwarz, N., Bless, H., Strack, F., Klumpp, G. & al. (1991). Ease of retrieval as information: Another look at the availability heuristic. *Journal of Personality and Social Psychology, 61* (2), 195-202. https://doi.org/10.1037/0022-3514.61.2.195

Schweizer, G., Plessner, H., Kahlert, D. & Brand, R. (2011). A video-based training method for improving soccer referees' intuitive decision-making skills. *Journal of Applied Sport Psychology, 23* (4), 429-442. https://doi.org/10.1080/10413200.2011.555346

Shannon, C. E., & Weaver, W. (1949). *The mathematical theory of communication.* Urbana-Champaign: University of Illinois Press.

Simmons, P. (2010). Communicative displays as fairness heuristics: Strategic football referee communication. *Australian Journal of Communication, 37* (1), 75.

Simmons, P. (2011). Competent, dependable and respectful: Football refereeing as a model for communicating fairness. *Ethical Space-International Journal of Communication Ethics, 8* (3), 33.

Simons, D. J. & Chabris, C. F. (1999). Gorillas in our midst: Sustained inattentional blindness for dynamic events. *Perception, 28* (9), 1059-1074.https://doi.org/10.1068/p281059

Skogstad, A., Einarsen, S., Torsheim, T., Aasland, M. S. & Hetland, H. (2007). The destructiveness of laissez-faire leadership behavior. *Journal of Occupational Health Psychology, 12* (1), 80-92. https://doi.org/10.1037/1076-8998.12.1.80

Slack, L. A., Butt, J., Maynard, I. & Olusoga, P. (2014). Understanding mental toughness in elite football officiating: perceptions of English Premier League referees. *Sport and Exercise Psychology Review, 10* (1), 4-24.

Slack, L. A., Maynard, I. W., Butt, J. & Olusoga, P. (2013). Factors underpinning football officiating excellence: Perceptions of English premier league referees. *Journal of Applied Sport Psychology, 25* (3), 298-315. https://doi.org/10.1080/10413200.2012.726935

Slack, L. A., Maynard, I. W., Butt, J. & Olusoga, P. (2015). An evaluation of a mental toughness education and training program for early-career English football league referees. *The Sport Psychologist, 29* (3), 237-257.

Smith, D., Romano-Smith, S., Wright, D. J., Deller-Rust, B. & Wakefield, C. J. (2020). The effects of combining PETTLEP imagery and action observation on bicep strength: A single-case design. *Journal of Applied Sport Psychology, 32* (4), 377-391. https://doi.org/10.1080/10413200.2018.1560372

Sonnentag, S. & Fritz, C. (2015). Recovery from job stress: The stressor-detachment model as an integrative framework. *Journal of Organizational Behavior, 36* (S1), 72-103. https://doi.org/10.1002/job.1924

Spitz, J., Put, K., Wagemans, J., Williams, A. M. & Helsen, W. F. (2016). Visual search behaviors of association football referees during assessment of foul play situations. *Cognitive Research: Principles and Implications, 1* (1), 12., 1-11. https: //doi.org/10.1186/s41235-016-0013-8

Stulp, G., Buunk, A. P., Verhulst, S., & Pollet, T. V. (2012). High and mighty: Height increases authority in professional refereeing. *Evolutionary Psychology, 10* (3), 588-601,. https://doi.org/10.1177/147470491201000314

Tannenbaum, S. I. & Cerasoli, C. P. (2013). Do team and individual debriefs enhance performance? A meta-analysis. *Human Factors, 55* (1), 231-245. https://doi.org/10.1177/0018720812448394

Thielking, G. & Voss, C. (2016). Für den jungen Schiedsrichter: Der Referee als Persönlichkeit. *Lehrbrief Für Fußball-Schiedsrichter, 70*, 1-11.

Tims, M., Bakker, A. B. & Derks, D. (2012). Development and validation of the job crafting scale. *Journal of Vocational Behavior, 80* (1), 173-186. https://doi.org/10.1016/j.jvb.2011.05.009

Ulich, D. & Bösel, R. M. (2005). *Einführung in die Psychologie* (Vierte, überarbeitete und erweiterte Auflage). Stuttgart: Kohlhammer.

Unkelbach, C. & Memmert, D. (2010). Crowd noise as a cue in referee decisions contributes to the home advantage. *Journal of Sport & Exercise Psychology, 32* (4), 483-498. https://doi.org/10.1123/jsep.32.4.483

Vandewalle, D., Nerstad, C. G. L. & Dysvik, A. (2019). Goal orientation: A review of the miles traveled and the miles to go. *Annual Review of Organizational Psychology and Organizational Behavior, 6* (1), 115-144. https://doi.org/10.1146/annurev-orgpsych-041015-062547

Voight, M. (2009). Sources of stress and coping strategies of US soccer officials. *Stress and Health, 25* (1), 91-101. https://doi.org/10.1002/smi.1231

Watzlawick, P., Beavin, J. H. & Jackson, D. D. (2011). *Menschliche Kommunikation: Formen, Störungen, Paradoxien* (12. unveränd. Aufl.). Bern: Huber.

Webb, T. L., Miles, E. & Sheeran, P. (2012). Dealing with feeling: A meta-analysis of the effectiveness of strategies derived from the process model of emotion regulation. *Psychological Bulletin, 138* (4), 775-808. https://doi.org/10.1037/a0027600

Wiggins, J. S. & Broughton, R. (1991). A geometric taxonomy of personality scales. *European Journal of Personality, 5* (5), 343-365.

Wolfson, S. & Neave, N. (2007). Coping under pressure: Cognitive strategies for maintaining confidence among soccer referees. *Journal of Sport Behavior, 30* (2), 232-247.

Yankov, G. P., Davenport, N. & Sherman, R. A. (2019). Locating mental toughness in factor models of personality. *Personality and Individual Differences, 151,* 109532. https://doi.org/10.1016/j.paid.2019.109532

2 Bildnachweis

Covermotiv:	dpa
Covergestaltung:	Katerina Georgieva
Innenlayout:	Katerina Georgieva
Satz:	Anja Elsen
Lektorat:	Dr. Irmgard Jaeger
Fotos Innenteil:	S. 69, 73, 110: dpa

Abonnieren Sie unseren kostenlosen Newsletter unter **www.dersportverlag.de**

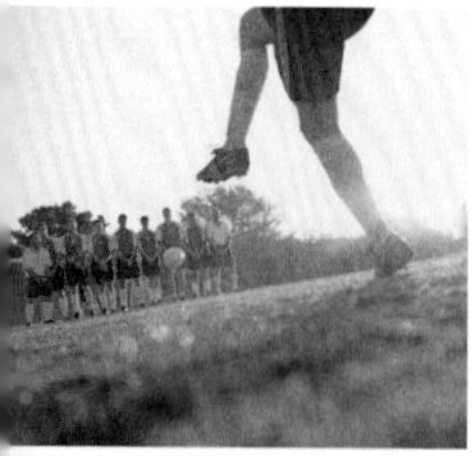

UNTERHALTSAMES ZUM FUSSBALL

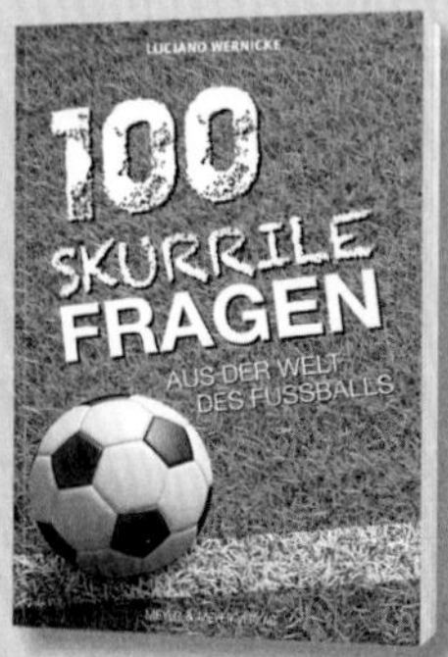

ISBN: 978-3-8403-7630-6
€ [D] 16,00/€ [A] 16,50

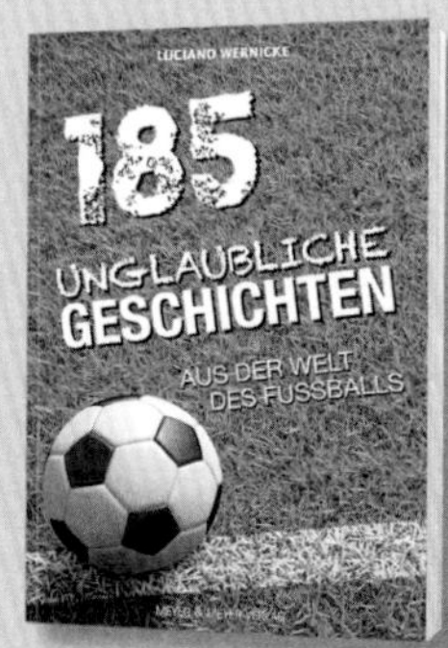

ISBN: 978-3-8403-7685-6
€ [D] 16,00/€ [A] 16,50

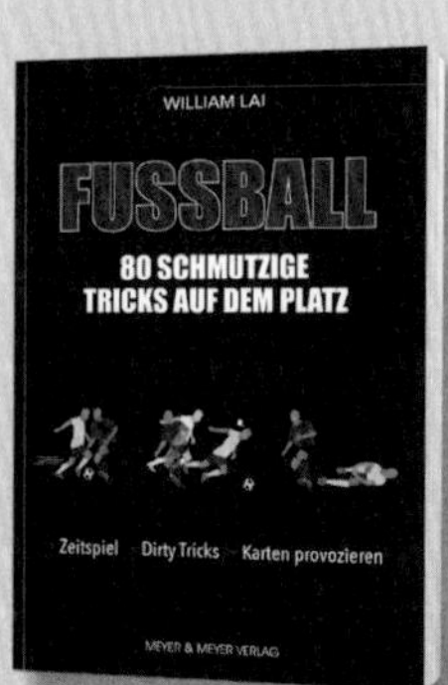

ISBN: 978-3-8403-7702-0
€ [D] 16,00/€ [A] 16,50

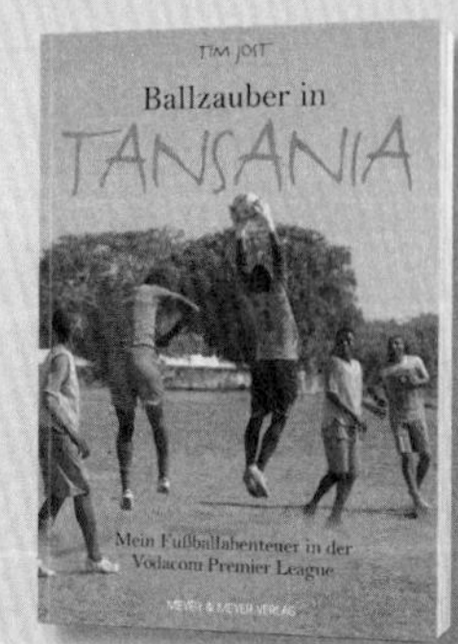

ISBN: 978-3-8403-7641-2
€ [D] 17,00/€ [A] 17,50

* Preisänderungen vorbehalten und Preisangaben ohne Gewähr!

MEYER & MEYER VERLAG

MEYER & MEYER
Fachverlag GmbH
Von-Coels-Str. 390
52080 Aachen

Telefon	02 41 - 9 58 10 - 13
Fax	02 41 - 9 58 10 - 10
E-Mail	vertrieb@m-m-sports.com
Webseite	www.dersportverlag.de

Unsere Bücher erhalten Sie online oder bei Ihrem Buchhändler.